ALAIN MINC

DAS NEUE MITTELALTER

Aus dem Französischen
von Holger Fock

HOFFMANN UND CAMPE

Die Originalausgabe erschien unter dem Titel
Le nouveau moyen âge
beim Verlag Gallimard, Paris

Die Deutsche Bibliothek - CIP-Einheitsaufnahme

Minc, Alain:
Das neue Mittelalter / Alain Minc.
Aus dem Franz. von Holger Fock.
- 1. Aufl. - Hamburg : Hoffmann und Campe, 1994
Einheitssacht.: Le nouveau moyen âge ‹dt.›
ISBN 3-455-11028-2

Deutsche Ausgabe

Schutzumschlaggestaltung: Lo Breier/Kai Eichenauer
Satz: H & G, Hamburg
Druck und Bindung: Offizin Andersen Nexö, Leipzig
Printed in Germany

Inhalt

EINLEITUNG

Ich weiß nicht, ob die Geschichte tragisch verläuft, aber ich bin überzeugt, daß man davon ausgehen muß, damit sie es nicht tut.

Nachdem wir uns an die schlimmsten Blutbäder und die aberwitzigsten Diktaturen gewöhnt haben, verblaßt der Geschichtsoptimismus: Eine dreihundertjährige Herrschaft geht zu Ende, die sich Fortschritt und Ordnung zugleich auf ihre Fahnen geschrieben hatte. Man glaubte an den zivilisatorischen Fortschritt und daran, daß die Geschichte trotz ihrer vielen Fehltritte in die richtige Richtung gehen würde; die kommunistische Heilserwartung hatte diese Überzeugung nur noch ins Absurde gesteigert. Und parallel dazu glaubten wir an eine Weltordnung, die schließlich zu einem Gleichgewicht führen sollte, sei es im Imperialismus, im Kolonialismus oder im Konzert der Nationen ... Diesen Verlauf, so meinte man, nehme die Moderne. Wird sich angesichts offenkundiger Rückschritte folglich der Kreis schließen, der uns in ein neues Mittelalter zurückführt?

Der Gedanke ist gar nicht neu, und Nikolai Berdjaev hatte ihn einst als erster formuliert: »Allgemein spreche ich vom neuen Mittelalter, wenn eine Macht sich nicht mehr legitimieren muß, wenn in einer Monarchie oder Demokratie die Rechtsstaatlichkeit zerfällt und durch das Faustrecht, das Prinzip des Stärkeren ersetzt wird, das spontan entstehende gesellschaftliche Gruppen und Vereinigungen ausüben.« Weder das Prinzip des Stärkeren noch das Faustrecht scheinen heute eine reale Bedrohung zu sein, und doch fallen einem zahlreiche beunruhigende Symptome ein: Staatliche Ordnungen lösen sich auf, es entstehen lose und zufallsbedingte Strukturen, das Spontane triumphiert.

Zweifellos geht nicht alles vom Ende des Kommunismus aus, aber alles kommt in ihm zusammen. An der Elle des Untergangs großer Mächte gemessen, gab es vermutlich seit Ende des Römischen Reichs keine solche Erschütterung mehr. Das Ende des Osmanischen Reichs, das Zerbröckeln der Donaumonarchie, die Niederschlagung der Versuche, ein Deutsches Reich zu bilden, scheinen im Vergleich regionale Vorkommnisse zu sein. Weil sie Weltmacht werden wollte, war es der Sowjetmacht gelungen, die ganze Welt zu bestimmen: ihre eigenen Republiken, das ist klar, und ebenso offensichtlich ihre Satellitenstaaten, aber auch ihre Gegner, deren Zukunftsperspektiven sie als Sündenbock oder Bedrohung, als Wahnvorstellung oder Partner des Friedens beherrschte. Diese »Leistung« hatte noch kein anderes Reich jemals vollbracht, selbst Rom nicht, das keinen Einfluß auf ferne Barbarenvölker hatte.

Aus einem solchen Erdbeben wie dem Sturz des Kommunismus geht niemand unbeschadet hervor. Die Zeit nach dem Kommunismus steht weder im Zeichen eines unbestreitbaren Sieges der Marktwirtschaft noch der Wiedergeburt des Nationalismus in Europa* oder einer amerikanischen Hegemonie. Eine vorherrschende oder ausschließliche Folgeerscheinung gibt es nicht. Alle stimmen und sind doch falsch. Die Unmöglichkeit, ein Prinzip zu entdecken, auf das sich die postkommunistische Welt gründet, führt uns auf ihre Weise in ein neues Mittelalter.

Sie haben richtig gelesen: Das neue Mittelalter kommt. Tatsächlich gibt es keine durchorganisierten Systeme

* So der Titel von Alain Mincs letztem ins Deutsche übertragenen Buch, Hamburg 1992.

mehr, jedes Zentrum verschwindet; fließende und flüchtige Gemeinschaften entstehen; alles ist unbestimmt, von Zufällen abhängig, nur lose verbunden. Tatsächlich entwickeln sich immer mehr »Grauzonen«, in denen es keine Autorität mehr gibt, von dem Chaos in Rußland bis zum schrittweisen Rückzug des Rechts vor Mafiastrukturen und Korruption in den reichen Ländern. Tatsächlich wird das Prinzip Vernunft immer mehr von bornierten Ideologien und lange Zeit verschwundenen, abergläubischen Überzeugungen verdrängt. Tatsächlich begleiten schwere Krisen, Erschütterungen und Umwälzungen wieder unseren Alltag. Tatsächlich gibt es immer weniger Räume, in denen die Welt noch »geordnet« ist, während sich Räume und Gesellschaften ausbreiten, die für die Instrumente unseres Handelns und unsere analytischen Mittel immer undurchdringlicher werden. Das alles sind Charakteristika des Mittelalters.

Wird das neue Mittelalter ein langer Zeitabschnitt werden oder nur eine kurze, aber gewalttätige Zwischenphase? Wie wirkt sich die Beschleunigung der Zeit, die von Tag zu Tag beeindruckender wird, auf eine historische Erscheinung dieser Größenordnung aus? Wird sich das neue Mittelalter mit seinen Früh- und Hochphasen in beschleunigter Zeit abspielen? Fragen, auf die es keine Antworten gibt, höchstens vorgefaßte Meinungen. Was einst Jahrhunderte dauerte, braucht zukünftig höchstens noch Jahrzehnte – damit müssen wir uns abfinden.

Für unser kartesianisches Denken kommt diese Umwälzung einem Rückfall gleich, und es besteht die Gefahr, daß wir nur durch Nichtstun auf sie reagieren. Schwarze Löcher auf der Landkarte, Unordnung, zusammenhanglose Strukturen, unvorhersehbare Gemeinschaften – so viele Analogien zum ersten Mittelalter bis hin zu der, daß wir am Ende dieses Jahrhunderts in ein neues Jahrhundert treten: Kommt nach der ungeheuren Angst des Jahres 1000 die Verwirrung des Jahres 2000? Es wäre zum Verzweifeln: Sollte der Fortschritt wirklich so gering sein?

Ganz im Gegenteil, wenn Sie mich fragen: Es liegt an uns, das Ungewisse ebenso sorgfältig in unser Denken einzubeziehen wie einst das Wahrscheinliche. Es ist an uns, neue Konzepte zu entwickeln, die Rolle des Staates neu zu bestimmen, das komplexe Spiel der Blöcke und Gegengewichte, das die internationalen Beziehungen regelt, in ein neues Gleichgewicht zu bringen. Neues Denken ist verlangt! Gestern durften wir noch aus Optimismus fatalistisch sein, ab heute müssen wir aus Pessimismus kühn sein.

Teil I

IM ZEITALTER DER UNSCHARFEN GRENZEN

EIN KONTINENT IM CHAOS

Wie weit sie schon zurückliegen, die wehmütigen Träume vom Ende der Geschichte und die naiven Vorstellungen vom Weltfrieden*, die auf den Fall der Berliner Mauer folgten! Wie schön hatte man sich das alles gedacht! Fortschritt, Frieden, Wirtschaftsaufschwung, die nahezu augenblickliche Angleichung der Länder des Ostens, Stabilität und Wohlstand vom Atlantik bis zum Ural …

Die Wirklichkeit hat diese ersten Illusionen schnell überholt. Geblieben sind andere, die deren Stelle eingenommen haben und die jetzt ihrerseits das Gleichgewicht auf unserem Kontinent begründen sollen: die uneingestandene Überzeugung, der reiche Westen sei im Wesentlichen vor den Verwerfungen im armen Osten sicher, Explosionen und ernsthafte Zwischenfälle könnten in Grenzen gehalten werden, und – noch oberflächlicher! – Rußland habe endgültig eine halb freundschaftliche, halb demütige Haltung angenommen und werde sich für ein paar Milliarden Dollar bald dem Westen unterwerfen und kleinlaut nach dessen Pfeife tanzen. Wie lange wird es noch dauern, bis die Europäer begreifen, daß sie eine gefahrlose, aber bedrohte Welt gegen eine Welt ohne globale Bedrohung, aber mit vie-

* Ich habe mir viele spöttische und verächtliche Bemerkungen gefallen lassen müssen, als ich nach dem Fall der Mauer schrieb, meine Kinder würden nicht den Krieg, sondern viele Kriege in Europa kennenlernen.

len Gefahren eingetauscht haben? Wie viele Erschütterungen und Umwälzungen werden nötig sein, bis sie einsehen, daß es *ein* Kontinent ist und das wir die ökonomischen demographischen und ideologischen Erdstöße aus Moskau, Ljubljana oder Warschau noch in Mailand – wo es schon soweit ist –, Glasgow, Paris oder Madrid spüren werden?

Es gibt zahllose Einflüsse, die Unordnung stiften. Sicher kommen sie nicht überall im selben Augenblick zum Tragen; nicht alle sind verhängnisvoll; sie bilden keine Kette, in der das eine dem anderen zwangsläufig folgt; aber sie sind da und überschatten die kommenden Jahrzehnte. Für diese versteckten oder offenen, möglichen oder bereits wirklichen Drohungen gibt es noch keinen Steuerungsmechanismus, keine »Geschichtskybernetik«, mit deren Hilfe die Welt wie an einem doppelt gesicherten Seil zu einer minimalen Ordnung zurückkehren könnte. Weder kalte Kriege noch internationale Bündnisse, noch räumlich begrenzte Imperialismen wirken dort. So stellt sich das neue Mittelalter als zufallsbedingt, unsicher und mit unscharfen Grenzen dar.

Der wichtigste Grund für eine zunehmende Auflösung der Ordnung ist die Rückkehr zum Stammeswesen. Jawohl: Stammeswesen und nicht Nationalismus, denn ersteres betont die Bindungen an Blut und Boden, an die Identität, während letzterer weniger monolithisch ist und manchmal für die Öffnung oder sogar Teilhabe Raum schafft. Da die Gesellschaften Osteuropas auf demselben Entwicklungsstand aus dem Gefrierschrank der Geschichte kamen, in dem sie zwischen 1917 und 1947 in ihn hineingesteckt wurden, haben sie nicht jenen Reifeprozeß durchlaufen, nicht im selben Maß über sich selbst nachdenken und entsprechend handeln können wie die Länder des Westens. Unberührt von jeder Veränderung treten die alten Wahnvorstellungen wieder hervor. Allen voran der jüdische Sündenbock, selbst in Polen, wo das Judentum vollständig ausradiert worden ist, und in Moskau, wo er dieselbe Gewaltbereitschaft hervorruft wie zu Zeiten der Protokolle der Weisen von Zion. Dann der Haß auf Sinti und Roma, ein ungebundenes, unbegreifliches Volk, dessen Lebensweise hart gegen den Mief der heimatlichen Scholle stößt, gegen die »Wurzeln« in jenem Boden, der »nicht lügt«, und das die althergebrachten ethnischen Abwehrreaktionen auslöst. Schließlich das Zurückweisen des Fremden, die Ablehnung von Minderheiten, die Angst vor dem Weltbürgertum, die zumindest verbale Feindseligkeit und Gewalttätigkeit ...

Sicher erleben einige dieser Länder, seit sie sich dem Kapitalismus geöffnet haben, den freien Markt, den ungehinderten Austausch von Waren und Gedanken; die ersten Anzeichen von Orientierung nach außen vermindern den Druck. Polen ist 1994 zweifellos weniger antisemitisch als während der Präsidentschaftswahlen im Jahr 1990; auch die christdemokratische Regierung in Budapest hält mit großer Zähigkeit dem Überangebot an Extremisten in den eigenen Reihen stand; die Tschechen machen aus ihrem hohen Entwicklungsstand ein Argument für die Tourismuswerbung. Doch außer diesen drei Ländern, die einen schockartigen und vielleicht gelungenen Übergang zur Demokratie und zum freien Markt unternommen haben, denen der Giftzahn der Fremdenfeindlichkeit aber noch keineswegs gezogen ist, sind alle anderen einem Stammeswesen ausgeliefert, das im Westen ein Echo in der Rückkehr der Autonomiebestrebungen gefunden hat.

Den Slowenen, die ihres hohen Steueraufkommens wegen nach Unabhängigkeit strebten, folgte die Lega aus der Lombardei, bis sie durch die italienische Revolution beinahe gegen ihren Willen zu einer nationalen Partei wurde. Den Tschechen folgten die Flamen und den Slowaken die Wallonen, aber vielleicht geht diese Quadrille auch andersherum: zuerst die Wallonen, dann die Flamen. Auf die Moldawier folgten die Schotten, auf die Armenier die Katalanen ... Im selben Rhythmus, in dem die Einigung Europas fortschritt, wurde der Regionalismus im Westen schwächer, als machte das wahrscheinliche Entstehen eines zukünftigen Superstaates das Zusammenleben mit dem alten Staat erträglicher, der die Regionen einengte und bevormundete. Das Beispiel des Ostens ebenso wie das Verschwinden des Traumes von einem europäischen Bundesstaat – zumindest in einem vorstellbaren zeitlichen Rahmen – könnten das Gespenst wieder geweckt haben.

Auch wenn Tschechen und Slowaken mit ihrer sanften Trennung das Unwahrscheinliche möglich gemacht und der Welt gezeigt haben, daß ein Staat sich ohne Einwirkung von außen spalten und vermehren kann: Wer wollte garantieren, daß das föderale Belgien die Klippe zum Jahr 2000 ungehindert umschifft? Wer kann mit Sicherheit sagen, daß Italien nicht auf dem Weg ist, hinter die Epoche Cavours zurückzufallen und sich von seiner noch jungen nationalstaatlichen Verfassung zu verabschieden, um wieder in den alten, vertrauten Stand einer Nation zu treten, die aus vielen Staaten besteht? Wie weit werden morgen die schottischen und katalanischen Autonomiebestrebungen gehen, vom Irlandkonflikt und der baskischen Unabhängigkeitsbewegung ganz zu schweigen, die weiter denn je von einer friedlichen Lösung entfernt sind? Einzig Deutschland und Frankreich bleiben von solchen Planspielen ausgenommen, und das aus diametral entgegengesetzten Gründen: Deutschland – bereits ein Volk, bevor es eine Nation wurde –, weil es eine verschwommene Vorstellung von seiner räumlichen Ausdehnung hat; Frankreich – der Nationalstaat –, weil es sich eines inneren Zusammenhalts ohnegleichen erfreut, den die bescheidenen korsischen Bocksprünge kaum erschüttern können.

Diese Orientierung am Stammeswesen verspricht

nicht einfach eine Rückkehr ins 19. Jahrhundert: Sie birgt vielmehr die Gefahr, durch wirtschaftliche Enttäuschungen verstärkt zu werden. Als 1848 die Nationalstaaten entstanden, bildete eine einigermaßen ausgeglichene Wirtschaftslage ihren Rückhalt, ihr Fangnetz. Hingegen lassen sich die Unterschiede, die zwischen der Beschleunigung des kapitalistischen Wachstums und dem Zusammenbruch der kommunistischen Wirtschaft entstanden sind, durch keinen noch so gewaltigen Spagat überbrücken. Angesichts einer Wirtschaftsordnung, in der Wachstum zur Ultima ratio geworden ist, Konsumstreben zum Lebensziel, Reichtum zum höchsten Wert und Geld zum alleinigen Maßstab, vergrößern die Risiken beim Übergang zur Marktwirtschaft die Verwirrung der Menschen und folglich ihre Bereitschaft, sich in ethnische Wahngebilde zu flüchten.

Wie die westlichen Staaten nach dem Mauerfall vom endgültigen Frieden träumten, so stellten die des Ostens sich vor, nach einigen Jahren voller Opfer ins kapitalistische Nirwana zu gelangen. Sie haben nicht begriffen, daß der Markt eine endlose Beschränkung erfordert, daß es utopisch ist, innerhalb eines Menschenlebens den wirtschaftlichen Gleichstand zu erreichen, und daß die ersten Sanierungsmaßnahmen eine Herabsetzung der Kaufkraft und Erhöhung der Arbeitslosigkeit bedeuten würden. Sie träumten von der Marktwirtschaft; statt dessen sollten sie das Gesetz des Dschungels erfahren – was ist Kapitalismus ohne Regeln und Gesetze sonst? Sie träumten, den Prozeß des Wachstums im Schnellgang zu durchlaufen: erste Kapitalakkumulation, Investitionen, Entstehung einer Unternehmerklasse. Bis heute sollen sie jedoch nur den zweifelhaften Reiz unlauterer Geschäfte kennenlernen, den Schwarzmarkt, die Jagd nach Dollars und das Entstehen einer Klasse von Herrschenden, an die Marx noch nicht gedacht hat: die Mafia.

Sicher, nicht überall ist Schwarzmalerei angebracht.

Durch den »Kadarismus«*, diesen Ersatzkapitalismus, der kein Kapitalismus war, aber wenigstens danach schmeckte, auf die freie Marktwirtschaft vorbereitet, kann Ungarn zum Modell werden. Und auch die Tschechische Republik wird den Übergang schaffen dank der Höhe ihrer industriellen Entwicklung, die es den Tschechen erlaubt, ein nahezu deutsches Know-how zu Preisen anzubieten, die nur wenig über denen in der Dritten Welt liegen. Desgleichen Polen, das sich schon früher auf den Weg gemacht hat, gestützt auf eine hochentwickelte bürgerliche Gesellschaftsschicht und mit dem Vorteil, eine gemeinsame Grenze mit Deutschland zu haben. Oder Slowenien, das zu seinem Glück das Hinterland des reichen Österreichs bildet.

Aber alle anderen, und mit größter Berechtigung läßt sich dies für Rußland sagen, laufen Gefahr, daß der wirtschaftliche Niedergang zum besten Alibi für die Rückkehr zum Stammeswesen wird. Es bedarf einer das Übliche übersteigenden Dosis kollektiver Vernunft, um einen traumatischen Zustand hinzunehmen, dessen Ende und Auswirkungen man nicht sieht, wohl aber diejenigen, die ihn ausnutzen und sich bereichern. Die verzweifelte Diskussion über die westliche Hilfe birgt im Keim schon die Abwege: Im passenden Moment wird sie das beste Alibi sein. Der Westen wird dafür verantwortlich gemacht werden, nicht genügend getan zu haben. Endlich hat man einen glaubhaften Sündenbock! Es muß nicht zwangsläufig zum Schlimmsten kommen, aber hypothetisch kann man einmal davon ausgehen. Die fünf unsicheren, aber friedlichen Jahre, die die westlichsten der ehemals kommunistischen Staaten hinter sich haben, deuten noch nicht auf eine rosige Zukunft hin.

* Nach János Kádár, Premierminister Ungarns nach dem Aufstand von 1956, der von allen kommunistischen Führern am reformfreudigsten war.

Zweifellos stiften die Ströme von Zuwanderern Unordnung. Abgeschirmt durch den riesigen »Puffer« Deutschland, schätzen die Franzosen diese Zeiterscheinung falsch ein. Was kümmern sie, die vor 30 Jahren eine ganze Million Algerienfranzosen aufgenommen haben, 100 000 illegale Einwanderer pro Jahr? Sie glauben, mit ein paar tausend Flüchtlingen aus Jugoslawien ihre Pflicht zu humanitärer Hilfe abgegolten zu haben und machen sich kein Bild von der demographischen Revolution, die Deutschland derzeit mit wahrem Gleichmut durchlebt. Dort müssen nicht eine Million, sondern 17 Millionen »Algerienfranzosen« integriert werden, nicht 100 000 illegale, sondern eine halbe Million offizielle Einwanderer jährlich, von denen fast die Hälfte allein Asylanten aus Jugoslawien sind, ganz abgesehen von der verglichen mit Frankreich erheblich höheren Zahl illegaler Einwanderer. Östlich des Rheins ist eine gewaltige Umsiedlung in Gang, von der wir nur die entfernten Auswirkungen zu spüren bekommen: Deutschland versucht, sich gegen illegale Einwanderer aus Polen zu schützen, die Polen versuchen, die Einwanderungswelle aus Rumänien zu bremsen, und die Rumänen wollen ihre Grenzen vor den russischen Einwanderern sichern. Hunderttausende von Flüchtlingen bilden eine unsichtbare Kette von Dominosteinen, eine Linie von Moskau nach Frankfurt, die sich an einem Wohlstand orientiert, der alle 100 Kilometer zunimmt und immer aufdringlicher wird. Die Einwanderung wird kein Ende nehmen, ähnlich wie der seit Jahrzehnten andauernde Druck von Mexiko auf die Vereinigten Staaten. Der Auseinandersetzungen müde, haben die Amerikaner sich jetzt entschlossen, ihre Grenzen für mexikanische Exportprodukte zu öffnen, selbst auf die Gefahr hin, mit den Gütern auch weiterhin die Menschen aufzunehmen.

Im Vergleich dazu mutet die Einwanderungswelle aus

dem Süden geradezu harmlos an. Ohne sich dessen bewußt zu sein, ist Frankreich auch vor dieser geschützt. Künftig werden die vier romanischen Länder, und keineswegs Frankreich allein, ihre Türen öffnen müssen. Bis in die Gegenwart gab es in Italien, Spanien und Portugal keine Einwanderer, sondern eine hohe Abwanderung. Heute ereignet sich in diesen Ländern ein demographisches Erdbeben. Schlecht gewappnet gegen die Zuwanderung, weil ohne Erfahrung mit den administrativen, juristischen und kulturpolitischen Folgen, nehmen diese Länder massenhaft Afrikaner, Marokkaner und Maghrebiner auf, denn für Menschen aus Nouakchott oder Fes ist Mailand dasselbe wie Lyon, Barcelona dasselbe wie Toulouse, Lissabon so gut wie Marseille. So setzt das heuchlerische Spiel ein, bei dem die Franzosen hoffen, daß Spanien und Italien nicht mehr lediglich Durchgangsstationen sind, und letztere versuchen, die Ankömmlinge in gleichem Maße in Richtung Frankreich wie in ihre Herkunftsländer abzuschieben, von wo sie bei der ersten Möglichkeit erneut fliehen werden.

Hinter dieser doppelten Einwandererflut von Süden nach Norden und von Osten nach Westen, deren Ende nicht abzusehen ist, wird mit der Zeit eine Zäsur zwischen den romanischen Ländern und Mitteleuropa sichtbar: Ihre Ängste um die nationale Identität, die Beziehungen nach außen, die Wahrnehmung des anderen werden unterschiedlich sein. Gibt es eine größere Kluft als die zwischen Wunschbild und Wahnbild? Ein Deutscher blickt sorgenvoll nach Osten und sichert sich so gut wie möglich im Westen ab; in einem romanischen Land richtet sich die Sorge nach Süden, ohne im Osten Trost zu finden. Und in der Mitte scheinen die Franzosen, nachdem das Unbehagen über die Einwanderung sich bei ihnen zuerst niedergeschlagen hat, paradoxerweise und ohne sich dessen bewußt zu sein, Vorteile zu haben. Den Vorteil, durch Deutschland vor dem demographischen Durcheinander im Osten abgeschirmt zu werden. Den Vorteil, künftig den Einwanderungsdruck von Süden mit anderen romanischen Ländern zu teilen. Den Vorteil, dank einer nahezu hundertjährigen administrativen und politischen Erfahrung, was auch immer sie selbst darüber denken mögen, im Unterschied zu anderen Ländern in der Lage zu sein, ein Phänomen in den Griff zu bekommen, das sich im Vergleich zu diesen Ländern in überschaubaren Grenzen halten wird.

Ein weiterer Grund zur Unruhe ist die Aussicht, neben einem »schwarzen Loch« im Osten zu leben. Wie unfaßbar die Wirklichkeit unserer russischen Nachbarn ist, zeigt sich schon daran, daß wir, um sie zu beschreiben, eine der abstraktesten Theorien der Astrophysik wählen. Unsere Weltsicht war durch die Gegenwart der Sowjetunion wohlgeordnet in Gut oder Böse; nach ihrem Verschwinden fällt es uns schwer, uns vorzustellen, was an die Stelle des starr geordneten Staatenreichs getreten ist. Die UdSSR hielt den Kontinent zusammen, wie ein Gerüst eine klapprige Wand stützt. Dank ihr sind wir Europäer geworden, nämlich im Kampf gegen sie. Wir müssen uns mit der Vorstellung anfreunden, daß wir in Moskau nie wieder eine Ordnung im klassischen Sinne haben werden, mit einem Gebiet, einem Staat, mit Spielregeln und einem Machtsystem, die immer durchschaubar waren.

Angesichts dieses von nun an unbekannten Kontinents bleiben nur die Mittel aus Braudels klassischem Werkzeugkasten. Die Einbeziehung in die Weltwirtschaft durch die Rohstoffe und, eines Tages, durch das Öl, dessen Förderung nach dem Muster, das vor 50 Jahren die arabischen Staaten hinnehmen mußten, an die großen westlichen Gesellschaften verpachtet wird. Das wird den Russen ein Mindestmaß an notwendigen Devisen einbringen. Durch die Bildung von Joint-ventures in Industriezonen, die quasi außerhalb des Staatsgebiets liegen, wie die Konzessionen zu Beginn dieses Jahrhunderts in China, wo die kapitalistischen Unternehmer Arbeitskräfte nahezu zum Nulltarif beschäftigten, ohne die geringsten Steuern zu bezahlen. Und durch westliche Geldgeber, die eine noch nie dagewesene Gelegenheit zur Bereicherung ergreifen werden und die zahlungskräftige Bourgeoisie mit importierten Luxusgütern versorgen.

Weil rechtliche Regelungen im Handelsrecht, im Zivilrecht, in der Stadtentwicklung und natürlich im Arbeitsrecht fehlen, gleicht diese Stufe der Marktwirtschaft mehr einem Dschungel, wo Markt und Schwarzmarkt sich überlappen, da keinerlei Maßgaben vorhanden sind, um sie zu unterscheiden. Über allem herrscht eine Unzahl lokaler Mafiosi, die sich nach mancherlei Konflikten zu einer Camorra von internationalem Rang zusammenschließen und dann in der Lage sein werden, ihren großen europäischen oder amerikanischen Konkurrenten die Stirn zu bieten oder mit ihnen zusammenzuarbeiten.

Daneben wird eine Stufe der Subsistenzwirtschaft existieren, in der alle zum Leben notwendigen Güter selbst produziert werden und die vom Markt unabhängig ist. Ihre Funktionstüchtigkeit ist heute noch ungesichert; sie wird von der Fähigkeit der Russen abhängen, wieder Kulaken zu werden, das heißt Bauern, die durch den einfachsten und zugleich kompliziertesten aller Reflexe angetrieben werden: den Eigennutz.

Überragt wird das alles von einem politischen System, das uns wiederum ans Mittelalter erinnert: im Zentrum eine symbolische Macht, mit den nietzscheanischen Eigenschaften ausgestattet, die das nukleare Feuer ihr verleiht, eine Macht, die scheinbar im Besitz der Souveränität und des historischen Erbes Rußlands ist; und um sie herum autonome Zentren mit großer Eigenverantwortung, hier eine Region, dort ein Industriekomplex, bisweilen ein technischer Apparat, von mächtigen Vasallen geleitet, die in dauernden Verhandlungen mit dem Lehnsherren in Moskau stehen, die nur bestimmten Weisungen folgen und die über die Interessen ihrer Untergebenen selbstherrlich entscheiden.

Ist dieses Rußland so sehr verschieden von dem Michael Strogoffs? Der Westen täuscht sich, wenn er sich einbildet, die Verschwörungen in den Hinterzimmern des Kremls repräsentierten die Machtverhältnisse im Innern des Kontinents. Es sind lediglich die Intrigen eines Zarenhofes. Die Rückkehr zu einer echten Zentralmacht wäre nur durch eine Repression außerhalb der Reichweite einer Armee zu vollziehen, da diese selbst ein Abbild der Spannungen geworden ist, die das Land vor eine Zerreißprobe stellen. Doch bedeutet dieses wirtschaftliche und gesellschaftliche »schwarze Loch« paradoxerweise nicht, daß der Rest an Autorität, den die Zentralmacht noch hat und dem Rußland sich beugt, gegenüber den anderen Ländern keine Macht darstellt. Das Gewicht der Geschichte und der Besitz von Atomwaffen allein wären hinreichend, dies zu verhindern.

Daher rührt unsere Unsicherheit, die aus der Konfrontation innerhalb der Machteliten zwischen den Lokkungen des Westens und der slawischen Verführung entstanden ist. Beide werden übrigens eher nebeneinander bestehen als sich ausschließen. Von daher die Schwierigkeit, uns vorzustellen, Rußland habe ein für allemal auf jegliche Form der Vereinigung mit der Ukraine, im Klartext: auf jeglichen Imperialismus, verzichtet. Daher kommen die Schwierigkeiten Moskaus, seinen Streit mit Japan beizulegen, aus Anhänglichkeit zu ein paar elenden Morgen Land vor der Küste Sibiriens. Daher der Wunsch der Russen, ihren Platz im »Konzert der Nationen« beizubehalten, wie die UNO es neuerdings propagiert. Von daher die Anspielungen auf die Solidarität unter Slawen und orthodoxen Christen von seiten der kommunistischen Nomenklatura, die zu den verbissensten Vorkämpfern eines Bündnisses zwischen Schwert und Weihwedel geworden sind. Daher die Gefahr für uns, daß die Russen des Bittens und des Bettelns überdrüssig werden und aufhören, die Rolle von braven Schülern in einer aus verschiedenen Nationen bestehenden Klasse zu spielen, die sie zu offensichtlich verachtet.

Für jemanden, der, an Descartes geschult, klare Strukturen und eine durchschaubare Organisation der Welt gewohnt ist, ist es äußerst schwierig, eine Wirklichkeit zu erfassen, die so flüchtig ist, bestehend aus einer Halbmacht, einem Machtvakuum ohne Erbe, einem zerschlissenen ökonomischen Gewebe und einer Gesellschaft, die in kein klassisches Raster paßt! Rußland hält sich selbst vielleicht für ein auf seine Weise stabiles System, in unseren Augen ist es allerdings ein Synonym für Chaos.

Unsere Weltordnung verschwindet auch durch die unaufhaltsame Zentrifugalkraft, die, von Osten herkommend, den Westen des Kontinents erfaßt hat. Wer hätte vor fünf Jahren gedacht, daß ein Land wie Italien, ehemals ein Leuchtstern am Himmel der europäischen Einigung, in die Fänge einer Revolution gerät, wie sie seit Jahrzehnten kein anderer demokratischer Staat erlebte? Einer Revolution im wahrsten Sinne des Wortes, das heißt mit den beiden Merkmalen, die schon immer charakteristisch für Revolution waren: Untergang der herrschenden Eliten, ohne daß die Führer von morgen deutlich auszumachen wären, und völlige Unbestimmtheit der Zukunft.

Auf seine Weise durchlebt Italien gerade die Zeit zwischen 1789 und 1795. Mit einer »unblutigen Guillotine«, die die politisch und wirtschaftlich Verantwortlichen köpft. Mit einem Gesetz zur Ächtung mißliebiger Personen, das aus den Aristokraten, die gestern noch an der Macht waren, Verbannte im inneren Exil macht, frei zwar und weiterhin reich, den Umständen entsprechend von ihren Zinsen lebend, jedoch ohne politische und bürgerliche Rechte. Mit einer öffentlichen Meinung, die die Rolle der Sansculotten von vor zwei Jahrhunderten spielt. Mit den Zeitungen, die sich als Richter aufspielen. Mit Spitzeln, die alles daran setzen, ihr persönliches Wohl zu sichern und mit ihren Denunziationen die eigene Haut zu retten. Mit ausländischen Investoren, die dieses Mal nicht begierig sind, Gebiete zurückzuerobern, sondern Firmen zu kaufen, die von ihren Besitzern veräußert werden müssen, damit sie ihre Geldstrafen begleichen können, oder schlicht deshalb, weil ihre Wirtschaftsform jede rechtliche Grundlage verloren hat.

Italiens Thermidor wird kommen – aber wann? Niemand vermag es zu sagen. Und wie wird seine Zukunft aussehen? Zwei Szenarien sind denkbar, die beide plausibel sind. Das eine zeigt eine rosige Zukunft: Eine neue politische Generation ergreift das Ruder, die demokratischen Einrichtungen finden wieder zu ihrem Gleichgewicht, die Sanierung der Staatsfinanzen wird fortgesetzt, und Italien kehrt nach einigen Jahren wieder in den inneren Zirkel der Staaten Europas zurück, aus dem es lediglich für eine kurze Pause ausgetreten war. Anders das folgende Szenarium, diesmal in Grau, mit einem neuen Wahlrecht, das den Ligen im Norden weiter den Weg zur Macht ebnet, die alten Kommunisten in der Emilia-Romagna und im Zentrum Italiens in die Regierungssessel hebt und mit dessen Hilfe in Süditalien der am tiefsten in die Mafia verstrickte Teil der Democrazia Christiana wieder an die Schalthebel der Macht gelangt. Wäre Italien unter solchen Bedingungen noch eine politische Einheit, oder wäre es nurmehr ein Raum mit einheitlicher Kultur, den irgendwo zwischen Florenz und Rom die Grenze zwischen Orient und Okzident durchschneidet? Die gesamte europäische Geographie wäre davon betroffen. Der Lauf der Geschichte steht heute auf des Messers Schneide: Sie kann auf die eine oder die andere Seite kippen. Die Ungewißheit über die Entwicklung Italiens lastet mindestens so schwer auf der Zukunft des Kontinents wie mancherlei Zuckungen im Osten, auch wenn das zivilisierte Auftreten dieser Revolution ihr wirkliches Ausmaß noch kaschiert.*

An dieser Elle gemessen, könnten die Probleme in Deutschland gering erscheinen. Jenseits der ständig steigenden Kosten für die Wiedervereinigung, der Spannungen, die dem nationalen Konsens daraus erwachsen sind, und der unmittelbaren Rezessionsgefahr erhebt sich die Frage, die den Stoff für die ängstlichen Hintergedanken der politischen Führungskräfte hergibt: Werden die 17 Millionen »Algerienfranzosen« aus dem Osten zu neuen Musterbürgern in dieser hinsichtlich des freien Spiels der Kräfte am weitesten entwickelten Demokratie? Werden sie in dieser Organisationsform aufgehen, die vom Bund über die Länder, von der Unternehmerschaft bis zu den Gewerkschaften, von der Kirche bis zu den Stiftungen, von den Parteien bis zu den Vereinen die Gesellschaft zusammenhält? Oder sind sie, im Gegenteil, unfähig zur Integration in die vielfältigen Organismen, weil sie im Grunde nur staatliche Vormundschaft oder egoistische Selbstbehauptung kennen? Werden sie zum berechenbaren Faktor für die Stabilität, zum Keim staatlicher Zersetzung, zum Opfer politischer Bauernfänger oder zum Humus, in dem mafiose Verhältnisse gedeihen, die sich überall dort breitmachen, wo gehobene Kaufkraft und ein schwacher Staat zusammenkommen? Die Sorge um die gesellschaftliche Entwicklung in Deutschland überwiegt bei weitem die Sorge um seine Wirtschaft, die nur Zeit und Geld braucht, um sich zu erholen ...

Außer Italien und Deutschland kann keines der maßgeblichen Länder des Kontinents sich dieser Zentrifugalkraft entziehen. Großbritannien? Das fühlt sich nur einem Europa nach seinen Wünschen verbunden: einem Kontinent des freien Handels, der nach den tradi-

* Vgl. dazu S. 155: Die Rückkehr der Revolutionen.

tionellen Spielregeln zwischen den Kräften funktioniert, sofern sie dieses Mal friedlich sind. Je mehr sein Partner jenseits des Atlantiks sich nolens volens aus Europa zurückzieht, desto weniger wird es noch seine enge Verbindung mit den Vereinigten Staaten sein, die das Königreich in eine Rolle drängt, die von Psychoanalytikern »innerhalb außerhalb stehen« genannt wird. Und Spanien? Den Blick starr auf das Erstarken des Stammeswesens und die feinsinnige Politik der Katalanen gerichtet, die immer europäischer werden, je mehr sie sich aus der Vormundschaft des Zentralstaates lösen, ist Madrid längst nicht mehr der Musterschüler. Als müßte eine politische Stimmung, die nördlich der Pyrenäen vorherrscht, sich grundsätzlich auch im Süden durchsetzen, hat nun auch Spanien, im Glauben, mit der Beschleunigung der Modernisierung für sich das Beste aus dem europäischen Traum herausgeholt zu haben, der Versuchung nachgegeben, sich auf sich selbst zu konzentrieren. Was uns Franzosen angeht, so schwanken wir seit dem Referendum vom September 1992 zwischen der gaullistischen und der europäisch-föderativen Tradition, nachdem wir uns einbildeten, François Mitterand hätte sie einander dauerhaft näher gebracht. Doch im Gegensatz zu Spanien haben wir Trümpfe auf der Hand.*

In diesem Sinne bringt der unvermeidliche Rückzug der Amerikaner Unordnung mit sich. Man müßte schon ein ausgemachter Marxist sein, um sich einzubilden, die Vereinigten Staaten seien eine imperialistische Macht, die nur ihre eigene Vorstellung von der Herrschaft über Europa befriedigt. Als imperiale, nicht imperialistische Macht unterliegen die USA ihrer eigenen Dynamik, und das umso mehr, weil sie diese nicht in eine langfristige Strategie einbinden. Der Kommunismus und ihr eigener Wohlstand haben die Amerikaner nach Europa geführt:

* Vgl. dazu S. 246: Frankreichs Gnade.

Der Untergang des einen und das Schmelzen des anderen lassen sie ohne Vorwarnung den Rückzug aus Europa antreten. Ein Abkommen über die nuklearen Mittelstreckenraketen, einseitiger Rückzug der Kurzstreckenraketen, Abbau der Streitkräfte von 350 000 auf 100 000 Mann: Das alles sind Etappen eines unaufhaltsamen militärischen Rückzugs, von dem auf ihre Art auch die häufigen Meinungsumschwünge in Washington gegenüber dem ehemaligen Jugoslawien zeugten. Der große amerikanische Bruder muß geschwächt sein, um in die Politik der Europäer einzulenken! Diese hielten über Jahrzehnte an dem Glauben fest, die Vereinigten Staaten engagierten sich aus Eigennutz in Europa, während die USA sich selbst nur als den maßgeblichen Vorposten gegen das »Reich des Bösen« erachteten.

Die Gleichsetzung der Vereinigten Staaten mit der Führungsschicht der »Wasps« an der Ostküste hat uns über den Balanceakt dieses Staatenkontinents, über die Kluft, die ihn zwischen Oregon und Mississippi teilt, hinwegsehen lassen. Von Seattle, Denver oder Los Angeles gesehen ist Tokio wichtiger als London, Mexiko wichtiger als Berlin, Brasilien wichtiger als Paris. Die Probleme Amerikas, aber auch seine Chancen, liegen im Westen und im Süden. Wenn sie erst einmal aus Europa abgezogen sind, werden die Amerikaner nicht mehr freiwillig zurückkommen. Sie zurückzubringen, werden lokale Auseinandersetzungen auf dem Balkan oder sonstwo nicht genügen. Nur eine Katastrophe mit Rußland als Hauptbeteiligtem könnte sie von neuem auf den Plan rufen: Gestern waren wir wichtiger Vorposten gegenüber dem Feind, heute sind wir nur noch Auffangbecken an den Rändern eines »schwarzen Lochs«.

Man hat sich darüber gewundert, daß Washington bestrebt war, die Unabhängigkeit Kuwaits wiederherzustellen, sich auf dem Balkan aber mit der Rolle eines Pontius Pilatus zufriedengibt. Doch die Umstände dieser beiden Konflikte sind völlig verschieden. Der erste war handfest und spürbar: Das Öl stand auf dem Spiel, insbesondere, wenn Saddam Hussein im Machtrausch Saudi-Arabien angegriffen hätte. Ebenso entscheidend war in den Augen der Amerikaner, die auf diese Weise ihren moralischen Anspruch mit einem aktuellen Interesse verbinden konnten, wie sie es häufig gerne tun, daß mit dem Irak als Besitzer der Bombe die atomare Bedrohung ins Unermeßliche gestiegen wäre. Im Falle Jugoslawiens handelt es sich um einen irgendwie künstlichen Konflikt. Um in ihm einen gefährlichen Präzedenzfall zu erkennen, in welchem Stammesführern quasi das Recht eingeräumt wird, mit Hilfe von Waffengewalt ihre Grenzlinien zu berichtigen, muß man die Ereignisse in ihrer Entwicklung weit voraus denken. Doch die Amerikaner handeln immer im nachhinein, besitzen aber nicht die Möglichkeit, einer Entwicklung mit dem Einsatz militärischer Mittel vorzugreifen. Das ist der Preis, den sie für ihren demokratischen Prozeß der Meinungsbildung zahlen.

Der Irak-Konflikt schien mit geringen Risiken behaftet zu sein: Das Kriegsgebiet war offen und erlaubte den vorrangigen Einsatz der Luftwaffe, wodurch Menschenleben – zumindest die der Westmächte – geschont wurden; der Gegner hatte keine echte militärische Tradition; die internationale Einmütigkeit verhinderte eine Ausweitung des Konfliktes, mit Ausnahme einer möglichen Terrorwelle. Der Jugoslawien-Konflikt könnte zu Verwicklungen führen: eine zerklüftete Landschaft, die den Einsatz nicht unerheblicher Bodentruppen erfordert; ein Gegner, dessen vielgerühmter Kampfgeist sicher über seine tatsächlichen militärischen Fähigkeiten hinausreicht; die Möglichkeit, daß bei zeitlicher Ausdehnung des Konflikts die Einigkeit zwischen den Mächten Risse bekommt und daß Rußland durch seine Verpflichtung zur slawischen Solidarität die Serben unterstützen könnte.

Das westliche Eingreifen in den Irak-Konflikt ergab

sich aus dem unglaublichen Zufall, daß in den USA ein Präsident mit angeschlagenem internationalen Image regierte, dessen Persönlichkeit auf interventionistisches Handeln ausgelegt war und dem es leicht fiel, ein Ereignis in seine Vision von einer neuen Weltordnung einzuflechten. Der Jugoslawien-Konflikt spielt sich vor dem Hintergrund einer traditionellen Regierung in Washington ab: kleinmütig bis hin zu der Ankündigung, keinen amerikanischen Soldaten dem Feuer auszusetzen, selbst auf die Gefahr hin, durch diese schlichte Tatsache jegliche Befähigung zur Abschreckung zu verlieren; mit einem althergebrachten Regierungskonzept, das der Außenpolitik wieder jenen traditionellen Rang weit hinter den Erfordernissen der Innenpolitik zuweist, den sie in den vergangenen Phasen isolationistischer Politik innehatte; ohne Ideologie und somit außerstande, vor dem Hintergrund einer Vision von der Weltordnung auf die Ereignisse zu reagieren.

Der Vorsehung, sofern sie in der Geschichte waltet, konnte in dem Moment, als die Mauer fiel, der Kommunismus verschwand und die Kuwait-Krise ausbrach, nichts besseres einfallen, als Bush an die Regierungsspitze zu setzen. Diese Leistung hat sie seither nicht mehr wiederholen können ... Den Rückzug des amerikanischen Schutzmanns, den wir in 30 Jahren de Gaulle und Mitterand reichlich verspottet haben, auch wenn wir seinen Schutz gerne in Anspruch nahmen, werden wir bald bedauern! Zwar war in Europa auch mit ihm die Ordnung nicht garantiert, die Unordnung aber ist es ohne ihn.

Drei Jahre nach dem Zusammenbruch des Kommunismus ist der Frieden in Europa nicht mehr selbstverständlich. Gibt es ein besseres Zeugnis dafür als die unglaubliche Feindseligkeit der Griechen gegenüber Mazedonien? Wer hätte geglaubt, daß in einem Mitgliedsland der Union, die beinahe ein Synonym für den Frieden war, ein Zehntel der Bevölkerung bereit wäre, nicht wegen Gebietsansprüchen – die alte Leier – sondern wegen eines Wortes Krieg zu führen? Die Athener Demonstration vom Dezember 1992 bezeichnet für Europa eine Richtungswende: Der Vorschlag, Krieg zu führen, tauchte wieder an die Oberfläche, und das nicht im Orient, nicht an den Grenzen der ehemaligen Sowjetunion, nicht auf dem traditionell explosiven Balkan, sondern in der Hauptstadt eines Mitglieds der EU! Sicher, es handelte sich nicht um den Staat mit der europäischsten Tradition, nicht um den gefestigsten oder reifsten Staat. Daß aber die Gemeinschaft solch kriegslüsterne, wirre Reden einer Regierung durchgehen läßt, die von sich aus unfähig ist, mit den ihr zu Verfügung stehenden Mitteln auszukommen, sagt mehr über die Hemmschuhe in der Union aus als der Jugoslawien-Konflikt! Dieses Mal ist sie nicht mehr aufgefordert, zehntausende Soldaten an die Front zu schicken, sondern auf diplomatischem Wege einen stürmischen Schuldner in seine Schranken zu weisen ...

Die Erregung der Griechen scheint im Augenblick ein Sonderfall zu sein, aber sie bezeugt ein schädliches Klima. Wenn die deutschen Intellektuellen sich um die Zukunft ihrer Demokratie sorgen, wenn die Norditaliener von ihren Landsmännern im Süden wie von bösartigen Fremden sprechen, wenn die Schotten ihre Kritik an London in einem Tonfall vortragen, der seit Jahrhunderten nicht mehr zu hören war, wenn die Regierungspartei in Ungarn sich in eine rechtslastige christdemokratische und eine antisemitische Partei spaltet, wenn die Flamen davon träumen, unabhängig zu sein, dann zeigt sich ein neues Europa am Horizont. Es erscheint mit dem Verschwinden eines Tabus, das seit nahezu einem halben Jahrhundert den Frieden auf dem Kontinent garantierte: die Unverletzbarkeit und die Unantastbarkeit der Grenzen. Jeder wußte: Würde dieses Prinzip einmal irgendwo durchbrochen, könnte sich das ganze Gewebe, an dieser Masche hängend, auflösen.

Doch statt unter dem Eindruck der Gefahr einen Rahmen und ein Verfahren festzulegen, mit dem man die schwierigsten Fälle hätte regeln können, haben die Europäer lieber darüber hinweggesehen. Sie haben die Wirklichkeit verdrängt, die nun anarchisch und mit Gewalt zurückschlägt. Sind die Grenzen erst einmal in Frage gestellt und dadurch bereits unsicher, dann ist der Friede nicht mehr selbstverständlich. Ein trauriger Ausgang eines Jahrhunderts, dessen Ende friedlicher hätte sein können als sein Beginn!

Europa war ein bedrohter Kontinent, aber er kannte keine Gefahren mehr, denn es gab ein Verfahren zur Verständigung. Künftig wird es ein Kontinent ohne Bedrohungen, aber mit vielen Gefahren sein, weil schon die Frühwarnsysteme verschwunden sind. Zwischen dem ersten Mittelalter und dem zweiten, nämlich unserem, hatte Europa sie alle erprobt. Jene Warnsysteme, die darauf abzielten, die Ordnung zwischen den Ländern zu erhalten und – natürliches Bestreben aller Konservativen – sie auch innerhalb jedes einzelnen Landes zu schützen. In diesem Sinne funktionierte in vielen Fällen das Konzert der Nationen, bevor der Wiener Kongreß für mehr als drei Jahrzehnte die gängige Praxis in ein Dogma umwandelte. Andere Warnsysteme, vom napoleonischen Imperium bis hin zum Deutschen Reich, dienten dazu, die bestehende Ordnung zugunsten einer imperialistischen Zentralmacht zu sichern. Und das wirksamste Warnsystem schützte im Kalten Krieg den absoluten Status quo mit der schrecklichsten aller Bedrohungen, der gegenseitigen Vernichtung. Sie konnte in der Tat nur zum völligen Stillstand führen. Stillstand des einen Lagers gegenüber dem anderen. Stillstand selbstverständlich innerhalb des sowjetischen Einflußbereichs, wie Budapest 1956 und Prag 1968 gezeigt haben. Stillstand aber auch im Westen, wo man sich, versteinert vor dem sowjetischen Kraken, des kleinsten Ausrutschers enthielt, der den Westen hätte schwächen können. So erfreute sich das franquistische Spanien einer jahrzehntelangen Duldung, und Italien, Opfer einer »Partitokratie«, die sich zur »Kleptokratie«* entwickelte, mußte aus Angst, dem Feind in die Hände zu spielen, sein Abgleiten hinnehmen. Die Bildung der Europäischen Gemeinschaft war der einzige Ausweg, der sich mit dem Gentlemen's Agreement zwischen den beiden Lagern vereinbaren ließ; daher rühren ihre Erfolge von gestern und ihre Unsicherheiten von heute. Wo finden wir künftig die Sündenböcke, die uns zu einem, wenn auch noch so kleinen, Zusammenhalt zwingen, wo sind die Führer, die ihre »Klientel« bei der Stange halten, wo die gemäßigten Imperialismen, die so nützlich sind, wo die stabilisierenden Spannungen?

Der Islam wird für uns nicht die Rolle des Kommunismus spielen, das heißt die Rolle eines starren und kalkulierbaren Feindes, auch wenn viele anderer Meinung sind. Es mangelt ihm an Einheitlichkeit, Zusammenhalt und Solidarität. Wie viele gemäßigte Spielarten gibt es nicht gegenüber dem fundamentalistischen Iran, der den Islam beherrschen will wie die Sowjetunion unter Stalin die Komintern! Wahnvorstellungen über den Islam zu hegen, hieße zu vergessen, daß die bedeutendste moslemische Wirtschaftsmacht im Vorderen Orient, die Türkei, deren Rolle viel zu häufig verkannt wird, ein Verbündeter des Westens ist. Sie war es früher, in vorderster Reihe der Nato, gegenüber der Sowjetunion, sie war es während der Kuwait-Krise gegenüber Saddam Hussein, und sie ist es heute, wo sie in den moslemischen Republiken der ehemaligen UdSSR den iranischen Bestrebungen wirksam entgegentritt. Ganz zu schweigen von Saudi-Arabien und den anderen Golfstaaten, deren strikte Religiosität sich zu keiner Zeit zur eroberungslustigen Bekehrungswut gemausert hat. Sicher, wenn Algerien oder Tunesien eines Tages der funda-

* Nach einem Ausdruck von Jean-François Revel.

mentalistischen Welle nachgeben, wird uns ein Rückschlag nicht erspart bleiben. Ihre laizistischen Führungsschichten werden bei uns Zuflucht vor den neuen Machthabern suchen, und das kann zu erheblichen Unruhen in Einwandererkreisen bei uns führen. Das ganze südliche Europa wird in der Schußlinie stehen, wenn dieser oder jener besonders kriegerische fundamentalistische Staat den militärischen Ausverkauf Rußlands nutzt und sich mit Mittelstreckenraketen und taktischen Atomwaffen eindeckt. Aber das sind Gefahren, die abgewendet werden können, keinesfalls tritt uns damit ein so mächtiger Feind entgegen, daß wir unser Verhalten aufeinander abstimmen müßten. In diesem Befund soll sich freilich kein Bedauern ausdrücken! Ein Europa ohne das »Reich des Bösen« ist dem alten allemal vorzuziehen, doch müssen wir uns über die Folgen im klaren werden: Ohne einen Gegner, dem die Rolle des Sündenbocks gegeben werden kann, verlieren die westlichen Staaten ihr wichtigstes Instrument für ihren Zusammenhalt.

Ist irgendwo ein Staatschef in Sicht, der zugleich demokratisch und führungsstark, liberal und autoritär ist, der die Fäden des europäischen Netzes zu spannen weiß? Es ist zwecklos, ihn in Moskau zu suchen. Selbst wenn es Rußland eines Tages gelingt, was wahrscheinlich erscheint, dem sonderbaren Zustand einer »machtlosen« Großmacht zu entkommen, wird es schwerlich in der Lage sein, außerhalb seines natürlichen slawischen Umfelds, vor allem in der Ukraine und in Weißrußland, Einfluß auszuüben. Polen und seinesgleichen, die alten Volksdemokratien, sind zweifellos ein für allemal ausgeschert. Für sie liegt die Gefahr mehr in ihren innenpolitischen wie in ihren Grenzproblemen. Es ist auch zwecklos, sich in Paris oder London auf die Suche nach den Spuren dieses unbekannten Staatschefs zu begeben. Auch wenn sie mit dem Rückhalt großer internationaler Organisationen wie der Europäischen Union, der UNO oder der Nato eingreifen, können Mitterand und Major höchstens die Rolle eines Vermittlers übernehmen. Erst recht zwecklos ist es, den großen Bruder aus Washington herbeizurufen; er engagiert sich, wir wissen es nur zu genau, auf einer anderen Spielwiese, im Süden und im Westen.

Bleibt noch das deutsche Rätsel. Wenn die Franzosen das Wiedererstehen des Deutschen Reichs befürchten, täuschen sie sich über den Charakter dieses Reichs; zu Unrecht meinen sie, das Bismarcksche Modell zeichne sich in ihm ab, wo doch eine ganz andere Version zutage tritt, ein neues Heiliges Römisches Reich Deutscher Nation – womit wir wieder beim Mittelalter wären. Auf diese Weise, und nicht durch das Wiederaufleben des klassischen »Drangs nach Osten« findet Deutschland wieder zu seinem Mitteleuropa, das die Räume des eigentlichen deutschen Kaiserreichs und die Ausdehnung Österreich-Ungarns zusammenfaßt. Wie anders könnte man sonst die Unterstützung der kroatischen Forderungen durch Bonn verstehen? Der Fluggast der Lufthansa braucht bloß im Bordmagazin zu blättern, und er wird sämtliche Städte, die in diesem riesigen Gebiet liegen, mit ihrem ursprünglichen deutschen Namen aufgeführt sehen: Bratislava wird wieder Preßburg, Gdansk wieder Danzig! Dieses Reich wird von der deutschen Wirtschaft und Kultur in ihren unterschiedlichen Äußerungsformen beherrscht, insbesondere durch den ausgedehnten Gebrauch der Sprache, aber es stützt sich auf keinerlei zentrale politische Macht: Der Einfluß Bonns auf die große Zahl der Staaten, die dieser »neuen Konföderation« angehören, ist in dieser Zeit schwächer, als es der schwächste der gewählten deutschen Kaiser je war. Die Bundesrepublik ist nicht imstande, sie zu Vasallen im Sinne einer lehnsherrschaftlichen Beziehung zu machen und besonderen Druck auf die Beziehungen auszuüben, die diese Länder untereinander eingehen, nicht einmal, um Streitigkeiten zu schlichten.

Die Ökonomie ist sicherlich kein Mittel dazu, zumal die Bundesregierung nicht in der Lage ist, auf das Verhalten von Firmen wie Siemens, Daimler-Benz oder die Deutsche Bank einzuwirken. Die aber haben ein »Hinterland« gefunden: Bisweilen durch internationale Hilfe finanziert, verlagern sie ihre Produktion in ultramoderne Fabriken, die sie dort errichten, mit nahezu deutschen Arbeitskräften – die sich häufig sogar auf eine deutsche Abstammung berufen könnten, wenn sie nach Deutschland einwandern würden – und nach Tariflöhnen bezahlt werden, wie sie im Maghreb üblich sind, was einem Zehntel der Lohnkosten im eigenen Lande entspricht. Was die östlichen Bundesländer wegen der Angleichung ihrer Löhne und Gehälter an die westlichen nicht konnten, das leisten jetzt die Satellitenrepubliken.

Daraus resultiert eine sonderbare und ambivalente Situation: Deutschland ist in diesen Gebieten mit unscharfen Grenzen zugleich allgegenwärtig und abwesend. Sollte es Probleme geben, einen Grenzzwischenfall oder Grenzüberschreitungen zwischen Ungarn und Rumänen beispielsweise, werden die friedenswilligen Kräfte weder um Hilfe bei der Lösung noch um ein Eingreifen, nicht einmal um Vermittlung in Bonn nachsuchen. Der Pazifismus der deutschen Öffentlichkeit, ihre Weigerung, Deutschland eine aktive Rolle, auch auf militärischer Ebene, in Europa spielen zu lassen, die Selbstzensur der politischen Führer, die sich der Last der Vergangenheit noch bewußt sind, und parallel dazu die Angst der angrenzenden Länder: Es gibt viele Erklärungen für eine Politik »ohne Profil«, die noch nicht reif ist, um einer anderen Platz zu machen.

Weder morgen noch übermorgen wird die neue Variante des Heiligen Römischen Reiches Deutscher Nation sich in einen neuen Typ des Bismarckschen Reichs verwandeln: Die Bundesrepublik ist der am wenigsten preußische aller europäischen Staaten. Deutschland kann sich nicht mit jenem gemäßigten, aber nützlichen Imperialismus identifizieren, nach dem wir im Namen einer europäischen Ordnung suchen. Vielleicht werden seine Konzerne eines Tages diese Rolle auf ökonomischer Ebene übernehmen, der Bund aber niemals. Sind die Qualen der Wiedervereinigung einmal ausgestanden, wird die Bundesrepublik als Moderator dienen; heute stellt sie für Mitteleuropa aber mehr einen Unruheherd dar als einen ruhenden Pol, weil sie über ihre eigene Instabilität besorgt ist.

Dieses neue, noch unscharfe und formbare Reichsmodell ist nicht auf »Großdeutschland« beschränkt. Es findet auch hinter den skandinavischen Grenzen zu seinen mittelalterlichen Wurzeln zurück. Wie könnten die Schweden der Gicht ihres Wohlfahrtstaates besser entgehen als durch eine Produktion in Lettland und Estland? Dort finden sie die siamesischen Zwillinge der schwedischen Arbeiterschaft zu Löhnen, die noch unter denen Ungarns oder Polens liegen. So verzahnen sich innerhalb einer Einflußsphäre ein wohlhabender Zentralstaat und seine armen Satelliten, die begierig auf Arbeitsplätze sind. Ein Modell vom Typ des Wirtschaftsraums im Mittelalter, wie Fernand Braudel ihn aufgefaßt hat, macht sich wieder bemerkbar. Wie Phönix aus der Asche wird auch eine neue Hanse wieder entstehen. Sie wird sich eines Ostpreußens annehmen, das für sich allein die Vielzahl der Zugehörigkeiten verkörpert, die das internationale Zusammenleben in Zukunft ermöglicht: Königsberg wird vielleicht weiterhin Kaliningrad heißen, politisch wird es unter russischer Souveränität bleiben, wirtschaftlich wird es deutsch werden, in zweiter Linie schwedisch.

Auf diesem zerbröckelten Kontinent, wo das Chaos droht, ist die Einmütigkeit der großen Länder, entgegen den althergebrachten Vorstellungen, keineswegs mehr selbstverständlich. Sie stellt auch keinen ausreichenden Faktor mehr zur Friedenssicherung dar. Zu Beginn des

Jugoslawien-Konflikts, und das sollten wir uns in Erinnerung rufen, unterstützte Frankreich die Serben und Deutschland die Kroaten: so weit, daß keine der beiden Kriegsparteien sich isoliert fühlte, aber nicht weit genug, als daß sie gezwungen gewesen wären, sollten ihre großen Verbündeten erst einmal zur Vernunft gekommen sein, sich hinter ihre Linien zurückzuziehen und die weiße Fahne zu hissen. Auf diese Weise haben wir den schlimmsten Fall kennengelernt: das Gedächtnis, das regionale Unabhängigkeitsbestrebungen nährt, und die Machtlosigkeit, die Kontrahenten zu tätiger Reue zu bewegen. Weder Engländer noch Franzosen, ebensowenig wie Russen und Deutsche, haben heute noch Mandanten, die sie leicht zur Vernunft bringen könnten, oder Schuldner, bei denen es genügen würde, die finanzielle Versorgung zu kappen ... Die Erinnerungen an die alten Bündnisse verstärken die Spannungen; der aktuelle Zustand der internationalen Beziehungen ermöglicht es nicht, sie unter Kontrolle zu halten.

Wohlgemerkt: Niemand trauert der Zeit nach, als die Geplänkel der Kleinen die Rivalität der kontinentalen Großmächte nährte, und das unter der ständigen Gefahr, einen Großbrand zu entfachen. Aber umgekehrt genügt die von Natur aus friedfertige Vertrautheit zwischen Engländern, Franzosen, Deutschen, ja sogar Russen nicht, um das europäische Gleichgewicht zu garantieren, solange Drittstaaten aus sensiblen Gebieten die Wahl zwischen Frieden und Krieg nicht ihnen überlassen. Ideal wären untereinander freundschaftlich verbundene Großmächte, die die Kleinen soweit beherrschten, daß sie ihnen dieselbe Zurückhaltung gebieten könnten. Das bedeutete eine neue Interpretation des »Konzerts der Nationen«, um die Ordnung aufrechtzuerhalten, aber ohne die Gefahr von Ausrutschern. Unter diesem Gesichtspunkt gibt es das Paradies in Europa nicht mehr als anderswo ...

Die Vertrautheit zwischen Franzosen und Deutschen

darf auch nicht Anlaß zu Illusionen geben: Man spricht über alles, nur nicht über das Wesentliche. Wann haben wir unserem Partner jenseits des Rheins die lebenswichtige Frage nach der Staatsbürgerschaft und nach dem schädlichen Einfluß gestellt, den ein Abstammungsrecht nach Blutsverwandtschaft auszuüben droht? Solange die Geschichte im Gefrierschrank lag und der Wille zur Union im Westen herrschte, konnten sich die westlichen Länder mit dem deutschen Gesetz zur Staatsangehörigkeit abfinden wie mit einer pittoresken Absonderlichkeit. Deutscher war nur, wer mindestens zwei deutsche Großeltern aufzuweisen hatte. Ausländer, die in der Bundesrepublik wohnten, stellten nach der Art des antiken Griechenlands nur Metöken dar; aber die Behaglichkeit und der Frieden dieser Riesenschweiz von 60 Millionen Einwohnern dämpften die Frustrationen. Das geht so jetzt nicht mehr.

Im Innern des neuen Heiligen Römischen Reiches herrscht das Abstammungsrecht nach deutschem Muster. In übersättigten Ländern wie Österreich ist es ein Unterpfand der noch zurückhaltenden Fremdenfeindlichkeit. In Deutschland selbst ist es ein schwerwiegender Fall von Diskriminierung angesichts der Angriffe auf Einwanderer, die schon über 30 Jahre im Land leben, dem Gesetz nach aber immer noch Ausländer sind, und die als Sühneopfer für die neuen Flüchtlinge herhalten müssen, die zu Hunderttausenden ankommen. In den Balkanländern, morgen auch in Ungarn oder Slowenien, dient es schlimmer noch als gesetzliche Grundlage eines Stammeswesens, das in der Lage ist, in ethnische Säuberung abzugleiten.

Die Deutschen sind sich über die Führungsrolle noch nicht bewußt, die sie im Innern ihres formlosen Reiches spielen sollten, und sie sind noch meilenweit davon entfernt, sich eine grundlegende Frage zu stellen: Haben sie auch nur eine Sekunde lang darüber nachgedacht, daß ihre Haltung als Vorbild dienen könnte und daß sie ein wohltuendes Beispiel geben würden, wenn sie sich teilweise einer Staatsbürgerschaft nach dem Geburtsort anschließen würden? Ein strengeres Asylrecht in der Bundesrepublik und ein weniger ausschließendes Abstammungsrecht könnten die beiden Seiten einer Medaille bilden, die eigene Identität in Abhängigkeit zu anderen denken.

Die Franzosen stehen freilich auf einem ungünstigen Platz, um einer solchen Pädagogik als Vorsänger zu dienen: Ihr Abstammungsrecht bleibt selbst nach den symbolischen Korrekturen durch Charles Pasqua vorbildlich, aber ihre Flüchtlingspolitik ist dermaßen knauserig – ein paar tausend Flüchtlinge aus Jugoslawien bei uns, Hunderttausende in Deutschland –, daß sie, gemessen an den Nöten auf dem Kontinent, von einem großen Egoismus zeugt. Doch auf diesem Gebiet hüllte die »Grande Nation« sich in Schweigen. So liegt es allein an den Deutschen, ihre Revolution zu machen und sich darüber klarzuwerden, daß sie, solange sie als auserwähltes Volk in einem Nationalstaat leben, einer Vorstellung Glaubwürdigkeit verschaffen, die bei weniger gefestigten und friedlichen Geistern schnell in Extreme umschlagen könnte. Denn auf der Grundlage eines Abstammungsrecht nach Blutsverwandtschaft betrachtet, ist die Landkarte Europas unentwirrbar: Sie bedeutet eine endlose Kette von Konflikten.

In den bevorstehenden Auseinandersetzungen wird die Geschichte allgegenwärtig sein. So einfach sie westlich des Rheins ist, so drückend ist sie im Osten: in Deutschland, aber mehr noch in Polen, in der Ukraine, in Breslau oder Vilnius, das noch vor 50 Jahren Wilna hieß. Unter diesem Gesichtspunkt ist das kommunistische Zwischenspiel doppeldeutig. Es hat das Denken der Menschen geprägt, ihr Verhalten und den kollektiven Geist, doch scheint es wie aus ihrem Gedächtnis gestrichen. Für die Ungarn ist der Vertrag von Trianon eine noch keine 35 Jahre zurückliegende Verletzung, und nicht, wie es die tatsächliche Chronologie will, eine 70 Jahre alte; aus diesem Grund ist sie der Gegenwart viel näher. Und diese Art von Verkürzung beschränkt sich nicht darauf, aus den letzten 50 Jahren eine Sackgasse zu machen. Wie in einem Zeitraffer drängen sich die Ereignisse. Die Schlacht am Weißen Berg drängt sich auf, aber auch die Frankfurter Bundesversammlung, der Westfälische Friede, die Belagerung Budapests durch die Türken oder die Unabhängigkeit Serbiens. Aus diesem Malstrom taucht eine geklitterte Geschichte auf, bestehend aus bestimmten, aber aus dem Zusammenhang gerissenen Ereignissen, mit verrenkten Bezügen, mit neuen Verletzungen und teils falschen Inhalten. Die Geschichte ist jedenfalls gegenwärtig, beharrlich bleibt sie im Bewußtsein, drängt sich auf, täuscht uns und ist allmächtig. Weil sie so hartnäckig ist, kann sie in die Irre führen.

Die Versuchung ist groß, sich vorzustellen, das Spiel wiederhole sich und die Zukunft beschränke sich auf die Wahl zwischen dem relativ Besten – der Rückkehr ins 19. Jahrhundert –, und dem Schlimmsten – der Gewalt der dreißiger Jahre. Wenn wir den Hinweisen auf eine Regression folgen, können wir dem Ausmaß der Phänomene, die sich künftig zeigen, wohl kaum noch gerecht werden. Weder zeichnet sich der deutsche Imperialismus am Horizont ab noch die deutsch-französische Rivalität, noch das neuerliche Erscheinen eines Populismus nach Art Pilsudskis oder, viel schlimmer natürlich, der Nazis. Die Geschichte kehrt nicht um, sie besitzt nach den prophetischsten Worten von Marx eine weitaus größere Vorstellungskraft als die Menschen; sie wird neue Abkürzungen nehmen. Es dampft über dem Kessel der Ideologie mit den Zutaten Populismus, Nationalismus, Stammeswesen, aber auch Ökologie und Individualismus. Auf dieselbe Weise, wie zu gewissen Momenten extreme Linke und extreme Rechte einige ihrer Ahnen ausgetauscht haben, können sich ethnisches und ökologisches Denken aus Versehen oder absichtlich gut vertragen. Die Gefahr liegt in dieser neuen intellektuellen Alchimie und nicht im erneuten Erscheinen von Hakenkreuzen, die von ungebildeten und volltrunkenen Skinheads gezeichnet werden. Neue Verhältnisse, neue Versuchungen; neue Versuchungen, neue Ideologien. Eine doppeldeutige Situation, in der die Vergangenheit in gewisser Weise den einzigen Bezugspunkt bildet, die ihr jedoch trotzdem nicht gerecht wird. Weil sie das Denken beherrschte, wird die Vergangenheit schnell mißbraucht, denn sie bestimmt nicht die Zukunft voraus oder wiederholt sich zumindest nicht in denselben Formen.

Künftig herrscht Verschwommenheit in Europa, denn seine ökonomischen, politischen und strategischen Karten stimmen nicht mehr überein. Während des Kalten Krieges lagen sie fast kilometergenau übereinander. Die Demokratie, der Markt und der Mythos vom geeinten Europa paßten haarscharf ineinander. Im Innern eines vom eisernen Vorhang begrenzten Raumes rief die Öffnung der Handelsgrenzen einen Einigungsprozeß hervor, der auf Jahrzehnte hinaus Wirtschaft, Politik und Verteidigung verknüpfen sollte. Der Kommunismus schien ewig, der Westen verfügte über dieselbe Ewigkeit, um den Übergang von einer Ordnung zur anderen erfolgreich durchzuführen. Es war eine außergewöhnliche Situation, die wir aus Bequemlichkeit für endgültig hielten, denn sie war noch nie dagewesen.

Wir kehren nunmehr in einen Normalzustand zurück, mit den drei Karten, die sich mit einer unaufhörlich wachsenden Zahl von Risiken und Gefahren an ihren Verbindungsstellen auseinander bewegen. Auf der ökonomischen Ebene entspricht die Karte dem großen Markt, der vorübergehende Standbeine im Osten sucht. Mit ganzen Ländern, die sich ihm nach und nach anschließen wollen, wie Ungarn und die Tschechische Republik. Mit bevorzugten Regionen, die den Vorteil einer gemeinsamen Grenze mit dem einen oder anderen westlichen Land haben, dessen Bürger nahezu austauschbar mit den eigenen Bewohnern sind; so wird es bald den westlichsten Landstrichen Polens gehen, die an der Oder-Neiße-Grenze liegen, und Teilen der baltischen Staaten, die für den skandinavischen Einfluß am empfänglichsten sind. Mit Räumen im Innern Rußlands, die quasi aus dem Staatsgebiet herausfallen und durch das unsichtbare Band der Kapitalbewegungen und Exporte mit dem Westen verbunden sein werden.

Diese ökonomische Karte wirft Grenzen, Staaten und Markierungssteine durcheinander. Sie bildet also keinen politischen Raum ab. Wie könnte sie auch anders in dem Moment, in dem dieser sich seines alten Rasters entledigt? Mittelfristig scheinen zahlreiche Grenzen unsicher; langfristig scheint keine ewig zu bestehen. Ein seltsames politisches Puzzle entsteht: dort ein Nationalstaat, anderswo eine Nation in ihren Staaten. Dort ein althergebrachtes und stabiles Land; anderswo mehrere Regionen auf dem Weg zu politischer und wirtschaftlicher Selbständigkeit; dort ein neues Heiliges Römisches Reich; anderswo ein Netzwerk von Metropolen, die in dem Moment wie die Städte des Mittelalters hervortreten, in dem ihre Rechte anerkannt werden; dort Minderheiten auf der Suche nach einem Status, moderne Versionen der freien Städte; anderswo einheitliche Völker im Schutz eines lange Zeit bestehenden Staatsgebietes.

Diese seltsame Anordnung hat nichts mehr gemein mit der Idee von einer europäischen Pyramide, die den Gründervätern der Gemeinschaft so teuer war: Basisgemeinschaften, die sich in Nationalstaaten zusammenschließen, die selbst zu Gründungsmitgliedern einer zukünftigen Föderation werden. Sie hat übrigens auch nichts mit der politischen Karte des 19. Jahrhunderts gemein, die sich nach den Einflußbereichen der wichtigsten Länder gliederte, die perfekt umrissen waren bis auf die historisch umstrittenen Gebiete. Und ebensowenig mit der des 17. und 18. Jahrhunderts, die sich nach immer stärker ausgewiesenen Machtkonstellationen ordnete. In dieser Hinsicht gibt es tatsächlich keinen anderen Bezug als den zum Mittelalter mit seinem Wirrwarr aus Feudalherren, Vassalen, Ministaaten, selbständigen Städten, herrenlosen Gebieten und symbolischen Mächten.

Und um alles noch komplizierter zu machen, stimmt auch die strategische Karte nicht mit der politischen überein: Tatsächlich erscheint das militärisch stärkste Land, in diesem Fall Rußland, in gewisser Weise als der schwächste politische Akteur, als der schwindsüchtigste: ein in der Geschichte beispielloses Paradox! Daß Großbritannien in militärischer Hinsicht eine viel bedeutendere Macht darstellt als in wirtschaftlicher, und das Deutschland ein Industrieriese ist mit unsicheren politischen Konturen und einer Verteidigung, die noch in den Kinderschuhen steckt, sind damit verglichen zweitrangige Phänomene. Wie soll man auf eindeutige und logische Weise über Europa nachdenken, wenn die einzige gewaltige Armee zu einem Land gehört, dessen politische Realitäten unfaßbar sind und dessen wirtschaftliche Dynamik sich mit keinem der bestehenden Konzepte analysieren läßt? Diese Absonderlichkeit ist ausschlaggebend. Sie allein gebiert Unsicherheiten, Zufälligkeiten, Sprünge und Gefahren.

Und noch berücksichtigen wir in diesem Spiel wirtschaftlicher, politischer und militärischer Beziehungen keineswegs die klassischeren Widersprüche wie die Störungen der westlichen Wirtschaft durch die Importe aus dem Osten, die hinzunehmen die politische Vernunft uns lehren wird, während alle wirtschaftliche Logik uns dazu treiben müßte, sie zu verbieten. Ebensowenig unsere industriepolitisch so verständliche Versuchung, massenweise Waffen an die Staaten Mittel- und Osteuropas zu verkaufen, der nicht nachzugeben der gesunde Menschenverstand von uns fordert, angesichts der Aggressionstriebe, die sich in diesen Staaten immer mehr regen. Oder den sich immer mehr offenbarenden Willen der großen Staaten Westeuropas, die vielen Flüchtlinge nach Osten abzuschieben, obwohl ihre Anwesenheit für die armen und stammelnden Demokratien Mitteleuropas weitaus destabilisierender ist als für uns; und als Folge dieser Haltung droht uns später eine Schockwelle von viel größerer Brutalität.

In diesem Raum, in dem nichts mehr stimmt, ist die Zeit der einfachen Antworten vorbei. Was wirtschaftlich notwendig wäre, stößt sich an den politischen Tatsachen, und die politischen Handlungen können in Gegensatz zu den wirklichen militärischen Kräfteverhältnissen geraten. Für unsere durch ein halbes Jahrhundert Kommunismus an binäres Denken gewohnten Staatsmänner ist das eine beispiellose Herausforderung: Es ist nicht sicher, ob sie diese Veränderung verstehen werden. Vielleicht müssen wir ungeduldig darauf warten, bis sie den Stab an die erste Generation nach dem Kalten Krieg übergeben. Während erstere das Gute und das Böse abwägten, die Gegner und die Verbündeten, die Raketen auf der einen und auf der anderen Seite, wird die zweite mit Konzepten vertraut sein, die sehr komplexen Situationen gerecht werden, mit Eingriffen und Rückwirkungen, mit Ursachen und perversen Folgen, mit den Wirrungen des Gedächtnisses oder den Finten der Geschichte. Im schlimmsten Fall wird Europa tatsächlich ein Kontinent im Chaos, bestenfalls wird es ein komplexer Kontinent.

EINE WELT OHNE ZENTRUM

Nicht nur Europa leidet unter dem Rückzug der Vereinigten Staaten. Es war schon sehr naiv, zu denken, sie würden die Welt beherrschen, nur weil sie den Kalten Krieg gewonnen haben. Das Eigentümliche dieses virtuellen Krieges, dieser »Schlacht ohne Waffen«, lag darin, daß sie dem Sieger auch nur virtuelle Vorteile gebracht hat. Weder neue Gebiete noch Reparationszahlungen, weder Kriegsschäden noch Kapitulation. Der Kalte Krieg brachte nur ein flüchtiges Symbol hervor, die Allmacht der Politik und die Illusion, die größte militärische Macht der Welt könne auch ihr Polizist sein! Die Vereinigten Staaten sind nicht die Herren der Welt, sondern eine eigenartige Welt im kleinen. Dieses Land, das mal nach Osten, mal nach Westen schwenkt, bildet dank seines »Melting-Pots« den Kern eines weltweiten Synkretismus.

Selbst auf dem Höhepunkt seiner Macht blieb der amerikanische Imperialismus zweischneidig. Er vereinigte alles, was der demokratische Messianismus an schlechtem Beigeschmack aufwies. Die Grundsätze des westlichen Systems sollten nach Art der Jesuiten im 17. Jahrhundert, als diese das Wort Gottes überallhin verbreiteten, auf der ganzen Welt durchgesetzt werden. Ein gesunder wirtschaftlicher Egoismus sorgte für die Öffnung der Märkte für die multinationalen Konzerne und brachte eine Gewinnschöpfung aus dem Dollarkurs. Dazu gehörte auch ein ausgeprägter Sinn für ihre strategischen Interessen: Keinem Rivalen war es erlaubt, sich auf eine Ebene mit ihr zu stellen. Oftmals hat sich diese »imperiale Republik«, wie Raymond Aron sie nannte, kaum mit Vorwänden oder Alibis abgegeben, das reine Gewissen tat es auch. Aber sie hat ebensowenig die traditionelle imperialistische Haltung gezeigt: zu herrschen um des Herrschens willen.

Von dem Moment an, als er seine Gegner in die Flucht geschlagen hatte, löste sich auch dieser untypische Imperialismus langsam auf. Er hat seine Daseinsberechtigung verloren, denn der Sieg des freien Marktes scheint von nun an unumkehrbar. Er erleichtert den Weg zur Demokratie, und dort, wo diese noch verhöhnt wird, genügt es, sich auf einige wohlmeinende Maßnahmen und ein wenig Druck zu beschränken. Und was ist mit der wirtschaftlichen Vorherrschaft? Die amerikanischen Unternehmen benötigen keinen politischen Schutzschild mehr: Haben sie eine marktbeherrschende Stellung – was immer seltener der Fall ist – kommen sie allein klar; werden sie von japanischen Konkurrenzunternehmen verdrängt, kann Washington auch nichts dagegen ausrichten. Von nun an in der Defensive, erwartet die amerikanische Wirtschaft von der Regierung nurmehr die Ausdehnung der unmittelbaren Zugänge zum Markt, wie durch die Nordamerikanische Freihandelszone, und die Öffnung bislang geschützter Sektoren in den Ländern ihrer Konkurrenten: deshalb die ewige Leier der GATT-Verhandlungen. Schließlich die Macht des Geldes. Das ist vermutlich die letzte Form, in der sich die Macht der Vereinigten Staaten äußert: Böte der Dollar keine Vorteile mehr aus seinem Kurs, wäre es den Amerikanern nicht möglich gewesen, den Zinssatz bis auf drei Prozent zu senken, um aus ihrer Rezession herauszukommen, und die Krise ihres Bankensystems zu überwinden, ohne eine beschleunigte Abwertung hinnehmen zu müssen, die für ihre Wirtschaft unerträglich gewesen wäre. Angenommen, der Dollar wäre nicht Leitwährung, bei solch niedrigen

Zinsen wäre er nicht auf 1,60 DM, sondern auf 1 DM oder 1,20 DM gefallen. Und die Vereinigten Staaten tun alles, um diesen »Bonus von 30 Prozent«, diesen Status des Dollars als Währung letzter Zuflucht, nicht zu verlieren. Davon zeugen ihre unermüdlichen, oft erfolgreichen Anstrengungen, Zwietracht unter den europäischen Währungen zu säen und zu verhindern, daß eines Tages in Europa eine einheitliche Währung entsteht, die, gestützt auf eine finanzkräftige und nicht auf eine hochverschuldete Wirtschaft, auf einen Schlag die Vormachtstellung des Dollars beseitigen würde.

Washington befördert seit langem eine Vision der wirtschaftlichen Beziehungen, die auf sehr intelligente Weise egoistisch ist. Es huldigt dem freien Welthandel, ist jedoch bereit, sich von Zeit zu Zeit notwendige Verstöße gegen dessen Gesetze zu gestatten; der Dollar soll so lange wie möglich die Rolle des Sonnenkönigs im internationalen Währungssystem spielen, obwohl die Vereinigten Staaten, gestern noch größter Gläubiger der Welt, heute das am höchsten verschuldete Land sind. Doch diese Ordnung können sie der Welt nicht mehr einfach auferlegen, sie müssen ab jetzt um sie verhandeln. Mit Japan natürlich; bedingt auch mit der Europäischen Union; und eines Tages, im Auftrag von Europa, mit Deutschland.

Eine schwankende Wirtschaftsmacht spielt auf Dauer nicht den Weltpolizisten. Man führt nicht endlos Krieg zugunsten anderer. Außergewöhnliche Umstände werden die Vereinigten Staaten vielleicht noch manches Mal bewegen, wie im Golfkrieg, der Staatengemeinschaft als Söldner zu dienen, doch dies wird niemals wieder die Regel sein. Die Stärke der Polizei in Panama, Somalia oder Santo Domingo wird den Zahlungsschwierigkeiten Amerikas angepaßt; sollte es in Jugoslawien oder morgen in Siebenbürgen mehr als eine nur symbolische Intervention geben, setzte dies voraus, daß die befreundeten Länder ihren Beitrag zur Entlastung des amerikanischen

Budgets leisten ... Handelte es sich hingegen um Rußland, wäre die Situation freilich eine andere, denn hier stünden lebenswichtige Interessen der Vereinigten Staaten auf dem Spiel, und in diesem Fall, das hat die Erfahrung gezeigt, zählt man nicht nach und ist bereit, die Rechnungen später zu begleichen.

Wie dem auch sei, die finanziellen Schwierigkeiten sind nicht der einzige Grund, warum sich die Vereinigten Staaten auf ihr eigenes Territorium zurückziehen. Nichts drängt sie mehr, weiterhin die Rolle des großen Bruders zu spielen. Nicht die Existenz eines »Reiches des Bösen«, die so gut in ihren Manichäismus paßte. Denn die Doktrin der Abschreckung verhinderte eine Diskussion in der amerikanischen Öffentlichkeit über eine Intervention mit großen Risiken und Hunderttausenden von Toten. Wie könnte man die Taktiken je vergessen, die Roosevelt anwenden mußte, um den Isolationismus seiner Landsleute zu besiegen, einschließlich der, Pearl Habour geschehen zu lassen? Amerika hat auch nicht länger eine bevorzugte Verbindung zu einem anderen Kontinent: Europa driftet ab, entfernt sich immer weiter von den Vereinigten Staaten; nur Bostons Großbürger, Harvards Intellektuelle und die New Yorker Bankiers kämpfen gegen dieses Schicksal an. Asien nimmt im Gefühlshaushalt der Amerikaner nicht die Stelle ein, die Europa so lange ausgefüllt hat. Kaliforniens Asiaten spielen eine andere Rolle als die Angelsachsen der Ostküste. Und noch weniger zählt das Bewußtsein, mit diesem oder jenem Teil der Erde auf Kosten eines anderen eine Einheit zu bilden. Je mehr die Vereinigten Staaten ein Modell des Universums werden, in dem neben den Europäern via Einwanderung Lateinamerikaner und Asiaten leben, desto weniger wird ihr Handeln von Voreingenommenheit bestimmt.

Das internationale Kräftespiel findet seine Entsprechung im Innern dieser Demokratie, die von den Spielregeln der Lobbies bestimmt wird, in ihren vielen Ethnien:

Die Amerikaner lateinamerikanischer Abstammung plädieren für Südamerika, die chinesischen Einwanderer für ihr Herkunftsland, die Japaner und vor allem die tausendundeine Seilschaften, die sie sich geleistet haben, für ihren Taufbezirk. Es ist kaum vorstellbar, daß der Golfkrieg hätte stattfinden können, wenn es eine starke pro-arabische Lobby gegeben hätte und diese hart geblieben wäre! Das korporative Wesen ihrer Demokratie ist der Hauptgrund, warum die Vereinigten Staaten nicht in der Lage sind, ihre Haushaltsprobleme zu regeln und die Machtlosigkeit ihres Wohlfahrtsstaates zu überwinden; im Laufe der Zeit droht es, ihre internationale Handlungsfähigkeit zu schwächen.

Zu diesen innenpolitischen Schwierigkeiten Amerikas, die eigenen Interessen einer Rangordnung zu unterwerfen, gesellt sich das unglaubliche Paradox einer Welt hinzu, auf der jeder mit jedem spricht, jeder anscheinend mit allen anderen zusammenarbeitet, wo die Foren der Verständigung sich ebenso wundersam vermehren wie einst das Brot, doch hier mit dem Ergebnis einer kollektiven Ohnmacht. Auch da könnte man meinen, die internationale Demokratie finde sich bloß mit ihrer Untätigkeit ab. Das allgemeine Palaver blendet die Gutgläubigen. Am Ende bleibt es beim Gerede aller Beteiligten, die sich damit zufrieden geben, falsche Hoffnungen zu erwecken. Eine erstaunliche Situation, und sie führt dazu, daß es unmöglich wird, angesichts eines historischen Ereignisses eine Situation auf dem gegenwärtigen Stand einzufrieren, wie es auf dem Wiener Kongreß, auf der Konferenz von Berlin oder mehr noch auf der von Versailles versucht worden war.

Sollte der Untergang des Kommunismus weniger Beachtung verdienen als der Fall Napoleons, das Ende des Sowjetreiches weniger als die Kapitulation des Reiches Wilhelms II.? Während der regelmäßigen Treffen von den G7-Staaten bis zur KSZE, von der UNO bis zur Nato, von offiziellen Staatsbesuchen bis zu inoffiziellen Begegnungen, haben die verantwortlichen Politiker zwischen 1989 und 1991 keine Notwendigkeit verspürt, die Ereignisse noch einmal auf dem Verhandlungstisch auszubreiten und abzuwägen, was für wen auf dem Spiel steht, über gegenseitige Konzessionen nachzudenken, den Austausch von Gebieten und den Interessenausgleich in Angriff zu nehmen, das heißt, in aller Ruhe an einer möglichen Neuordnung zu arbeiten. Die internationale Politik ähnelt einem ständigen Forum, auf dem über das Wesentliche nicht gesprochen werden darf, auf dem überstürzte Eile umsichtiges Handeln überwiegt und wo eine krankhafte Geschwätzigkeit den Platz grundlegender Positionen eingenommen hat. Es läge an den Vereinigten Staaten, den Gewinnern des Kalten Krieges, einen neuen Wiener Kongreß einzuberufen. Aber auf diese Idee sind sie nie gekommen, obwohl sie seinerzeit mit George Bush unter der Fuchtel des außenpolitisch aktivsten Präsidenten standen, den sie sich seit Jahrzehnten gewählt hatten.

Auf dem Gebiet der Außenpolitik kann die Kommunikation noch weniger als auf anderen die aktive Zusammenarbeit ersetzen. Was sich in Wirklichkeit vor unseren Augen abspielt, ist das genaue Gegenteil des Eindrucks von Ordnung, den die Maschinerie der Vereinten Nationen erwecken möchte. Der Sicherheitsrat, der Tag und Nacht zusammentritt, das diplomatische Hin und Her, die fieberhafte Hektik der Führungsstäbe, zu guter Letzt betäuben sie das Denken, heben die Zeit auf und feilen die Kanten der Geschichte weg, so daß die ganze Welt sich ebensosehr um Somalia kümmert wie um den Zusammenbruch der Sowjetunion. Unter dem Vorwand, jene Institution einzurichten, die geeignet sei, einer neuen Weltordnung Geltung zu verschaffen, haben wir ein vielleicht sympathisches, aber wirkungsloses Forum errichtet, das auf seine Weise die grundlegenden Züge unseres neuen Mittelalters ausdrückt: ausgestattet mit einem allmächtigen Kommunikationswesen und ständig in der unermeßlichen Gefahr, daß etwas nicht mehr vermittelbar ist; mit dem Anschein von Organisation und einer Wirklichkeit, in der sich alle Strukturen auflösen; mit universellen Werten auf den Fahnen und brutalsten traditionellen Verhaltensweisen in den Regionen, wo man am wenigsten hinschaut.

Ohne tatkräftige politische Führer und ohne Steuerungsmechanismen gewinnen schlichte Kräfteverhältnisse wieder an Boden: innerhalb der drei Zonen Amerika, Asien und Europa, die immer autonomer werden, und in den Beziehungen, die sie miteinander unterhalten. So zeigen die Vereinigten Staaten, deren Anwesenheit überall sonst auf der Welt immer mehr schwindet, in ihrer Hemisphäre mehr Präsenz denn je. Aus diesem Blickwinkel bildet der Start in die Nordamerikanische Freihandelszone die wichtigste Hinterlassenschaft der Bush-Administration, weitaus wichtiger als die Rückeroberung Kuwaits. Mit der schlagartigen Ausdehnung des amerikanischen Wirtschaftsraums auf Kanada und Mexiko hat Washington sich stillschweigend ein neues Entwicklungsmodell zu eigen gemacht, bei dem die reichen Länder sich entschließen, mit den armen in ein und demselben Markt zusammenzugehen, wobei dem freien Verkehr von Waren und Kapital der Vorzug vor dem der Arbeitskräfte gegeben wird. Südamerika wird selbstverständlich Mexiko folgen, so daß sich von Alaska bis zum Kap Hoorn ein von den Vereinigten Staaten beherrschter Wirtschaftsraum herausbilden wird, von dem diese sich erhoffen, er möge zugleich eine weitere Zunahme der Einwanderung verhindern und durch eine neue verstärkte Nachfrage nach Konsumgütern die eigene Wirtschaft ankurbeln und auf den Weg einer besseren Zahlungsbilanz bringen. Auf sich selbst konzentriert, wird diese Welt für alle Kapitalbewegungen offen sein, aber auch durchlässiger für Waren von außen: Selbst ohne ausdrückliche Zollschranken werden ihre Größe und ihre Dynamik sie auf natürliche Weise vor dem Ausland schützen.

Im Innern dieser neuen Welt, die dabei ist, sich zusammenzuschließen, wird die politische Machtverteilung klar sein, und das wird Europa und Asien gegenüber kein geringer Vorteil sein: der Dollar als einheitliches Zahlungsmittel; eine von Washington vorgezeichnete Wirtschafts- und Handelspolitik, das Ganze abgestimmt auf eine völlig unstrittige Ordnung. In diesem Rahmen, und weil es sich schon immer um ihren »Hinterhof« gehandelt hat, werden die Vereinigten Staaten in der Lage sein, sich als starke Ordnungsmacht zu gebärden.

Vielleicht bedarf es dieses seltsamen Umwegs über den Rückzug auf sich selbst, damit Amerika wieder die Oberhand über Europa gewinnt. Die Vereinigten Staaten gegen die Europäische Union, das war mehr oder weniger ein ausgeglichenes Spiel; aber ganz Amerika gegen ganz Europa: das Ergebnis ist absehbar. In punkto Organisation: ein treuhänderischer Chef in Amerika, in Europa hingegen eine entstehende Struktur, die Europäische Union, inmitten eines in seiner größten Ausdehnung äußerst chaotischen Kontinents. In punkto Finanzwesen: die Mark, oder morgen der Ecu, wird in Moskau oder Kiew nicht dasselbe Gewicht haben wie der Dollar in Mexiko-Stadt oder Brasilia. In punkto Leistungsvermögen: während unsere Reichen, die Westeuropäer, sich mit den Reichen Amerikas, den Bürgern der Vereinigten Staaten und Kanadas, messen können, scheint der Abstand zwischen unseren Armen in Osteuropa und Rußland und denen in Amerika, den Mexikanern, Brasilianern, Argentiniern und den anderen, Lichtjahre zu betragen. Wegen unserer kulturellen Vorurteile schätzen wir dieses Handikap in seiner ganzen Tragweite falsch ein.

Mittel- und Südamerika bilden auf lange Sicht »duale« Gesellschaften, die zu einem Teil im internationalen Wettbewerb stehen. Trotz der Hyperinflation in Brasilien sollte man nicht vergessen, daß das Land eine der ersten Exportnationen der Welt bleibt, und trotz der politischen

Unordnung in Bolivien oder Kolumbien nicht, daß beide in der Lage sind, ihre Zahlungsbilanz auszugleichen. Obwohl die Eliten den Löwenanteil des Nationalvermögens in die Vereinigten Staaten oder in die Schweiz transferiert haben, spielen sie mit den im Lande verbliebenen Vermögenswerten eine wichtige Rolle als wirtschaftlich tätige Gruppe und als Modernisierer. Verglichen mit den Jungkapitalisten im Osten verfügen sie über alle Tugenden eines Erwachsenen! Sie sind unternehmerisch denkende und handelnde Industrielle und – höchst erstaunlich – wahrscheinlich weniger pflichtvergessen, zudem noch mit vermutlich weniger direkten Verbindungen zur Mafia.

Wenn es Rußland eines Tages gelingt, sein Chaos gegen eine Unordnung vom Typ Brasiliens einzutauschen, wird es den Wettlauf gewonnen haben. Diesen Unterschied, der in ihrer Natur liegt, hatte der Internationale Währungsfond nicht durchschaut, als er den ehemaligen Volksrepubliken dieselben Maßnahmen auferlegte wie Argentinien oder Chile. Bei den Stammkunden des IWF zeitigt die restriktive Politik die bekannten Auswirkungen: Freie Konvertibilität der Währung und ein streng geführter Staatshaushalt begünstigen den Export und eine ausgeglichene Zahlungsbilanz auf Kosten eines Sinkens der Kaufkraft und des schleichenden Übergangs eines Teils der Bevölkerung aus den Abhängigkeiten des Markts zur reinen Subsistenzwirtschaft, wie sie »dualen« Gesellschaften eigen ist. Auf Moskau oder Kiew angewandt, klappt dieselbe Therapie nicht: Die Abwertung und der Verfall der Kaufkraft können den Exportsektor nicht wieder ankurbeln, weil es ihn gar nicht gibt! Die plötzliche Liberalisierung des Marktes geht höchstens in einem beschleunigten Import von Konsumgütern auf, die von den alten kommunistischen Würdenträgern mit den Dollars erworben werden, die sie durch jahrzehntelange Veruntreuung angehäuft haben. Das auf lange Sicht größte Handikap Europas gegenüber Amerika wird nicht darin bestehen, weniger gute reiche Länder zu haben, sondern sehr unzureichende arme Länder.

Auch gegenüber der asiatischen Welt besitzt das große Amerika einen Haupttrumpf. Hier ist es natürlich nicht die überlegene Dynamik seiner armen Länder, ganz im Gegenteil ... Wo Argentinien weit vor Bulgarien liegt, macht es Taiwan gegenüber eine klägliche Figur, und im Vergleich zu Singapur oder Malaysia schneidet Chile weniger vorteilhaft ab als im Vergleich zu Rumänien oder Litauen. Auf der wirtschaftlichen Ebene im engeren Sinne gibt es keinen Zweifel an der Rangordnung. Aber dieses asiatische Universum, das vor zehn Jahren noch zu Stabilität und japanischer Vorherrschaft verdammt schien, ist es nicht mehr. Alles drängte auf eine Wiederbelebung der alten »Großostasiatischen Wohlstandssphäre«, diesmal unter friedlichen Vorzeichen. Solange China dem Markt ferngeblieben war, konnte Japan sich überall im asiatischen Handel wie zu Hause fühlen. Mit den Umwälzungen in China zeichnet sich ein Wettbewerb ohnegleichen am Horizont ab. Japan hat es nicht wirklich mit China zu tun, sondern mit einem vielfältigen und unfaßbaren Wesen, mit einem Komplex vieler Chinas. Gibt es einen Präzedenzfall für dieses alchimistische Gemisch aus den Lohnarbeitern und zukünftigen Konsumenten des kontinentalen Chinas, den Führungskräften und Technikern aus der Diaspora, häufig Rückkehrer aus den Vereinigten Staaten, und dem vielen Kapital, das Hongkong und Taiwan zusammengezogen haben? Man kann völlig sicher sein, es gibt ein kapitalistisches Chromosom: Die Chinesen besitzen es, die Russen nicht.

Im Gebiet um Kanton wird täglich die Sterbeurkunde des klassischen Freihandels unterzeichnet. Wie ließe sich der Begriff noch rechtfertigen angesichts von Konkurrenten, die mehr Leistung bringen als wir, die selbstverständlich mehr arbeiten, die ein Dreißigstel von unserem Lohn verdienen, die sich für die am weitesten entwickelten Industrien und Dienstleistungen eignen, die über Führungskräfte auf internationalem Niveau verfügen, über dieselbe Ausrüstung wie westliche Unternehmen und die sich auf beträchtliche finanzielle Mittel stützen können? Wo soll man in diesem vielfältigen Komplex nach der Macht suchen, mit der man verhandeln könnte? In Peking? In Shanghai? In Taipeh? In Hongkong? In den amerikanischen Universitäten, wo sich die chinesischen Eliten von morgen ausbilden lassen? Im Westen Kanadas, den die chinesische Gemeinde bald zu beherrschen scheint? An der Küste von San Francisco oder an der von Los Angeles?

Für uns im Westen ist Japan der schwierigste Partner, denn dort ist die Macht überall und nirgends, doch China droht für Japan noch unzugänglicher zu werden. Wie wird das Kräfteverhältnis zwischen diesen ewigen Rivalen aussehen? Zwischen der kaiserlichen Oligarchie Japans und den hermetisch verschlossenen Eliten Chinas? Zwischen dem kleinen Land, das eine Hypermacht ist, aber schon von einer demographisch bedingten Überalterung gezeichnet wird, und diesem unerschöpflichen Reservoir an Konsumenten und billigen Arbeitskräften? Zwischen einem China, dessen Anziehungskraft auf Drittländer unendlich sein wird, und einem Japan, dessen eher abschreckende Wirkung fortdauern wird. Auf diese tiefgreifende Frage ist keine Antwort in Sicht, nur eines ist gewiß: Die asiatische Welt wird durch diese bipolare Rivalität ebenso nachhaltig in ihren Strukturen bestimmt, wie die ganze Welt durch die der amerikanisch-sowjetische Konfrontation bestimmt worden ist. Die Vereinigten Staaten und mit ihnen der ganze amerikanische Kontinent stehen in der ersten Reihe: Im Laufe der Jahre werden sie selbst soweit asiatisch geworden sein, daß sie dort, sollten sie sich nicht zu tolpatschig anstellen, eine bedeutende Rolle spielen können.

Sollte das Unvermögen der Vereinigten Staaten, im Zentrum der Welt zu bleiben, die drei großen Zonen zur

Autonomie treiben, werden sie sich nicht nach einem Einheitsmodell ausrichten. Es ist schon seltsam: Eine Veränderung, die aus der wachsenden Schwierigkeit für die Vereinigten Staaten entstanden ist, sich Deutschland und Japan gegenüber zu behaupten, endet damit, daß das ganze Amerika gegenüber dem ganzen Europa und der asiatischen Welt eine Position der Stärke einnehmen wird. So kommt es zwischen diesen Großkomplexen zu divergierenden politischen, strategischen und wirtschaftlichen Beziehungen.

Dabei werden die Unwägbarkeiten im pazifischen Raum am größten sein. Hinter ihrem freundschaftlichen Erscheinungsbild sind die Beziehungen zwischen Japan und den Vereinigten Staaten seit langem vergiftet. Was wäre aus ihnen geworden, wenn Michael Gorbatschow die Zeit gehabt hätte, den Kalten Krieg in Asien ebenso zu beenden, wie er es in Europa getan hat? Eine Bewegung schien ausgelöst, die mit der Rückgabe der Kurilen-Inseln und Sachalins durch die Sowjetunion, oder später durch Rußland, hätte enden können, im Tausch gegen einige Dutzend Milliarden Dollar japanischer Investitionen in Sibirien und einen Friedensvertrag.

Welche Auswirkungen hätte eine solche Umwälzung auf das japanisch-amerikanische Gleichgewicht gehabt, wo Japan den atomaren Schutz durch die Vereinigten Staaten mit einer relativen Zurückhaltung seiner Exporte und der Finanzierung eines Teils des amerikanischen Haushaltsdefizits bezahlt? Hätte sie die militärischen Bande nicht überdehnt? Nimmt Japan diese Entwicklung nicht vorweg, wenn es eine eigene Luft- und Raumfahrtindustrie aufbaut, die leicht für militärische Zwecke genutzt werden kann, ganz zu schweigen von seiner angestrengten Suche nach spaltbarem Material, als wollte es sich mit einer Atomstreitkraft ausrüsten können, sobald es dies wünschte? Bliebe eine solche Scheidung auf strategischem Gebiet für die Wirtschaft folgenlos? Und ab welchem Stadium industrieller oder finanzieller Abhängigkeit fühlten sich die USA angegriffen? Eine derartige Strategie setzt freilich ein in der Außenpolitik erwachsen gewordenes Japan voraus, und nicht den »Winzling«, dem es noch ähnelt. Kann man sich vorstellen, daß seine diplomatische und politische Zurückhaltung auf dem Hintergrund dieser wirtschaftlichen Übermacht fortdauern wird?

Dieses Szenarium bleibt derzeit noch theoretisch, da Boris Jelzin von seinen Generälen daran gehindert worden ist, das geringste Zugeständnis zu machen, was diese lästigen »paar Stückchen Land« betrifft, die Kurilen, die wirtschaftlich und militärisch völlig bedeutungslos sind, die aber, das sei hier nur eingeschoben, vom mythologischen Gewicht zeugen, das die Scholle für die gestern sowjetischen, heute russischen Eliten besitzt. Aber die Frage bleibt offen, so offen, wie die Frage der deutschen Einheit vor wenigen Jahren noch sein konnte: Auch sie wird der Dynamik der Ereignisse nicht entgehen.

Das Vordringen eines kapitalistischen Chinas auf dem asiatischen Markt ermöglicht es dafür den Vereinigten Staaten, den kommenden Ereignissen gelassen entgegenzusehen. Je mehr Verbindungen sie zur chinesischen Welt knüpfen, desto beunruhigter sind die Japaner, die so von einem abrupten Abbruch der Beziehungen abgehalten werden. Von nun an hat Washington die Mittel zu einer geschickten Flankenpolitik: Man stelle sich vor, mit wieviel Klugheit die britische Diplomatie, wäre sie in der Lage der Amerikaner, diese betreiben würden. Doch abgesehen von der Zeit, als sich das State Department unter dem Zuchtmeister Henry Kissinger diesen Kräftespielen widmete, schien es noch nie Meister im Auspendeln der Gewichte gewesen zu sein, was von den europäischen Mächten jahrhundertelang glänzend beherrscht wurde. Es stimmt, mehr und mehr von chinesischen Einflüssen geprägt – man vergesse nicht, daß bereits 50 Prozent aller Ph.D.s jedes Jahr an asiatische Studenten gehen –, werden die Vereinigten Staaten sich bald, und ohne es gewollt zu haben, mit einem Fuß in der chinesischen Welt befinden: Sie werden auf ihre Weise zu einer asiatischen Macht.

Am Ende dieses fiktiven Strategie-Szenariums ist auch der schlimmste Fall in Betracht zu ziehen: ein seltsames Quartettspiel, bei dem sich die USA und China gegen Japan verbünden, das sich gezwungenermaßen Rußland zuwenden müßte. Diese Konstellation, zwei gegen zwei, ist plausibel und sie ist es nur in dieser Anordnung. Wer könnte sich die Vereinigten Staaten an der Seite Japans gegen Rußland und China vorstellen? In den nächsten Jahren werden die Einsätze ökonomischer und diplomatischer Natur bleiben; doch auf sehr lange Sicht kann niemand härtere Konflikte ausschließen. In der Tat wird der Pazifische Ozean Schauplatz dieser Konfrontation der vier größten Mächte der Welt, die dann wahrscheinlich alle Raumfahrt- und Atommächte sein werden, und dies nach Jahrzehnten, in denen kleinere Scharmützel, einschließlich der atomaren, alltäglich zu werden drohen.

Groß-Europa gegenüber wird Amerika viel gleichgültiger sein. Von der immer schwächer werdenden gefühlsmäßigen Verbundenheit abgesehen, wird sich die Interessengemeinschaft im Wesentlichen auf die Wirtschaft beschränken, auf eine ziemlich große Solidarität der westlichen Unternehmen gegenüber ihren asiatischen Konkurrenten. Sollte noch ein Mindestmaß an Ordnung auf unserem Kontinent herrschen, werden wir die Amerikaner immer weniger interessieren. Wie ihnen der Krieg in Jugoslawien als lokale Begleiterscheinung vorgekommen ist, weit mehr als ein Konflikt im Mittleren Osten, lassen Spannungen in Siebenbürgen oder anderswo sie nahezu gleichgültig, solange weder Rußland noch die muslimische Welt in sie verwickelt sind.

Machen wir uns nichts vor: Für dieses neue Amerika ist Europa kein Subjekt mehr, sondern Objekt der Geschichte ... Es ist nur noch dann von Interesse, wenn sich auf seinem Gebiet Zwischenfälle von weltweiter Bedeutung ereignen. Wenn Rußland aus seinem derzeitigen Zustand herausfindet, in dem es keine Großmacht darstellt, und wieder ein aggressiv und imperialistisch handelndes Land wird, würden wir als Vorposten für die Amerikaner augenblicklich wieder wie berufen sein. Würden die Türken oder gar der Iran den muslimischen Minderheiten auf dem Balkan zu Hilfe eilen, wäre auf Umwegen die Stabilität im ganzen Nahen Osten bedroht, und die Amerikaner befänden sich mit ihren Interessen in vorderster Linie. Sollte die Weitergabe atomarer Waffen nach dem Auseinanderbrechen der Sowjetarmee zu Unfällen führen, würden sich die Vereinigten Staaten betroffen fühlen, sobald es der amerikanischen Ökologie-Bewegung gelungen sein wird, die Öffentlichkeit an ihren obsessiven Befürchtungen teilhaben zu lassen. Wenn, würde, sollte ... Wie viele Unwägbarkeiten werden nötig sein, damit die amerikanische Welt noch das Gefühl hat, ihre Zukunft spiele sich in Europa ab!

Hat Europa in diesem Spiel zu dritt, zwischen drei großen Wirtschaftsräumen, die geringste Chance, seine Stellung gegenüber Asien zu halten? Ihre Verbindungen werden niemals strategischer oder militärischer Natur sein: Nur eine rein theoretische Lage könnte dazu führen, in der Rußland derartig destabilisiert wäre, daß Europäer, Japaner und Chinesen, ohne es zu wollen, ein gemeinsames Interesse hätten. Doch abgesehen von dieser begrenzten Hypothese werden die Beziehungen im wesentlichen bleiben, was sie heute sind, wirtschaftlicher Natur. Und auf diesem Gebiet sind die Europäer, ohne jede Möglichkeit zu Vergeltungsmaßnahmen strategischer Art, in einer weitaus schlechteren Lage als die Amerikaner. Sie werden bitten müssen, wo jene noch drohen können, und betteln, während Amerika noch über die Mittel verfügt, Vergeltungsmaßnahmen zu ergreifen.

Solange Europa den Konflikt in seinem Innern zwischen den Verfechtern einer größtmöglichen Öffnung und denjenigen, die an einen Vorrang der Europäischen Union glauben, nicht entschieden hat, bleibt es der asiatischen Welt gegenüber chancenlos. Das Handelsungleichgewicht könnte sich ausdehnen. Zum Beispiel im Bereich der Hochtechnologie, aus dem Japan uns nach und nach verdrängt hat, mit der Aussicht, daß die Japaner morgen mit derselben Tatkraft wie in der Informatik oder in der Telekommunikation in die Luft- und Raumfahrt sowie in die Atomenergie einsteigen. Oder in den Massenindustrien, der Automobilindustrie in erster Linie, wo wir von direkten Exporten und japanischen Montagewerken in Europa in die Zange genommen werden, und als einzige Aussicht bleiben uns unermüdliche Verhandlungen zur freiwilligen Selbstbeschränkung nach dem Motto: »Bitte, einen Augenblick noch, Herr Henker«, und das, ohne dem Start koreanischer und japanischer Fahrzeughersteller in China, und bald auch dem rein chinesischer vorzugreifen. Ungleicher Handel herrscht in den klassischen Industriezweigen und morgen auch im Dienstleistungsgewerbe. Asiatische Konkurrenten, die mit demselben Werkzeug ausgestattet sind wie wir, mit einer starken, ebenso geschickten Arbeiterschaft, die aber zu einem Dreißigstel unserer Löhne produzieren: gestern T-Shirts, heute Text- und Datenverarbeitungssysteme für die großen Massen, morgen das »back-office« der Banken.

Für diese Akteure der Weltwirtschaft bleibt der Dollar die einzige Währung, so daß sie neben ihren anderen Vorteilen auch noch den seiner Unterbewertung nutzen können, ohne zugleich von der relativen Überbewertung des Yen behindert zu werden. Wenigstens wird uns das exponentielle Wachstum Chinas einen Trostpreis bieten, den Japan uns immer verweigert hat: in diesem Fall neue Exportmärkte. Aber den Ideologen des Freihandels zum Trotz wird diese Entschädigung niemals die Verwüstungen aufwiegen, die das Vordringen der armen Länder

Asiens anrichtet. Der europäische Kontinent verfügt über keine Waffe außerhalb der Ökonomie gegen diese unaufhaltsame Auszehrung – weder über eine strategische, da die Einsätze im pazifischen Raum unsere Möglichkeiten übersteigen; noch über eine politische, denn die asiatischen Mächte schätzen uns nicht so sehr, daß sie in Europa ein Gegengewicht zu den Vereinigten Staaten suchen würden. Trotzdem sind unsere Handelsargumente schwerwiegender, als wir denken.

So verzahnt mit Asien das neue Amerika auch sein mag, es wird doch die Fähigkeit bewahren, seine Märkte teilweise abzuschotten: Es hat Vergeltungsmaßnahmen zur Hand, und selbst wenn Japan der militärischen Vormundschaft durch die Vereinigten Staaten entwischt, sind diese noch in der Lage, ihre Importe, wenn auch nicht ganz zu blockieren, so doch zu bremsen. In einigen Marktsegmenten haben die Asiaten, sei es durch ihre Exporte, sei es durch ihre Ableger vor Ort, bereits die Absatzgrenze erreicht. Für die Chinesen wird eines Tages nur der für alle offene europäische Markt, wie schon seit mehreren Jahren für die Japaner, als Expansionsfeld dienen können. So wird aus unserer Schwäche eine Stärke: Es liegt an uns, sie ihnen gegenüber auszunutzen. Sie brauchen uns im äußersten Fall mehr als wir sie.

Wir driften in eine Welt, auf der drei riesige Wirtschaftskontinente schwimmen. Sie ersetzen in der Moderne die Weltwirtschaft im Sinne Braudels. Alle übrigen Gebiete sind nur Transitzonen, Einflußbereiche oder Regionen, die nicht mehr von Interesse sind. Dies wird leider das Schicksal Afrikas sein. Opfer seiner selbst, aber auch des Verschwindens des Kommunismus, das ihm Rivalen in Osteuropa beschert hat, die für das westliche Kapital weitaus attraktiver sind: Wieviel Industrielle, die bislang von der billigen Arbeitskraft im Maghreb angezogen wurden, bevorzugen nunmehr Polen oder Böhmen, wo sie zu vergleichbaren Löhnen einen Transportweg von nur einem Tag nach Frankfurt oder

Paris und nahezu deutsche Arbeiter haben? Sollte Südafrika den Übergang zur Demokratie in einem annehmbaren Zustand hinter sich bringen, wird es auf seine unmittelbaren Randgebiete, im Verhältnis zu seiner Größe natürlich, dieselbe Wirkung ausüben wie Nordamerika auf Südamerika oder Westeuropa auf Osteuropa. Nordafrika wird zumindest Vorteile aus dem großen Schatten ziehen, den der europäische Kontinent wirft, und sei es nur in Form der begehrten Entwicklungshilfen, um die Einwanderung zu begrenzen.

Zwischen den beiden, in Zentralafrika, ist die Katastrophe nicht zu vermeiden. Somalia wird den offensichtlichsten Beweis für die Rückkehr in den Urzustand liefern: Die von der Kolonisation eingeführten Verwaltungsstrukturen haben nur eine Generation gehalten. Die Eliten werden aufhören, die alten Kolonisatoren nachzuahmen. Das Stammeswesen wird sich mästen durch Veruntreuung und Schmuggel, insbesondere von Drogen und Schwarzgeldern. Die Küsten werden unsicher wie einst der Seeweg nach Indien. Nach einigen kurzen, häufig blutigen Einmärschen wird sich die Zivilisation aus diesen Gebieten zurückziehen. Welches Schicksal erwartet diesen Teil des Kontinents, wenn nicht das Mittelalter, nicht das bisher dargestellte, sondern das alte, das echte, mit seinen Epidemien – Aids anstelle der Pest – seinen Hungersnöten, seinen Stammeskämpfen? Gebiete, die sich selbst überlassen bleiben, wird es auch in anderen Räumen als in Afrika geben, aber nirgendwo wird der Rückschritt so stark und so gewalttätig verlaufen. Dort, wo sich , wie im ehemaligen französischen Kolonialreich, aus historischen Gründen der Neokolonialismus gehalten hat, der zwar fortdauert, auch wenn er schwächer wird, wird ein Minimum an Ordnung, ein Anschein von Ordnung herrschen. Anderswo wird die internationale Gemeinschaft den Vorhang nicht mehr zur Seite ziehen: Vielleicht wird sie sich von Zeit zu Zeit noch eine Intervention vom Typ Somalias leisten, um ihr Gewissen zu beruhigen, doch sie wird nie mehr die Autorität, den Willen und die Mittel zu Einsätzen in größerem Umfang aufbringen. Je mehr sich in den drei großen Wirtschaftsräumen arme und reiche Länder vermischen, desto mehr entwickelt Zentralafrika sich zu einem versunkenen Kontinent.

Unter dem Deckmantel einer Internationalität und fortwährenden Kommunikation werden die drei großen Wirtschaftskontinente nicht so leicht zu einem Gleichgewicht finden, wie es einst den alten Großmächten über lange Zeiträume hinweg gelang: ohne eine weltweite Führungsmacht, da die Vereinigten Staaten das Zepter haben fallen lassen. Ohne klare Feindbilder, denn um diese Rolle zu spielen, ist der moslemische Fundamentalismus zu kraftlos, zu unsicher, zu unstet. Und ohne organisatorische Mechanismen, denn UNO, GATT, IWF tun nur so, als erfüllten sie ihre Aufgaben. In einer Welt, die von der Wirtschaft bestimmt wird wie noch nie zuvor, vergißt man schnell, daß auch die ökonomische Unordnung ein Ausmaß wie noch nie zuvor erreicht hat. Wann ist das Währungssystem jemals so schwach organisiert gewesen? Vom Goldstandard zur Goldwährung und dann zu freien Wechselkursen hat die Entropie unaufhörlich triumphiert. Die Gedächtnisschwäche ist bei uns so natürlich geworden, daß uns 20 Jahre nach dem August 1971 flexible Kurse vorkommen, als hätte es sie schon immer gegeben. Dennoch stellen sie nur eine Ausnahme in der Wirtschaftsgeschichte dar. Niemals hätten sich die großen Denker des Wirtschaftsliberalismus eine solche Verirrung vorstellen können: Für Adam Smith, Ricardo und Konsorten setzte der Markt ein stabiles Geldmaß voraus. Erst sehr viel später hat die liberale Lehre, genährt von der ideologischen Naivität der Amerikaner und anderer, die mit den Interessen der Vereinigten Staaten konform gingen, frei floatende Währungen zum A und O der modernen Ökonomie gemacht. Was hier als natürliche Ordnung der Welt erscheinen möchte, ist im Gegenteil nur Ausdruck ihrer ursprünglichen Unordnung. Doch wie absurd sie auch sein mag, die Wirklichkeit ist nun einmal so.

Im allgemeinen ist eine weltweite Umwälzung vonnöten, um ein neues Währungssystem durchzusetzen: Wir haben also die besten Chancen, noch eine Weile mit der derzeitigen Unordnung zu leben, das heißt mit einem fortwährenden »kalten Währungskrieg« zwischen den drei Wirtschaftskontinenten. Sehen die Abwertungen des Dollars zur Verbesserung der amerikanischen Wettbewerbsvorteile nicht wie ein täglicher Angriff aus? In welchem Geiste finden die Manipulationen des Yen statt, wenn nicht in einer kriegerischen Absicht, die sich friedlicher Mittel bedient? Welches Ziel außer der Wiedereroberung der europäischen Unabhängigkeit sollte sonst noch hinter dem Plan einer einheitlichen Währung stekken? Die Märkte sind Schlachtfelder: um den Zugriff auf die weltweit ersparten Gelder; um einen Wettbewerbsvorteil, um die Fähigkeit also, wieder Arbeitsplätze schaffen zu können; um die Macht und um die Vorherrschaft. Stellt die derzeitige Unterbewertung des Dollars etwas anderes dar als ein der übrigen Welt von den USA auferlegter Zehnter? Schluß mit den Albernheiten: Es sind keineswegs ein paar tausend Devisenhändler, die den Dollarkurs nach ihrer Sicht der Dinge bestimmen, es ist vor allem die Zinspolitik der Federal Reserve und die entspricht wohldurchdachten, aber niemals ausgesprochenen Plänen.

Es nützt nichts, in einer Welt, die von den Beziehungen der wirtschaftlichen Kräfte überragt wird, einer hypothetischen Ordnung nachzuspüren, solange das Geld weiterhin seine höllische Runde dreht und seinen unterirdischen Kampf fortsetzt. In gewisser Weise genügt schon die Instabilität der Währungen, um zu verhindern, daß sich die drei Wirtschaftskontinente zu einer »Mega-Weltwirtschaft« zusammenschließen, wie es die Braudelsche Theorie vorsah. Es bedürfte eines Währungsmetalls für alle Währungen, damit dieser Prozeß stattfinden könnte. Der Dollar ist nicht stark genug, um diese Rolle spielen zu können; er ist noch stabil genug, um der Kassenwart des Systems zu bleiben.

Im Verhältnis zu den verrückt spielenden Währungen bietet der internationale Handel noch ein zivilisiertes Bild. Doch auch dort bildet sich ein System ohne Zentrum heraus. Die GATT-Runde hat die Zeit der Goldwährung um eine Generation überleben können. Beide nach 1945 aufgrund der amerikanischen Allmacht entstanden, stellten sie die absolute Vorherrschaft der Vereinigten Staaten in der Weltwirtschaft sicher: Märkte, die für ihre Produkte immer weiter geöffnet wurden, eine Währung, an die sich alle anderen binden mußten. Der zweite Pfeiler, die Währung, begann an dem Tag zu zerbröseln, als der Dollar von einer Gläubigerwährung zu einer Schuldnerwährung wurde: Das bedeutete, auf lange Sicht, seine Auswechselbarkeit. Auch die GATT-Verhandlungen kennen mit der Uruguay-Runde ihren Schwanengesang. Es wird zweifellos das letzte Mal sein, daß die Vereinigten Staaten dergestalt auf Handelsfreiheiten dringen können, die ihren eigenen Interessen so sehr entsprechen: Landwirtschaft, Funk und Fernsehen – zweitgrößter Exportbereich der Amerikaner! – Telekommunikation ... Auch wenn sie gleichzeitig dank dessen, was ihnen an strategischem Einfluß geblieben ist, mit Japan und den anderen asiatischen Ländern Abkommen über Selbstbegrenzung aushandeln.

Mit der GATT-Runde wird sich dasselbe ereignen wie mit den Währungen: Je mehr sich das amerikanische Imperium verbraucht, ein Prozeß, der fortschreitet und unumkehrbar ist, desto schwächer wird auch sie. Auch hier wird Washington vom Range eines Chefs von Gottes Gnaden auf den eines Primus inter pares zurückfallen. Doch seltsamerweise mit verschiedenen ideologischen Deckmänteln auf Seiten der Amerikaner. Der Übergang zum Mythos des totalen Liberalismus wird den Niedergang der Währung begleiten; Hand in Hand mit dem Rückgang ihres Einflusses auf den Handel wird die reine und vollständige Handelsfreiheit in Frage gestellt werden. Die Ideologie hat einen breiten Rücken: Im amerikanischen Wertesystem rangiert sie weit hinter der empirischen Erfahrung. Auch hier wird es keine große, internationale Konferenz sein, letzter Ausdruck einer beispielhaften Zusammenarbeit, die ein neues System begründet, das jenes 1947 in Havanna geschaffene ablöst. Alles wird sich in bilateralen Beziehungen zwischen den drei Zonen abspielen, die Übereinkünfte zur Selbstbeschränkung, die drohende oder tatsächliche Anwendung von Vergeltungsmaßnahmen, der Rückgriff auf ein Waffenarsenal, in dem das Symbolische seltsamerweise einen unverhältnismäßig großen Platz einnimmt; im Welthandel spielen die Protagonisten mehr Krieg, ohne wirklich Krieg zu führen.

Die Wirtschaftskontinente werden sich unter dem Deckmantel einer banalen Handelsfreiheitsrethorik vor zu schweren Schäden schützen, die ein übermäßig freier Warenverkehr ihnen zufügen würde, wie heute schon die asiatischen Länder durch den natürlichen nationalistischen Reflex ihrer Bevölkerung, die Amerikaner durch ein klassisches Ausnutzen der Kräfteverhältnisse. Den Europäern gelingt das nur mit vielen Schwierigkeiten, solange ihre Positionen aus mühsamen Kompromissen zwischen den Vertretern einer engen Union (die romanisch geprägten Länder) und den Verteidigern der Handelsfreiheit (die angelsächsisch geprägten Länder) resultieren. Technologien und Kapital werden diesen Handelsschleusen freilich entgehen und völlig frei zirkulieren, auf die Gefahr hin, mehr noch als heute nicht hinnehmbare Wettbewerbssituationen zu schaffen zwischen den alten Ländern, die sich auf den Sozialstaat stützen, und neuen Produktionsstandorten, die ebenso geschickt, ebenso reich sind und weitaus niedrigere Herstellungskosten haben.

Könnte die Welt ohne feste währungs- und handelspolitische Strukturen wenigstens im politischen und militärischen Bereich einen Ersatz für das gemeinsame Zentrum haben? Seit Amerika seinen Führungsanspruch aufgegeben hat, können in der Tat nur noch wirksame internationale Steuerungsinstanzen für Ordnung sorgen. Die gibt es aber nicht. Die zahlreichen Organisationen funktionieren tatsächlich nur unter zwei Bedingungen: solange kein Partner den ganzen Mechanismus blockieren kann – mit dem Verschwinden der Sowjetunion ist diese Vorbedingung erfüllt – und solange es eine unbestrittene Schutzmacht gibt, die willens ist, diese Rolle zu spielen. Die Vereinigten Staaten sind dazu, das wissen wir genau, nicht mehr in der Lage. Außerhalb dieser doppelten Realität erwartet uns nichts Gutes! Lange Zeit durch das sowjetische Veto gelähmt, werden die Vereinten Nationen zunehmend ohnmächtiger aufgrund einer seltsamen Mischung aus bürokratischer Unordnung, der kollektiven Unfähigkeit, strategische Entscheidungen zu treffen, und gutgemeinten Absichten, die als Ideologien fungieren. Je mehr die UNO handelt, desto mehr wandelt sie sich in einen zappelnden und mediengerechten Völkerbund. Was denkt sie über die Weltordnung? Was über die Doktrin ihres Handelns? Was über die Reihenfolge ihrer Ziele? Warum Somalia und nicht der Sudan? Zypern und nicht Bosnien? Die UNO versucht nur die Probleme zu regeln, denen sie sich gewachsen fühlt: Sind sie zu gewichtig, folgt keine Intervention; sind sie einfacher, dann, so scheint es, wird die Fahne der humanitären Hilfe hochgehalten.

Die internationale Gemeinschaft funktioniert nicht, nach dem Muster der am weitesten entwickelten zivilen Gesellschaften, auf kybernetische Weise mit Wirkung und Folgewirkung, mit Schlag und Gegenschlag, deren geschickter Notar die UNO sein sollte. Es gibt ein Minimum an gesitteter Kultur, aber keinerlei Ordnung. Wenn es so um die Vereinten Nationen steht, was soll man da noch von der KSZE und den tausend anderen regionalen Institutionen sagen, die sich solange regsam zeigen, bis die Fernsehnachrichten ihre Gründung verkünden, um anschließend von der Bildfläche zu verschwinden? Wann wird die Gruppe der Schwarzmeer-Anrainer – angeblich hat sie sich doch gebildet – sich mit dem Krieg zwischen Aserbeidschanern und Armeniern beschäftigen? Wann hat die Organisation der Afrikanischen Einheit, die OAU, sich ernsthaft für die kriegerischen Auseinandersetzungen in Afrika interessiert? Wann hat das von der KSZE eingerichtete Krisenwarnsystem zu Jugoslawien die Warnglocken geläutet? Sollten ihre politischen Radarantennen in den Balkanländern blind sein? Und wann hat die »snobistischste« Instanz auf der Welt, die G7, eine grundlegende Stellung zu den derzeitigen Kriegen und zu den kommenden Konflikten bezogen?

Letzten Endes scheint die Welt auf militärischer Ebene noch am besten organisiert zu sein. Zumindest die Nato erweckt noch den Eindruck von Glaubwürdigkeit, solange die Vereinigten Staaten die Befehlsgewalt über die Einsätze innehaben. Wird das aber noch der Fall sein, wenn sie ihre Truppen aus Europa abgezogen haben? Wenn sie immer deutlicher der Sache nach einen Unterschied machen zwischen Einsätzen, bei denen es um ihre lebenswichtigen Interessen geht und bei denen sie bereit sind, das Leben ihrer Soldaten aufs Spiel zu setzen, und regionalen Konflikten, denen sie ein paar Arbeitsstunden ihrer Diplomaten widmen und militärisch höchstens einige bereitstehende Bomber, die angehalten sind, mit äußerster Vorsicht aus weiter Ferne zu schießen? Mit der Westeuropäischen Union hatten die westlichen Länder erfahren, wie eine machtlose militärische Organisation funktioniert, bis zu dem Tag, an dem Franzosen und Deutsche sich entschlossen, Dornröschen aus ihrem Schlaf zu wecken und ihre eigene militärische Zusammenarbeit in sie zu betten. Droht der Nato, zum gegebenen Zeitpunkt, nicht dasselbe Schicksal? Es gibt strategische Zweifel über ihren Zweck: Was tun, wenn der Erbfeind auf einmal verschwunden ist? Es herrscht Ungewißheit über ihren Aktionsradius: Wo auf diesem Planeten ist der Westen noch bedroht? Für mögliche Aufgaben, die bestehende Ordnung innerhalb Europas zu sichern, ist sie nicht vorbereitet, weil sie sich 40 Jahre lang ausschließlich auf einen hypothetischen Angriff auf ihre Grenzen konzentriert hat. Doch vor allem verblaßt die amerikanische Führung in zunehmenden Maße: Wodurch wird ihre Befehlsgewalt in Europa nach ihrem Rückzug noch legitimiert sein? Unter allen großen internationalen Organisationen scheint die Nato am betriebsfähigsten zu sein; aber in ihrer Substanz ist sie vielleicht am meisten gefährdet. Ein militärisches Bündnis braucht in der Tat Feinde, um gut zu funktionieren; es fühlt sich äußerst unwohl in einer Umgebung unklarer Verhältnisse. Auch für die Nato gilt, daß sie mit einer gefahrlosen Bedrohung besser lebt als ohne Bedrohung, aber mit vielen Gefahren.

Die internationale Zusammenarbeit ist letztlich kein vollständiger Ersatz für die Abwesenheit eines Zentrums. Bei 150 Mitgliedsstaaten ist sie ein Marktplatz, auf dem alle durcheinanderreden, bei 20 oder 30 benötigt sie einen Gegner oder wenigstens einen Sündenbock; bei sieben, und sei es auf der Ebene der Staatschefs, wird sie schnell zu einem Instrument der Selbstbeweihräucherung und der gegenseitigen Versicherung gegen den Abstieg. Die Welt ist weder an die Abwesenheit einer anerkannten Führungsmacht gewöhnt noch an das Verschwinden von Feinden, die sich mit dem Bösen gleichsetzen lassen. Eine eigenartige Situation, die uns einmal mehr ins Mittelalter zurückbringt und das Jahr 2000 dem Jahr 1000 annähert. Seit jener Epoche hat die Welt eine Aufeinanderfolge großer Weltmächte erlebt, vom Spanien Karls V. bis zum Frankreich Ludwigs XIV., vom Viktorianischen England bis zum Deutschen Kaiserreich, bevor diese Tradition in der amerikanischen Allgegenwärtigkeit nach dem Zweiten Weltkrieg kulminierte. Ein langes Zwischenspiel geht zu Ende, das – was kein Zufall ist – von einem Gefühl der Sicherheit und einem Eindruck von Ordnung begleitet wurde. Die Beziehungen zwischen den Mächten von heute und morgen ähneln mehr dem Spiel der Prinzen und Potentaten um 1400 als dem Konzert der Nationen des 19. Jahrhunderts. Die Vereinigten Staaten oder Japan verhalten sich mehr wie die um Kompromisse mit ihren Vasallen verlegenen Lehnsherren der Moderne und nicht wie kaiserliche oder gar imperialistische Potentaten. Einer in ihren Grenzen unsicheren Welt folgen lockere Beziehungen; auf verschwommene Kräfteverhältnisse fließende Organisationen; auf unscharfe Konflikte ungenaue Regeln.

Das neue Mittelalter entspricht wie das alte einer Welt ohne Zentrum, einer sich ständig wandelnden Welt, in der nichts sicher feststeht. Und die Analogie endet hier noch nicht. Sie nährt sich durch ein Phänomen, das vielleicht noch umwälzender ist als die zunehmende Schwäche der Vereinigten Staaten, nämlich durch das offensichtliche Wiederauftreten von »Grauzonen«. Das heißt, über den ganzen Erdball, aber auch mitten in unseren Gesellschaften erscheinen wieder vollständig abgegrenzte Länder, Regionen oder Räume, in denen keinerlei traditionelle Ordnungsstrukturen mehr herrschen. Seit Hegel haben wir geglaubt, daß der Staat das natürliche Endziel aller gesellschaftlicher Organisation ist. Irrtum! Es kommt vor, daß sich Staaten gegen ihren Willen zurückziehen wie die Flut und ganz sonderbare Wirklichkeiten preisgeben.

DER TRIUMPH »GRAUER« GESELLSCHAFTEN

Gibt es einen kürzeren Weg zurück ins Mittelalter als den, der über die zunehmende Anzahl von Zonen führt, die außerhalb jeder gesetzlichen Autorität stehen? Seit der Renaissance hat sich die staatliche Ordnung unaufhörlich ausgebreitet. Geographisch, indem die unkontrollierten Räume schwanden wie Schnee in der Sonne, auch wenn die Großmächte nur durch Imperialismus und Kolonialismus für Ordnung sorgen konnten. Rechtlich, indem die Rolle des Staats gestärkt und rechtsstaatliche Regeln eingeführt wurden, die eine Vervielfachung der Verbote bewirkten: Wie viele Handlungsweisen, die gestern noch als naturgegeben aufgefaßt wurden, sind nach und nach bekämpft und aufgegeben worden! Sozial, indem das Wohlergehen der Bevölkerung immer mehr zu einer Sache des Sozialstaats wurde, von der Ausbildung bis zur Gesundheit, vom Kindergeld bis zur Arbeitslosenversicherung. Politisch, indem die Welt mit einem Raster von Regierungen überzogen wurde, die zwar meistens nicht demokratisch waren, aber in den internationalen Beziehungen zumindest gewisse formale Spielregeln nach demokratischem Muster respektierten. Die Ordnung, auch wenn sie in regelmäßigen Zeitabständen zu Kriegen führte, schritt immer weiter voran, bis der Mythos vollkommen transparenter Gesellschaften entstand, in denen jeder alles kennt und weiß, in denen alles unter Kontrolle ist. Orwells *1984* war Ausdruck dieses Alptraums. Heute droht dagegen eher die Rückkehr zum Gesetz des Dschungels.

Plötzlich kehrt sich alles um: Riesige Räume fallen in einen Naturzustand zurück; mitten in den fortschrittlichsten Demokratien breitet sich wieder Gesetzlosigkeit aus; die Mafia erscheint nicht mehr als archaische Erscheinung, die bald wieder verschwindet, sondern als eine Gesellschaftsform, die sich immer mehr ausbreitet; es gibt Bezirke in den Städten, die nicht mehr der staatlichen Autorität unterliegen und in eine besorgniserregende Außerstaatlichkeit abdriften; in den reichsten und am höchsten entwickelten Gesellschaften geraten Tausende von Bürgern ins Abseits und werden ausgeschlossen ...

Neue bewaffnete Banden, neue Plünderer, neue »Terra incognita«: Es mangelt nicht an den Zutaten für ein neues Mittelalter. Bewaffnete Banden? Von Somalia bis Turkmenistan, aber auch von Los Angeles bis Berlin Kreuzberg. Plünderer? Von den Drogenbossen, die heute im Zentrum der internationalen Finanzmärkte sitzen, bis zur russischen Nomenklatura, die sich mit einem Teil des volkseigenen Vermögen als Mitgift selbständig gemacht hat. Terra incognita? Gebiete, die in Anarchie verfallen, mit Verschachtelungen von offizieller Gesellschaft und Untergrund, von sauberen und schmutzigen Geschäften, zwischen legalen und schwarzen Geldern, die immer schwieriger auseinanderzuhalten sind.

Fünfhundert Jahre lang sind die weißen Flecken auf der Landkarte immer weniger geworden, fast verschwunden; jetzt entstehen sie von neuem, anders und an anderen Stellen und logischerweise mit primitiven Kräfteverhältnissen, mit Gewalt und Unordnung. Praktisch existieren schon solche Gebiete, Gesellschaften oder Bereiche wie die Finanzwelt: Das »Grau« schreitet überall voran, und die Merkmale zur Unterscheidung zwischen dem, was erlaubt, und dem, was verboten ist, zwischen Moral und Unmoral, zwischen legitimer Autorität und illegalen Mächten, zwischen Amtlichem und Halbamtlichem werden immer schwächer. Während des ersten Mittelalters herrschten Verschwommenheit und Unsicherheit als Koordinaten für einen »Raum mit zwei Dimensionen«, das heißt, um sich Land und eine, noch eingeschränkte, Macht anzueignen. Mit dem zweiten Mittelalter kehren sie verstärkt zurück in einen Raum mit unendlich vielen »Dimensionen«, der symbolischen, der wirklichen, der mythologischen, der scheinbaren ...

Aber unsere Institutionen sind sich dieser Umwälzungen noch nicht bewußt: Sie merken nicht, daß sie weltweit eine Minderheitenposition einnehmen und daß ihnen selbst im Westen ein immer größerer Teil der Gesellschaft entgeht. Da kann sich der Staat noch so gewissenhaft und allgegenwärtig zeigen, er ist auf dem Rückzug. Bei allen Funktionen, die er ausübt, sozialen wie repressiven, verliert er an Boden, unfähig eine Wirklichkeit zu umfassen, die in allen Lebensbereichen wieder zu den primitivsten Regeln zurückkehrt. Die Rechtsnormen scheinen sich in vollem Aufschwung zu befinden; sie gelten allein für die offizielle Gesellschaft. Die sozialen Hilfsangebote scheinen immer umfassender, doch wir erleben täglich, daß ganze Bevölkerungsgruppen nicht mehr von ihnen erfaßt werden. Die Repression gibt vor, die verstecktesten Formen von Kriminalität zu verfolgen; statt dessen muß sie mit einer sich stark entwickelnden Zone der Illegalität leben.

Welcher Teil des Globus gehorcht noch dem Ordnungsprinzip? Die Frage kommt nach der Wirklichkeit, sie ist mithin zynisch; sie stellt die Demokratie und die Diktatur künstlich auf eine Ebene; sie mißt im Grunde den Rückzug des Staats. Mit dem Ende des Kommunismus und dem Verfall der imperialistischen Mächte, auch der westlichen, muß die Antwort hart ausfallen: ein immer geringerer Teil unserer Welt. In Afrika dekken die Grauzonen eine jeden Tag wachsende Fläche ab. Sie haben sich über einen großen Teil des russischen

Territoriums ausgebreitet. In den moslemischen Republiken des ehemaligen Sowjetreichs herrschen sie vor. Und selbst innerhalb des amerikanischen Reiches entstehen sie, in Südamerika, wo ganze Regionen unter die Herrschaft der Mohnkönige, Kokainbarone und anderer Drogenhändler gefallen sind. Sie nisten sich im tiefsten China ein, immer dort, wo die Zentralmacht auf dem Rückzug ist, die den Weg der Geschichte rückwärts durchläuft und von der kommunistischen Allmacht zu den Kunkelstuben der alten Kaiser zurückkehrt. Im Mittleren und Nahen Osten, wo sie eine Symbiose mit den am meisten theokratischen und fundamentalistischen Regimen bilden, sind sie schon heimisch. Rund um Europa ziehen die Grauzonen in die Irrgärten von Armenien, Aserbeidschan und Georgien ein und schlängeln sich mit dem Krieg auf dem Balkan bis in die Mitte unseres Kontinents. Davon zeugen die Schwarzmärkte, die mit dem Krieg kamen, das erneute Auftreten von Bandenführern, die sich ihren Kollegen aus dem 14. Jahrhundert allerdings weit überlegen zeigen, die sich ständig vervielfachende Zahl von Enklaven in der Gewalt neuer Warlords, die nur das Schwert gegen die Bazooka eingetauscht haben. Häufig nimmt die Sprache die neuen Realitäten zuerst zur Kenntnis, mit Begriffen wie »Belagerung von Sarajevo« oder der »Eroberung von Gorazde«, die aus unserem Universum verbannt schienen ...

In diesen Räumen überläßt der Rechtsstaat lokalen Machthabern seinen Platz, die mit ihren Nachbarn oder der Hauptstadt an Vasallentum oder Lehnswesen gemahnende Beziehungen unterhalten. Der Bürgermeister von Sankt Petersburg, der Gouverneur von Nischni Nowgorod, der Kombinatsdirektor, der ehemalige erste Sekretär dieser oder jener autonomen Republik sind eher zufällig durch eine Palastrevolte, aus eigener Kraft oder durch glückliche Umstände an die Macht gekommen. Sie stehen zu Moskau ausschließlich in vertraglichen Beziehungen, gestehen der Regierung dort eine symbolische Macht zu, führen aber nur die Weisungen aus, die sie gnädig akzeptieren. Nicht länger die Dienstwege, die von Leningrad bis Wladiwostock dekretierten Anweisungen, die Sitten und Gebräuche einer übermächtigen Bürokratie bestimmen die Beziehungen zwischen Zentrum und Peripherie, sondern ein komplexes Spiel zufälliger und flüchtiger Faktoren. Benahmen sich der Herzog von Aquitanien oder der Graf aus der Provence dem König von Frankreich gegenüber etwa anders? Wann werden zwischen denjenigen, die neben dem Kreml Staatsgewalt ausüben und die sich im Augenblick noch auf verbale Konfrontationen beschränken, die Rosenkriege ausbrechen? Und herrscht denn in der russischen Steppe noch ein Anschein von Ordnung, mit Verantwortlichen, die sich der Überreste des alten Systems bemächtigt haben?

Im Vergleich dazu scheint das südliche Afrika unterhalb der Sahara zum Urzustand primitiver Gesellschaften zurückgekehrt zu sein und Kolumbien in seinen Drogenanbau-Gebieten zum reinen Gesetz des Dschungels. Gewalt geht vor Recht, in jeder Beziehung. Das kommunistische Zwischenspiel in der Geschichte wird seinen Nachfolgern die äußeren Organisationsformen hinterlassen haben, selbst wenn deren Substanz sich mittlerweile aufgelöst hat. Die von der Kolonisation und vom westlichen Modell vererbten Strukturen werden hingegen noch eher zerplatzen; was wird von der Verwaltung nach europäischem Muster im tiefsten Afrika übrigbleiben? Kaum eine Erinnerung; vielleicht eine Sehnsucht.

Der Sieg des freien Marktes geht Hand in Hand mit dem Aufstieg der Grauzonen. Solange sich die kapitalistische Wirtschaft auf die Länder beschränkte, die überwiegend demokratisch regiert und mit den Gebräuchen eines modernen Staatswesen vertraut sind, stützte sich der Liberalismus auf zwei Pole: auf den

Markt und den Rechtsstaat, der den Markt umgab. In der angelsächsischen, von einem demokratischen Kapitalismus regierten Welt herrschte ein Gleichgewicht zwischen beiden Prinzipien; in mehr oligarchisch bestimmten Systemen wie in Deutschland und vor allem in Japan gelingt es dem Recht nicht immer, die Trübungen des Marktes zu durchleuchten; in der Dritten Welt räumt das freie Spiel der Kräfte der gesetzgebenden Macht freilich immer weniger Platz ein. Aber das vorherrschende Modell neigte nichtsdestoweniger immer noch einer Auffassung zu, in der Markt und Recht die beiden Seiten einer Medaille sind, ein und derselben Wirklichkeit. Seit dem Zusammenbruch des Kommunismus scheint sich nun ein neues Wesen breit zu machen. Was gleicht einem Mark ohne Staat und ohne verbindliche Rechtsnormen? Der Dschungel. Welche Organisation wächst im Dschungel heran? Die Mafia. Aber auch von ihr haben wir unklare Vorstellungen. Wo liegt die Trennlinie zwischen Wirtschaft und Schattenwirtschaft wirklich, wenn es weder Gesetze noch Regeln, gewohnte Verhaltensweisen oder eine Geschäftsmoral gibt? Wie soll man diese Mafia bestimmen, die Beobachter überall in Rußland am Werk sehen? Was heißt es, mafios zu sein? Genügt es, einfach reich zu sein und damit zu prahlen? Heißt das, sich auf gewinnbringende, aber keinen Mehrwert schöpfende Tätigkeiten zu verlegen? Bedeutet es, einer in Gründung befindlichen Organisation anzugehören, die nach dem Muster ihrer amerikanischen oder italienischen Pendants den Staat aus ihren »Geschäften« heraushalten will? Heißt es, einer Internationale anzugehören, die jederzeit Mord und Gewalt einsetzt, um ihre Ziele zu erreichen? Oder ist damit gemeint, wer die Filiale eines »Multis« führt, dessen Hauptgeschäftszweig der internationale Drogenhandel bildet?

Zweifellos ist die Mafia in Moskau auch ein heranwachsendes Sozialwesen. Es gibt keinen Bruch zwischen Mafiosi und – nach der alten Marx'schen Terminologie – der Großbourgeoisie, die von der Einfuhr von Luxusgütern und deren Verkauf an die alte Nomenklatura lebt, die wiederum mit den Dollars aus der Korruption bezahlt; auch das zahlungskräftige Bürgertum und der größte Teil der Neureichen gehen nahtlos ineinander über, ebenso wie letztere und diejenigen, die man fälschlicherweise Unternehmer getauft hat und die einfach nur Händler und Importeure sind. Wie macht sich in dieser Welt, die mit Gewalt vom Markt überflutet wurde, die Gesetzlosigkeit bemerkbar, da es keine städtebaulichen Richtlinien gibt, an die sich ein Bauherr halten müßte, keine Handelsgesetze, die die Einfuhr bestimmen, keinerlei Regeln für Finanzierungen, keine Steuerpflicht und keine Verwaltungsvorschriften für all diese neuen »Unternehmer«? Wenn die Rote Armee zum größten Flohmarkt des Waffenhandels wird, Kalaschnikoffs, Panzer, Raketen und vielleicht sogar taktische Nuklearsprengköpfe verhökert, macht sie das, um Devisen für den Staat zu besorgen, um Privatkonten in der Schweiz zu mästen oder um verarmte Offiziere zu ernähren? Leben wir noch in einer rationalen Welt, wenn der Iran sich für 200 Dollar im Monat ausgehungerte russische Physiker leisten kann, die bereit sind, ihr Nuklear-Know-how weiterzugeben? Bleibt da noch ein Platz für die feinen Unterschiede zwischen dem, was versteuert werden muß, und dem, was nicht, zwischen der Beachtung von Devisenvorschriften und dem Verstoß dagegen? Wie Weißes und Schwarzes unterscheiden? Das System ist selbst so »grau« geworden, daß alle, die mit diesem seltsamen Universum zu tun haben, sich an die Vorstellung gewöhnen, alles sei erlaubt, und nichts könne ihr Handeln bremsen, außer Stärke und Gewalt.

Ihrem realen Gewicht nach sind die »Dschungel-Ökonomien« zweifellos noch nicht sehr bedeutend, aber sie durchziehen die übrige Welt: Sie üben eine natürliche Anziehung auf alle aus, die im klassischen Kapitalismus gerne bis »an die Grenze des Erlaubten« gehen oder, gemäß einer anderen Redewendung aus der Geschäftswelt, »sich nicht erwischen lassen«. Unter diesem Gesichtspunkt ist China nicht besser als Rußland, auch wenn die Auswüchse, die Übertretungen, die Veruntreuungen es dem Kapitalismus dort wenigstens ermöglichen, den langen Marsch – den einzig wahren – zu beginnen, der, durch eine anfängliche Akkumulation in Gang gesetzt, wie wir sie im 19. Jahrhundert erlebt haben, China in einen Prozeß beschleunigter Entwicklung führt. Und selbst wenn sich, am Ende irrsinniger Investitionen, in China wirkliche Fabriken und beachtliche Industrien befinden – ein riesiger Unterschied zu Rußland –, werden Geschäftsmoral und Ethik auch dort nicht einladend sein. Welche unglaublichen Kettenreaktionen hat der Fall des Kommunismus nicht ausgelöst? Erst hat er manchen Staat zerstört, dann das Wiederentstehen grauer Zonen begünstigt; erst hat er dem freien Markt ein schrankenloses Expansionsfeld verschafft, dann seine Gegenkräfte geschwächt, die der zivilisierte Kapitalismus nach Jahrzehnten schließlich errichtet hatte. Die Ordnung weicht zurück, und mit ihr das Recht, die Moral und die Grundsätze, auf denen unsere Gesellschaften seit der bürgerlichen Revolution gründen.

Der Osten ist nicht für unsere eigenen Überschreitungen verantwortlich. Der unaufhaltsame Aufstieg der Korruption macht sich in unseren Gesellschaften nicht erst seit dem Fall der Berliner Mauer bemerkbar. Auch bei uns nimmt das Grau unaufhörlich zu. Die italienische Korruption sieht nur ihrer surrealistischen Ausmaße wegen wie ein Sonderfall aus. Ist sie nicht vielmehr die Karikatur eines Systems, das überall an Boden gewinnt? Es bedurfte des ewigen Charismas Felipe González', damit die Spanier schamhaft einen Schleier über die Praktiken der Regierungspartei legten, die sich zum Komplizen der neuen Bourgeoisie gemacht hat, den »beautiful people«*. In Frankreich waren die vielen »Affären«, wie jeder weiß, nicht unschuldig am katastrophalen Wahlausgang für die Sozialisten. Es wäre allerdings naiv zu glauben, die Korruption wäre nur ein Übel der romanischen Länder, gar der Preis, den sie für den Katholizismus oder das Klima zu zahlen hätten. Hinter seiner kleinbürgerlichen Haltung ist Deutschland dem Dämon längst erlegen, mit Skandalen, die ununterbrochen den Rhythmus des politischen Lebens bestimmen. In Deutschland zeigt sich die Kehrseite einer oligarchischen Funktionsweise der Machtgruppen, die in diesem Bereich das freie Spiel der Kräfte begrenzen. Und der Gipfelpunkt ist zweifellos in dem Land erreicht, das am wenigsten romanisch ist, Japan also, dessen Machteliten in vielerlei sonderbare Beziehungen verstrickt sind, wo sich Politik, private Geschäfte und Mafia kreuzen.

Die Versuchung ist groß, in all diesen Staaten die politische Klasse zum Sündenbock für die Korruption zu machen, als wären die Politiker die Hauptschuldigen oder die einzig Verantwortlichen. Das ist kollektive Heuchelei! Schmiergelder und passive Bestechung ziehen sich wie Nervenbahnen immer mehr durch den gesamten Organismus des sozialen Lebens. Welcher Unternehmensleiter ist sicher, daß alle Angestellten seiner Einkaufsabteilung ehrlich sind? Welcher Beobachter des Wirtschaftslebens könnte garantieren, daß die Unterschriften unter große Verträge immer mit bestem Gewissen geleistet werden? Welcher im Auftrag der öffentlichen Hand tätige Unternehmer würde am Tag des Jüngsten Gerichts seine Hand dafür ins Feuer legen, daß sein Unternehmen nicht mit Schwarzgeldern in zweistelliger Millionenhöhe hantiert hat? Welcher Finanzmakler könnte versichern, ihm seien niemals Transak-

* Ausdruck, der in Madrid für die Nutznießer des Wachstums der achtziger Jahre gebraucht wurde, die mit ihrem Reichtum protzten.

tionen komisch vorgekommen, er habe sich nie über Aufstellungen bizarrer Summen gewundert, die ihre Gründe nur in einer kolossalen Dummheit oder in einer Unehrlichkeit haben können? Welcher Immobilienhändler könnte guten Gewissens behaupten, niemals einem Koffer voll Banknoten oder einem Schweizer Bankkonto begegnet zu sein? Welcher Steuerfachmann würde versichern, daß er nicht einen erheblichen Teil seiner Zeit damit verbringt, kleinste Unterschiede beim Steuerausgleich zwischen dem und dem Land auszunutzen? Welcher hohe Staatsdiener mit Kontakten zur undurchsichtigen Welt des Waffenhandels würde schwören, nichts gesehen und nichts gehört zu haben?

Man kann nur hoffen, daß die Korruption in Frankreich, im Unterschied zum italienischen Delirium, nicht zu viele Entscheidungen in der Wirtschaftspolitik verdreht und aus eigennützigen Motiven einer schlechten Wahl zum Sieg verholfen hat. Doch wer wollte leugnen, daß sie heutzutage in allen Bereichen anzutreffen ist? In einem Land wie dem unseren, das aus der Tugend seiner Eliten und besonders seiner höchsten Staatsdiener eine Stärke gemacht hat, ist dies eine schwerwiegende Entwicklung. Es lassen sich unendlich viele Erklärungen dafür finden. Die Freiheit der Märkte und die Explosion der Finanzmärkte, die dazu geführt haben, daß das Geld in weit größerem Umfang als früher die Gesamtheit aller wirtschaftlichen Aktivitäten beeinflußt. Die Deregulation der Finanzmärkte, die bis dato weniger profitorientierte Aktivitäten im Devisenhandel hat abflauen lassen. Der Individualismus, der den einzelnen dazu getrieben hat, notfalls über Leichen zu gehen, um persönliche Interessen durchzusetzen. Die Schwäche der großen Organisationen – Staat, Kirche, Parteien, Gewerkschaften –, die alle althergebrachte Moralvorstellungen predigen, für die Geld irgend etwas zwischen notwendigem Übel und Sünde ist. Der Einfluß der amerikanischen Kultur, von der wir den Glauben an die Allmacht des Geldes übernommen haben, aber ohne das moralische und religiöse Gegengewicht des angelsächsischen Protestantismus. Das Verschwinden der Klassenkämpfe und der sozialen Konflikte, deren bloßer Abklatsch die egoistischen Forderungen einzelner Berufsgruppen sind. Das Auftreten emblematischer Persönlichkeiten, »gestopfter« Großmäuler. Der beinahe natürliche Übergang von Unternehmensgeist zu Profitgier und der persönlichen Bereicherung. Die Gewißheit, nicht erwischt zu werden. Eine Zeiterscheinung?

Frankreich hat diesen Weg beschritten, und mit ihm der ganze Westen. Erst lokale Gemeinschaften, dann der Staat; erst die für unmoralisches Verhalten anfälligsten Bereiche in der Wirtschaft, dann alle anderen ... Handelt es sich um eine momentane Verirrung oder um ein unumkehrbares Abrutschen? Man kann in diesen Bereichen die Lage zwar stabil halten, doch es ist schwer, sie umzukehren. Folglich entstehen auch hier, mitten in unserem politischen und wirtschaftlichen System, Grauzonen. Seit einigen Jahren haben sie sich auf außergewöhnliche Weise ausgebreitet, so daß Frankreichs ganz besondere Eigenschaft zersetzt wird, die absolute Tugendhaftigkeit und Uneigennützigkeit seiner Eliten.

Noch erscheint diese schleichende, zerstörerische Korrumpierung unseres Wertesystems als eine verzeihliche Sünde im Vergleich zu den Hunderten von Milliarden schwarzer Dollars aus dem Drogenhandel. Dessen Einnahmen übersteigen in der Tat 100 Milliarden Dollar jährlich, das ist mehr als die Entwicklungshilfe der gesamten westlichen Welt. Koka und Mohn sind die einzigen Landwirtschaftsprodukte mit Wachstumsraten in der Dritten Welt. Ganze Regionen, die sich intensiv dem Anbau widmen, unterstehen keiner Autorität mehr außer der zahlreicher Drogen-Clane, die in Südamerika oder im Nahen Osten gedeihen: Das sind die grauesten Grauzonen.

Anschließend verläßt das Geld diese autonomen Regionen, um mitten ins kapitalistische System zu gelangen, einschließlich der angesehensten Banken! Welcher hellsichtige Bankier könnte versichern, kein zweifelhaftes Depot habe sich unter seinen Konten eingeschlichen? Wer glaubt schon, die wachsenden Bankfilialen in Zürich, Lugano, Luxemburg und künftig auch in Budapest oder Warschau gewährten nur den flüssigen Geldern traditioneller Privatiers Unterschlupf? Wer glaubt noch, es befänden sich keine Drogengelder im traditionellen Wirtschaftskreislauf? Wie viele Immobilienanlagen in Monaco oder anderswo bilden nur das letzte Glied einer Kette riesiger Unternehmungen zur Geldwäsche? Wie viele eigenartige Aktionäre dienen nur als Strohmänner den Drogenmultis? Wir leben heute in einer Welt, wo jede Transaktion zu einem ungewöhnlichen Preis verdächtig ist: Sie könnte die Gegenleistung für ein Geschäft sein, das wie durch Magie ein Depot mit Schwarzgeldern in legale Aktiva verwandelt. Ein zu teuer gekauftes Haus, ein Bild, das häufig den Besitzer wechselt, ein Sammlerstück, dessen Preis rasant steigt, oder umgekehrt Darlehen zu Konditionen, die unter dem Zinsniveau des Marktes liegen, private Gelder, die auf den Namen exotischer Gesellschaften eingetragen werden, Strohmänner, deren finanzielle Ausstattung an ein Wunder grenzt: lauter Unregelmäßigkeiten, die heute sichere Hinweise auf Geldwäschen sind!

Das Vermögen aus dem Drogenhandel muß ebenso groß geschätzt werden wie jenes der reichsten Länder. Es hat sich nicht auf einen fernen Planeten geflüchtet; es ist hier, mitten in unserer Finanzwelt untergekrochen und stellt kaum eine Bedrohung für sie dar, denn in erster Linie ist es erpicht auf den Anschein von Ehrbarkeit. Wir arbeiten mit diesem Vermögen, wir recyceln es, wir schieben es hin und her wie das auf traditionelle Weise gesparte Vermögen der Mittelschichten. So sehr sich die grauen Zonen räumlich von den sie umgebenden Gebieten unterscheiden, so wenig scheinen sie in der virtuellen Welt des Geldes noch von den gesunden Geldströmen unterscheidbar zu sein. Angesichts der Größe des Phänomens scheinen alle Gegenmaßnahmen lächerlich. Datenaustausch, Abgleichung von Dateien und Karteien, Einleitung von Verfahren bei begründetem Verdacht: Der Kampf ist noch ungleich.

Und er wird immer ungleicher, so lange auch die ehrlichsten Finanzmanager zögern, auf solch einträgliche Handelsgeschäfte zu verzichten. Die Darlehen sind gewinnbringend; Bankvollmachten werden nicht angezweifelt, Sicherheiten ohne Zögern gegeben. Für die Drogenhändler sind die Provisionen der Banken unendlich gering im Verhältnis zu ihren Gewinnmargen, und Diskussionen über Zinssätze und Konditionen sind viel zu gefährlich. Persönlich würde kein angesehener Bankier seine Vorliebe für diese spezielle Kundschaft zugeben und sein Ausdruck des Entsetzens wäre aufrichtig; doch gemeinsam praktiziert der ganze Berufsstand unbewußt und uneingestanden ein aktives Marketing in ihre Richtung, sobald sie sich in die »offshore«-Depots im Kanton Zug oder auf den Cayman Inseln investieren: Exotik in der Finanzwelt reimt sich oft auf Drogengeld. Von Zeit zu Zeit fliegt ein Geschäft auf, das vom Ineinander der Geldströme und der Blutsverwandtschaft rechtmäßiger und unrechtmäßiger Vermögen zeugt. Ist das Beben vorüber, tritt die Omertà, das Gesetz des Schweigens, hinter dem Schleier des äußerst praktischen Bankgeheimnisses verborgen, wieder in ihre Rechte ein. Für die Multis des organisierten Verbrechens ist der Fall des Kommunismus ein unverhoffter Glücksfall: Er bietet ihnen eine Welt der unbegrenzten Möglichkeiten – die Konsumgesellschaft beginnt mit dem Import von Drogen; er öffnet via Taschkent, Moskau oder Warschau neue Kreisläufe und Schleifen der Kapitalbeschaffung, in denen man die Karten noch mehr durcheinanderbringen kann; er bietet ihnen gigantische Nachschub-Stützpunkte, denen allein die Unordnung in der Umgebung als Schutz genügt. Die Hauptrolle im Wirtschaftsleben des Ostens spielt heute zweifellos die »Mafia Incorporated«.

Durch die Anhäufung von Aktiva, Immobilien und Unternehmen gelingt es der »Mafia Incorporated«, sich sogar innerhalb der Grenzen der westlichen Länder einschließlich Frankreichs einen Status zu verschaffen, als lägen sie außerhalb des Staatsgebietes. Von Marseille bis Ventimiglia scheint Frankreichs Südosten im Begriff zu sein, »eingenommen« zu werden; er driftet langsam ab in einen napolitanischen oder sizilianischen Zustand, mit lokalen Machthabern, die bestenfalls zwielichtig, schlimmstenfalls von der Mafia abhängig sind, mit einer wirtschaftlichen Dominanz des Immobilienmarktes, der von Natur aus viel verdächtiger ist als die klassischen Industrien, mit ausländischen Bewohnern, die ihre Finanzkraft ostentativ einsetzen, und mit einer vielleicht romanischen Veranlagung, sich mit den Verhältnissen zu arrangieren und allerlei Tricks und Kniffe anzuwenden.

Vorgestern handelte es sich um Folklore, gestern um schlechte Gewohnheiten, heute um ein schwerwiegendes Abgleiten und morgen um die Errichtung einer Zone, die quasi außerhalb der Staatsgrenzen liegt. Die ehrbaren Investoren wenden sich schließlich von ihr ab, wie sie es in Italiens Mezzogiorno gemacht haben. Würden amerikanische Telekommunikationsunternehmen heute noch Sofia-Antipolis wählen, wie sie es vor zehn Jahren gemacht hätten, um der Lust ihrer Führungskräfte auf Sonne und Meer zu entsprechen? In dem Kriterienkatalog, den sie wie alle Angelsachsen anwenden, wären die Seiten über Sicherheit, Moral und Atmosphäre viel zu wichtig. Unmerklich entsteht ein Sperrgürtel. Weniger produktive Investitionen, weniger Touristen, eine Abwanderung der führenden Klasse zu anderen Horizonten, die Schwierigkeiten der Universitäten, Talente anzuziehen, und nur mittelmäßige Führungskräfte in den öffentlichen oder privatrechtlich organisierten Institutionen, das sind im Keim die Elemente eines Verfallprozesses!

Wie ganze Länder über einige Fehler zusammenbrechen – erinnern wir uns nur an Argentinien, das 1938 die fünftgrößte Wirtschaftsmacht der Welt war –, können auch Regionen einknicken. Wird im Jahr 2000 in Marseille oder Nizza die Demokratie noch auf dieselbe Weise funktionieren wie in Rennes oder Straßburg? Die wirtschaftlichen Kräfte noch gemäß denselben Grundsätzen handeln? Ich warne vor der sozialen Alchimie, die in diesen Landstrichen zu gären beginnt.

Für die Bewohner, die dieses Modell mit ihrer ganzen Kraft zurückweisen, könnte die Diagnose beleidigend klingen. Aber hier ist eine Höllenmaschine am Werk, die sie zu zermahlen droht. Moskau, Palermo, Montevideo, Nizza: das sind unverhoffte Niederlassungen einer Kette, deren Antrieb zweifellos der Profit ist, deren Mehrwert jedoch ein ganz besonderer ist ... In ihrem Innersten werden der Präfekt der Mittelmeer-Alpen-Region, der Direktor des Finanzamtes von Nizza oder ein örtlicher Polizeichef nichts anderes denken. Haben sie nicht das Gefühl, nur noch auf die offizielle Gesellschaft Einfluß zu haben, schätzen sie etwa nicht, diese befinde sich in einem beklagenswerten Zustand, umzingelt von einer undurchsichtigen, verschwommenen und immer zudringlicher werdenden Welt? Sie wissen, daß jenes Land, in dem für alle Bürger noch das Recht gilt, und das wirkliche Land unter ihrer Jurisdiktion auseinanderdriften und daß ersteres immer mehr zurückgedrängt wird. In den Fußstapfen einer Zersetzung, die den italienischen Stiefel hochwandert, verschiebt sich die Grenze zum Orient in Italien, bis sie vielleicht eines Tages im Süden von Florenz steht; droht dem Südosten Frankreichs durch illegale Verbindungen der Anschluß an das neue Mittelitalien, wie einst die Grafschaft Venaissin dem Papsttum anheimfiel?

Die schleichende Invasion der »Mafia Incorporated« beschränkt sich nicht auf Côte d'Azur, doch wie alle Organisationen mit einer langfristigen Perspektive versucht auch diese zuerst, ihre Eroberungen abzusichern, bevor sie zu der nächsten aufbricht. An zahlreichen Stätten beginnen Vorausabteilungen zu arbeiten, fassen Fuß in den Vororten der Metropolen, die selbst schon Grauzonen bilden. Aber sie treten ungeordnet, verstreut und vorsichtig in Erscheinung, zumindest, solange sie noch kein kritisches Ausmaß erreicht haben. Es gibt Schwellen: Sind die erst einmal überschritten, hängen die in der Gesellschaft herrschenden Strukturen nicht mehr von der traditionellen Ordnung ab, sondern von einem anderen System: von der Clanstruktur, die vom Geld und von der Macht des Stärkeren bestimmt wird, die, mit einem Wort, primitiv ist. Sizilien und Sardinien haben den Punkt überschritten, an dem es kein Zurück mehr gibt; Korsika folgt ihnen in gewisser Weise auf diesem Weg; Andalusien und der Südosten Frankreichs nähern sich ihm.

Die rechtsfreie Gesellschaft fühlt sich aus einer Position der Stärke heraus in der Lage, mit der Gesellschaft des Rechts zu verhandeln, als sei sie dieser gleichgestellt. In den oligarchischen Systemen nehmen die Verbindungen sogar Formen von Inzest an. Sobald Verdunkelung die Herrschenden schützt, die Demokratie sich auf das allgemeine Wahlrecht beschränkt und es kein Gegengewicht mehr gibt, entsteht unter allen an der Macht Beteiligten eine faktische Solidarität. Auf der unermüdlichen Suche nach den Verbindungen zwischen Giulio Andreotti und der Mafia sucht Italien nach einem kollektiven Ventil und einem individuellen Sündenbock. Für Italien ist dies das bequemste Mittel, sich in diesem Punkt seiner Verantwortung und vor allem der seiner Eliten zu entziehen. Das Recht selbst funktionierte in diesem Land auf mafiose Weise, was kein Synonym für einen Staatsapparat ist, in dem sich die Mafia eingenistet hat. Die Symptome des Italienischen Übels sind ineinander verschränkte Interessen, undurchschaubare Machtwechsel, Austausch von Stelleninhabern und Geldleistungen ohne jeden Grund, Überwachung und Korruption der einflußnehmenden Faktoren, um zu verhindern, daß irgendwer »das Hauptquartier in Brand steckt«, eine untrennbare Mischung aus »Partitokratie« – die uneingeschränkte Herrschaft der politischen Parteien – und »Kleptokratie« – die Schaffung von Pfründen für die politische Elite. Hinter einer undurchdringlichen Mauer konnten die Machtkämpfe soweit gehen, sich theoretische Staatsstreiche auszudenken – deshalb die zweideutige Rolle der Geheimdienste –, nahezu faschistische Geheimbünde zu gründen – die P2-Loge – und auf diese Weise zu einem uneingestandenen Modus vivendi mit der Mafia führen. Der Staat hält sich bei der Verfolgung ihrer Verbrechen zurück im Tausch für ihr Wohlverhalten gegenüber der Klientel der Christdemokraten im Süden. Fügen wir noch der Vollständigkeit halber eine im Staatsapparat arbeitende fünfte Kolonne im Dienste der Mafia hinzu, bleibt nicht mehr viel Platz für die klassischen Parameter der Demokratie ...

Immerhin gleicht das Nachkriegsitalien noch nahezu einer Demokratie im Vergleich zu Japan. Weil es oligarchischer strukturiert ist, billigt Japan der Mafia eine noch größere Rolle zu, was, sollte dies überhaupt notwendig sein, unser Theorem beweist: Je undurchsichtiger eine Gesellschaft ist, desto mehr läßt sie die Oligarchie über die Demokratie obsiegen, und desto mehr nistet sich die rechtlose und graue Gesellschaft in das Machtsystem ein. In Italien hat sich die Mafia an der politischen Peripherie angesiedelt, in Japan im Zentrum der Politik. In Italien hat sie einen Zehnten auf das Wirtschaftssystem erhoben; in Japan ist sie einer der bedeutendsten Wirtschaftsfaktoren. In Italien kümmert sie sich nicht um die Zukunft der Nation – soweit es dafür überhaupt Pläne gibt; in Japan spielt sie ihren Part im

Dienst einer imperialistischen Strategie und trägt zur Eroberung von Märkten und Positionen im gleichen Maße bei wie Mitsui oder Mitsubishi. In Italien ist sie, ein Zugeständnis an die Riten einer theoretisch von den Mittelklassen beherrschten Demokratie, in der Öffentlichkeit immer geschmäht worden; in Japan genießt sie einen stillen und beunruhigenden Respekt. Nach diesem Modell beginnt nun Rußland sich auszurichten, mit einer Mafia, die vielleicht das Rückgrat der Macht bildet. So gibt es drei Ebenen der Machtausübung für die Mafia: an der politischen Peripherie in Italien, als integrierter Faktor in Japan, als Hauptakteur in Rußland.

Nur die echten Demokratien sind in der Lage, auf ein solches Abdriften zu reagieren, das heißt jene, die das Spiel der demokratischen Kräfte bis zum Äußersten treiben und die dergestalt für Transparenz sorgen. So wie die Vereinigten Staaten, wo die Mafia unter den wachsamen Augen der Presse unaufhörlich mit dem Staat zusammenprallt. Zwischen beiden herrscht Krieg, und die Mafia mag noch so sehr nach Komplizenschaft in der Verwaltung suchen, sie findet höchstens Spione, die in ihrem Sold stehen. Zeugen die italienische Revolution und der offenkundige politische Wechsel in Japan vom Zurückweichen der grauen Zonen, obwohl alle Anzeichen auf eine ungebremste Ausdehnung hindeuten? Das ist heute unmöglich zu entscheiden. Italiens unblutiges 1793 könnte den Gedanken nahelegen, doch wenn die Revolution den diskreten Charme des Thermidors entdeckt, sind die Netze der Komplizenschaft schnell wieder geknüpft. Eine Revolution liquidiert eine politische Elite, sie ist aber kein Zauberstab, der eine Kultur und ihre Sitten verwandelt. Wenn die Lehren aus der Französischen Revolution auch für das Italien von 1993 gelten, denn werden die mafiose Clanstruktur und ihre Funktionsweise nicht durch den bloßen Übergang von der Verhältniswahl zur einfachen Mehrheitswahl aussterben. Und die japanische Mafia ist mit der Oligarchie verfilzt genug, um allenfalls in dem Maße bedroht zu sein, in dem diese sich selbst bedroht ... Immerhin verschiebt sich die Frontlinie zwischen den Entwicklungen in der offiziellen Gesellschaft und denen in der grauen Gesellschaft nicht immer auf dieselbe Weise; vielleicht wird die Mafia hier letzten Endes zurückweichen. Aber das ist nichts im Verhältnis zu den Fortschritten, die sie im Anschluß an den Zusammenbruch der Sowjetunion erzielen wird.

Das »Grau« siegt leider nicht nur mit der Mafiawelle, der Drogenexplosion und dem weiten Feld, das die ehemaligen kommunistischen Staaten ihr bieten. Es nagt im Innern unserer Gesellschaften, denn ganze Bevölkerungsgruppen stehen am Rande, ähnlich wie im Mittelalter bestimmte Volksstämme, die sich nach einer Identität und einem Schutzherrn sehnten. Auf der einen Seite ist die Rechtsfreiheit eine Herausforderung für die Rechtshoheit des Staates, auf der anderen wird der Sozialstaat durch das Auftreten derer, die von ihm ausgeschlossen sind, angefochten. Zwar sind dies ihrem Wesen nach unterschiedliche Vorgänge, doch beide zeugen von der Schwäche unserer Ordnungsstrukturen. Ordnung im klassischen Sinne des Begriffs heißt Unterwerfung unter die Regel und das Gesetz. Sie meint aber auch soziale Ordnung, die ihren Gipfel im sozialdemokratischen Traum von einer rundum beschützten Gesellschaft fand, in der jeder, vom allerärmsten bis zum reichsten, vom Wohlfahrtsstaat versorgt wird. Und an dieser Entwicklung ist einmal nicht das Ende des Kommunismus schuld, sondern die Auszehrung eines Modells, das drei bis vier Prozent Wachstum benötigt, um ohne Erschütterungen zu funktionieren.

Die Ausgeschlossenen bilden auf ihre Weise eine riesige »Grauzone«: Tatsächlich leben sie in einer Welt, wo der Staat immer weniger Zugriff hat. Das neue Mittelalter wird auch durch einen erneuten Zustand der Gesetzlosigkeit, der Marginalität und der Verborgenheit gekennzeichnet: Hunderttausende junger Menschen verlassen das System ohne abgeschlossene Berufsausbildung und versickern in der Gesellschaft, wie man einst in unbekannten Ländern verschwand. Weder solche »rechtsfreien Zonen« noch die exponentielle Entwicklung von autonomen Minigesellschaften hätten sich die Denker der Moderne jemals vorstellen können. Wer durch die Straßen von Goutte-d'Or, Sarcelles oder Epinay streift, merkt dort weder von der Anwesenheit des Staates viel, noch von der Polizei oder von Sozialpädagogen ... Den Anfang dieser Grauzonen bildet freilich die Langzeitarbeitslosigkeit, die eine Kette von Unglücken nach sich zieht und letztlich zum Ausschluß aus der Gesellschaft führt. Ob sie sich absichtlich dazu entschlossen hatten oder nicht, daß die Europäer seit dem ersten Erdölschock das ganze Gewicht der Wirtschaftskrise auf die Schultern der Ausgeschlossenen geladen haben, dafür sind allein sie selbst verantwortlich.

Wir alle haben die Folgen einer ökonomischen Entscheidung kennengelernt, die wir als Mitglieder der riesigen Mittelklasse aus reinem Egoismus getroffen haben: Bewahrung unseres Lebensstandards auf Kosten Millionen Ausgeschlossener. Nachdem wir das Pharisäertum auf die Spitze getrieben hatten, hofften wir, diese Untergesellschaft bliebe »besonnen«, und meinten, sie könne dem wachsamen Auge der sozialen Institutionen nicht entgehen. Doch es nützt nichts, im Angesicht der Katastrophe nach einem Sündenbock zu suchen: Wir sind alle mitverantwortlich und deshalb schuldig! So streunt heute an den Grenzen der Gesellschaft ein neues Lumpenproletariat herum, das weder Staat noch Sozialstaat mit ihrem blinden und unbeholfenen Vorgehen versorgen können. Dieser Teil der Bevölkerung entzieht sich unserem Blick, er ist kaum bekannt und entwischt den sozialen Modellen, die von der Gesellschaft seit einem Jahrhundert unaufhörlich aufgestellt werden. Der Traum Lord Beveridges und Pierre Laroques von einem sozialen System, das der gesamten Bevölkerung zugute kommt, ist von nun an in weite Ferne gerückt!

Zu dieser ersten »Grauzone« um die Benachteiligten und Besitzlosen gesellt sich aber noch eine zweite, die aus kleinsten Gemeinschaften besteht, die im Schoß der Gesellschaft leben, aber alle Taue zu ihr gekappt haben und sich nicht mehr in sie einfügen wollen. Wie viele hunderttausend, wenn nicht sogar Millionen Jugendliche, fühlen sich autonom, ohne die geringste Beziehung zum »System«! Sie sind nicht einmal mehr bereit, für seine Veränderung einzutreten wie ihre politisierten und deshalb revolutionären Vorgänger von 1968: Wenigstens deren Haß zeugte noch von einer sozialen Bindung. Die Heutigen wollen nichts von ihm wissen, sie verachten es, umgehen es, sie haben keine Lust es zu erobern noch es zu unterwandern. Diese primitiven Gemeinschaften haben nichts gemeinsam mit den selbstverwalteten Gruppen, die sich gebildet hatten, um die Utopie vorwegzunehmen, und die sich in ihren Kommunen für die Pioniere einer neuen Gesellschaft hielten. Sie haben weder diesen Ehrgeiz noch diesen Wunsch. Dank der Kleinkriminalität genügen sie sich selbst, sind vor Armut geschützt und erfinden aufs neue ein Modell primitiver Gesellschaften, das den Ethnologen so lieb ist, und in denen die Macht dem zufällt, der ihren Unterhalt sicherstellt. Gewalt ist für sie die natürlichste Art, Beziehungen herzustellen, außer zwischen denjenigen, die einen »Pakt« geschlossen haben.

So sind wir unmerklich in einer Gesellschaft der drei Geschwindigkeiten hineingeraten: Neben der riesigen Mittelklasse und den »klassischen« Ausgeschlossenen ist eine dritte Gruppe aufgetreten, die vollkommen am Rande lebt. Das drückt sich in unseren Städten aus, wo mitten in den verelendeten und verarmten Vororten »rechtsfreie« Räume entstehen, wo die Marginalisierung alles Leben bestimmt. Die Ausgeschlossenen erwarten – oft vergeblich – vom Rechtsstaat, daß er ein Minimum an sozialer Ordnung garantiert und verbinden damit heute weniger die längst vergangene Hoffnung auf den Aufstieg als auf ein soziales Netz. Die Außenseiter hingegen wollen nichts von ihm, sie bekämpfen ihn nicht, sondern weichen ihm aus.

Wie viele junge Leute unter 25 Jahren haben von der Vorstellung Abschied genommen, einer traditionellen Beschäftigung nachzugehen, und sich eine Lebensweise zugelegt, in die sich wie von Natur aus die Kriminalität einschleicht? Hört denn niemand auf die Sozialarbeiter, die einem am besten erklären können, warum ein kleiner Job im Verhältnis zum Taschendiebstahl nicht mehr konkurrenzfähig ist, und noch viel weniger zu den finanziellen Vorteilen, die ein kleiner Dealer vom Handel mit Marihuana hat? Hört denn niemand zu, wenn sie die vielen Fälle beschreiben, in denen sich diese Alternative stellt, und wo die Antwort auf der Hand liegt? Findet man heute nicht Sozialarbeiter, die repressiver sind als die Polizei? Wer hat noch die geringste Autorität über diese Jugendlichen? Die Eltern? Sie stehen völlig außen vor, und es ist kein Zufall, daß viele von ihnen nur einen Elternteil haben. Die Lehrer? Sie sind schon seit langem machtlos. Die Sozialarbeiter? Ausgebildet, um das Elend auf der Welt zu mildern, stehen sie entwaffnet vor einem Phänomen, das auf Großzügigkeit und Selbstlosigkeit pfeift. Die Polizisten? Sie sind häufig nur Sozialarbeiter in einer anderen Uniform ...

So entstehen völlig außerhalb der Grenzen des Rechtsstaat mafiose Strukturen, die von der echten Mafia nur noch erobert werden müssen, so wie ein großes Finanzkonsortium Geld in kleine Unternehmen steckt. Mafiose Strukturen, das heißt eine steigende Anzahl von Banden und von nach dem traditionellen Muster des Clans organisierten Gruppen. Mafiose Strukturen, das heißt Sicherung des kollektiven Lebensunterhalts ausschließlich durch Diebstahl und Drogenhandel. Mafiose

Strukturen durch die Verbindungen, die von Straße zu Straße, von Bande zu Bande geknüpft werden. Mafiose Strukturen, weil diese Banden in der Lage sind, ihre Mitglieder rundum zu betreuen, das heißt, Kinder sorgen letzten Endes für das Überleben ganzer Gemeinschaften und erfreuen sich deshalb der passiven Komplizenschaft der Eltern. Sie bieten Einkünfte, Schutz, das Gefühl von Zusammengehörigkeit und die Möglichkeit, sich an der Gesellschaft zu rächen. Es bedarf schon einer zähen und gefestigten Moral, um ein Praktikum oder eine schlecht bezahlte Lehre ohne Berufsaussichten dem Status eines kleinen Bandenführers vorzuziehen, mit dem weitaus größere Einkommen, mehr Freizeit und der Bewunderung anderer Jugendlicher, die damit verbunden sind! In den Vierteln, aus denen sich der Rechtsstaat zurückgezogen hat, ist die Linke zugunsten von Drogenhändlern und fundamentalistischen Vordenkern verschwunden. Die einen stellen den Unterhalt sicher, die anderen die soziale Betreuung. Was bieten die Republik, der Staat oder die Stadt im Vergleich dazu?

Die Kriminalität wird eine Art Lebensweise. Neben den – oft erst 18 Jahre alten – Profis wimmelt es von Anfängern, die zwischen zwölf und 17 Jahre alt sind, ein Alter, in dem, als sei es ein Zufall, das Schulwesen nicht mehr gegenwärtig ist. Momentan hat sich diese Myriade von Mikromafias noch nicht konzentriert, aber dieser Prozeß ist, wie in den Vereinigten Staaten, unaufhaltsam. Die Banden haben ein Interesse, sich zusammenzuschließen. Mehr noch als die offizielle Ökonomie achtet die kriminelle Ökonomie die Gesetze und Grundsätze des Tauschhandels. Die Banden haben ein Interesse am Zusammenschluß, um ihre Einkaufsbedingungen für Drogen zu verbessern, und die Lieferanten, in diesem Fall die wahren »Dealer«, müssen die Kontrolle über sie gewinnen, um ihre Vertriebskanäle zu sichern. Von diesem Moment an ist ein Prozeß in Gang gesetzt, der die grauen Zonen den großen Drogenorganisationen immer näher bringt, die über eine Kette von Zwischenhändlern immer mehr die Kontrolle über die Vorortbanden übernehmen. So entsteht eine riesige illegale Welt, die um so selbstverständlicher mit der sichtbaren Gesellschaft zusammenlebt, als diese in der Defensive ist.

Was im Innern der Vorstädte sich abspielt, ist beileibe kein klassischer sozialer Wandel. Vielleicht wird die urbane Frage im 21. Jahrhundert das Pendant zur sozialen Frage im 19. Jahrhundert sein, doch mit einem entscheidenden Unterschied: Wer ist das handelnde Subjekt, der Nachfolger der Arbeiterklasse, das heißt, eine strukturierte Klasse, die versucht, entweder die herrschenden Klassen zu ersetzen, oder zu einem Kompromiß mit ihnen zu gelangen? In den Städten von heute zeichnet sich kein solchermaßen handelndes Subjekt ab; sie zeugen im Gegenteil von der wachsenden Zerbröckelung der Bevölkerung.

Die Öffentlichkeit hat das Ausmaß dieses Phänomens einer Gesellschaft, die sich selbst zerstört, noch nicht erkannt. Sie hat eine unbewußte Ahnung davon, die sich in ihrer Wahnvorstellung über die illegale Einwanderung ausdrückt. Sie ist aber eher durch die Illegalität beunruhigt als durch die Einwanderung. Außer in Deutschland äußert sich die Fremdenfeindlichkeit – Gott sei Dank! – nirgendwo gewalttätig, und die Parteien, die mit dem Thema Wahlstimmen fangen wollen, sind schnell an die Grenzen ihres Wachstums gekommen. Alle Versuche in Frankreich, die Staatsangehörigkeit nach dem Geburtsort durch die nach der Abstammung zu ersetzen, haben zu einem allgemeinen Protestgeschrei geführt: Valéry Giscard d'Estaing erinnert sich zweifellos noch, wie er sich bei diesem Spiel die Finger verbrannt hat, und die Wahlen vom März 1993, die konservativsten seit 150 Jahren – was man viel zu leicht vergißt – haben zu keinen drastischen Maßnahmen hinsichtlich der Einwanderung geführt.

Die nahezu einstimmige Anerkennung des Einwanderungsrechts, das eine legale Einwanderung, Integration und Einbürgerung vorsieht, zeugt von einem in Wirklichkeit wenig fremdenfeindlichen Klima.

In der illegalen Einwanderung hingegen kristallisieren sich alle Ängste der Gesellschaft. Indem sie so tut, als handelte es sich um Millionen illegaler Einwanderer, woran niemand ernsthaft glaubt, befreit sich die öffentliche Meinung von ihren Ängsten, die durch jene vielleicht ein paar zehntausend Maghrebiner, die sich im übrigen möglichst unauffällig verhalten, ausgelöst wird; sie ahnt, daß sich unter dem Deckmantel der sichtbaren Gesellschaft eine unsichtbare Gesellschaft bildet, die sich auf Kosten der ersteren unaufhörlich ausbreitet, und daß die Institutionen ihr gegenüber machtlos sind. Ebenso nimmt die Angst vor der Unsicherheit ständig zu. Zwar wächst diese vor allem durch die Kleinkriminalität, aber die kollektive Psychose übersteigt bei weitem das tatsächliche Ausmaß des Phänomens.

Es gibt tausend Gründe für diese falsche Wahrnehmung: die Informationsflut durch das Fernsehen, die das geringste Verbrechen in unsere Wohnzimmer transportiert; die umgebende Kultur, die abweichendes Verhalten überbewertet; die Übertragung anderer Ängste darauf ... Diese Gründe fallen kaum ins Gewicht gegenüber dem diffusen Gefühl, die Unsicherheit bilde die Grenze zwischen zwei Welten, einer bekannten und einer unbekannten, die eine unter Kontrolle, die andere außerhalb, die eine traditionell und folglich beruhigend, die andere ungreifbar und deshalb beunruhigend. Im Rahmen der großen Ängste, die das neue Mittelalter nach dem Muster des alten hervorruft, wird diese Angst immer mehr Überhand nehmen. Man täusche sich bloß nicht über Gegenmittel oder -maßnahmen. Es nützt nichts, die Fahne der Menschenrechte als einzige Antwort auf diffuse Ängste zu schwingen. Es ist illusorisch, die Gesetzgebung in Bereichen zu verschärfen, die in Wirklichkeit peripher sind. Es ist schädlich, die Gleichung: mehr Einwanderung = mehr Kriminalität für richtig zu erklären. Wenn er der Wahrheit gerecht werden will, muß der Staat eine Wirklichkeit anerkennen, die ihm unerträglich ist. Dazu gehören seine Unfähigkeit, alle Bereiche der Gesellschaft zu umfassen und seine Starrheit, Phänomene noch immer als marginale Abweichungen zu behandeln, die sich im Zentrum des Systems ereignen, und mit denen wir von nun an leben müssen.

Eine unsichtbare Revolution ist am Werk. Die Informationsmittel, von den Fernsehnachrichten bis zu den ausgeklügelsten Arbeiten der Intellektuellen unterschätzen sie, weil sie vorrangig alles aufnehmen, was greifbar, beschreibbar, einfach zu fassen ist. Daher das seltsame Paradox, daß sie sich mit immer größerer Energie einer Sphäre widmen, die sich immer mehr zusammenzieht: die klassische Gesellschaft. Mit dem Ergebnis, daß auch die gesellschaftlichen Gegenkräfte nicht mehr fähig sind, den Staat über ein Phänomen zu befragen, das unser System umkrempelt: die Ausbreitung der Grauzonen.

Neben dem selbstredend beängstigenden Gefühl, daß eine Periode der Geschichte zu Ende geht, in der versucht wurde, die Grundsätze von Ordnung und Vernunft durchzusetzen, stellen sich tausendundeine wichtige Frage. Was wird aus dem Konzept der nationalen Einheit, wenn die Nationalstaaten immer mehr zerbröckeln? Welche Formen von Ordnung sollten wir den Ländern oder Gegenden aufzwingen, die völlig abdriften? Welche Gesetze gilt es zu bewahren, wenn die Gesetzlosigkeit allmächtig wird? Wie können wir die Weitergabe von Atomwaffen bekämpfen, wenn die atomaren Bazookas meistbietend versteigert werden? Wie soll ein internationales Finanzsystem verwaltet werden, wenn es mit Schwarzgeld verseucht ist? Wie kann der schlimmste aller unsichtbaren Feinde bekämpft werden, der internationale Drogenhandel? Wie können die Ausgeschlossenen wieder eingegliedert werden, die Außenseiter am Rande der Gesellschaft wieder umfaßt, die Städte wieder zurückerobert werden?

Unbekannte Gebiete, unbekannte Bevölkerungsgruppen, unbekannte soziale Phänomene: Welch seltsamer Ausgang für ein Jahrhundert, das meinte, alles zu wissen, alles zu beherrschen, alles der Vernunft zu unterwerfen!

DER NIEDERGANG DER VERNUNFT

Da der Kommunismus die Vernunft bis zum Wahnsinn verkörpern wollte, reißt er sie jetzt mit sich in seinem Sturz. Die Anzeichen einer Rückkehr des Irrationalen waren seit langer Zeit zu spüren; das Verschwinden des Kommunismus hat sie deutlich sichtbar gemacht. Deshalb haben wir das vielleicht überzogene Gefühl, ein Zeitabschnitt gehe zu Ende, der weit vor 1917 begonnen hatte. Seit der Renaissance, vor allem seit der Aufklärung, beherrschte die Vernunft unsere Weltsicht. Trotz Fehltritten, Entgleisungen und Rückschlägen hat sie in unserem Denken alles überragt. Mit ihr verbreitete sich die Überzeugung, die Gesellschaft entwickle sich von Natur aus zu immer mehr Ordnung und Organisation, und 200 Jahre lang hat sie das Erbe der Französischen Revolution geprägt. Eine Maschine, die Sicherheiten am laufen Band herstellte; im Kommunismus hatte sie ihr ausgereiftestes Produkt gefunden. In dieser Hinsicht hat das Ende des Sowjetreichs eine Bedeutung, die mit dem Zusammenbruch seiner osmanischen und österreich-ungarischen Vorgänger nicht vergleichbar ist. Mit ihm verschwand nicht nur ein Machtsystem, das starrer war als andere, nicht nur eine Ideologie, die den Herrschenden als reines Alibi diente; mit ihm verschwand auch ein Denken, aus dem die zugleich naive und maßlos hochmütige Sicherheit hervorging, eine Doktrin könne die Wirklichkeit formen.

Die Vernunft hatte sich zu weit vorgewagt; nun droht sie durch den Rückstoß um so stärker zurückzufallen.

Das Pendel scheint jetzt in eine andere Richtung auszuschlagen, die Vernunft ist diskreditiert. Das neue Mittelalter gewinnt nicht nur durch den Zerfall der Ordnungsstrukturen und die Ausbreitung der Grauzonen an Gestalt, es läßt sich auch am Zurückweichen der Vernunft erkennen. Diese scheint fortan im Niedergang begriffen zu sein. Und im Unterschied zum früheren Mittelalter, das im Christentum wenigstens noch einen Haltepunkt besaß, hat unser neues Mittelalter noch keinen solchen gefunden. Dem Anschein nach friedfertiger, entwickelter und selbstbestimmter, ist es in Wirklichkeit vielleicht instabiler. Auf seine Weise ist das allseits aufkommende Gefühl von Unsicherheit Ausdruck des kollektiven Bewußtseins, das die Öffentlichkeit von der tiefgreifenden Veränderung hat.

Hinter dem schwindenden Kult der Vernunft kommen die Züge des traditionellen Denkens aus den finsteren Zeiten zum Vorschein: die Ängste, der alte Hang zu Extremen, die Entgleisungen im Verhalten, während sich in einem Kessel ungesunde Ideologien zusammenbrauen, die morgen aus ihm entweichen werden. Seitens der Intellektuellen herrscht Schweigen zu dieser Entwicklung. Entweder sie wollen sich beruhigen, indem sie das Ausmaß der Erschütterungen herunterspielen, oder sie haben noch keine vernünftige Art gefunden, über die Unvernunft nachzudenken.

Die Angst vor dem Jahr 2000 zeichnet sich am Horizont ab. Sie scheint ein Charakteristikum des neuen Mittelalters zu werden, ebenso wie die des Jahres 1000 ein Vorgeschmack auf das frühere war. Was damals Magier und Hellseher waren, sind diesmal Computer und Telefaxgeräte. Damals wie heute gibt es Äußerungen kollektiver Ängste, die atemlose Suche nach Gewißheiten und Auswegen. Doch bis diese »Makroangst« sich bemerkbar macht, finden unsere Gesellschaften die Ängste ihrer Vorfahren wieder, seien sie auch am jeweiligen Tagesgeschmack ausgerichtet.

Zunächst die Fremdenangst. Selbst wenn die Wahnvorstellung vom illegalen Einwanderer in Frankreich, wie wir gesehen haben, vielleicht mehr von der Illegalität als von der Einwanderung herrührt, erliegen die europäischen Gesellschaften alle den alten Ängsten gegenüber Fremden. Die maghrebinischen Einwanderer erinnern, zumindest in Frankreich, an den alten Muff aus der Kolonialzeit und aus dem algerischen Befreiungskrieg; dazu kommen die Furcht vor religiösen Fundamentalisten und die Bestürzung über die familiären Sitten, die dem westlichen Sittenkodex kaum entsprechen. Asiatische Einwanderer schüren den Neid auf ihre Überaktivität und ihren Erfolg, das Unbehagen angesichts ihres Lebens in abgeschlossenen Gemeinschaften, die Rückkehr des alten Mythos von der »gelben Gefahr«. Die Afrikaner provozieren die gönnerhafte Herablassung des Kolonialherren, die traditionelle Verachtung seitens der weißen Kleinbürger sowie die Furcht vor Aids und sexuell übertragbaren Krankheiten. Und beim Gedanken an die Flüchtlinge aus dem Osten überkommt uns ein vages Gefühl von Scham darüber, der Pflicht zur Solidarität unter Europäern nicht nachgekommen zu sein, die Angst vor Einbruch und Diebstahl, der Haß auf den Nachbarn mit – auch hier ein plötzliches Vordringen der Geschichte – zeitweise hochkochenden Gemütern gegenüber Sinti und Roma.

Die schlimmsten Stereotypen sind wieder zum Vorschein gekommen, und die Reaktionen der Demokratie ähneln der Bekämpfung eines Waldbrandes mit einem Glas Wasser. Im Osten des Kontinents wird der Nachbar wieder zum Fremden, der Fremde oft zum Gegner, und aus dem Gegner wird mehr und mehr ein Feind. Es ist nicht angenehm, Slowene in Serbien zu sein, Ungar in der Slowakei oder in Rumänien, und unangenehmer noch, Armenier in Aserbeidschan, Russe in Georgien oder in Estland …

Im Moment spielt die Angst vor dem anderen in den

westeuropäischen Ländern noch keine Rolle, wenngleich der Mythos von einem Großdeutschland sie sehr leicht wiederbeleben könnte. Die derzeitigen Schwierigkeiten der deutschen Wirtschaft federn den Schrekken der anderen Europäer sanft ab, den 1990 die Vorstellung eines übermächtigen und wirtschaftlich blühenden Deutschlands mit 80 Millionen Einwohnern auslöste. Doch haben sich die Wogen der Konjunktur erst einmal geglättet, kommt auch die alte Sorge wieder, die französische und deutsche Staatsmänner vor drei Jahren durch eine Verstärkung der innereuropäischen Bindungen vorerst abgewendet haben; wird sie in drei oder vier Jahren nicht wieder da sein, wenn Frankreich das tatsächliche Gewicht eines Deutschlands bemißt, das den Marshallplan, den es sich selbst im Osten geschenkt hat, erfüllt haben wird?

Wie fern der Traum von einem durch den großen Markt menschlich gewordenen Europa gerückt ist, in dem der freie Verkehr von Gütern und Menschen für ein universelles Einvernehmen sorgen wird!* Friede durch Handel, an diese alte Leier haben wir ein halbes Jahrhundert lang geglaubt, doch in Wirklichkeit war es ein Friede, der auf Furcht vor dem großen bösen Wolf im Osten gegründet war. Diese Träume scheinen uns sehr alt zu sein, tatsächlich sind sie fünf Jahre jung! Wenn die Angst vor dem anderen von heute bis ins Jahr 2000 zunimmt, wie sie seit 1989 angewachsen ist, besteht große Gefahr, daß man zu »konkreten Maßnahmen« übergeht. Ist die Welle ausländerfeindlicher Gewalttaten in Deutschland aus diesem Blickwinkel betrachtet eine Ausnahme oder eine Vorwegnahme? Für die Ausnahme sprechen die psychologisch labile Lage nach der Wiedervereinigung, die Spannungen in einer durch au-

* Ich erinnere mich noch, wie sehr der Skeptizismus, mit dem ich in *Die deutsche Herausforderung* (Hamburg 1989) den Mythos von 1993 behandelte, im Gegensatz zur optimistischen Einhelligkeit jener Zeit stand.

ßerordentliche Reichtümer und schlimmste Verelendung polarisierten Gesellschaft, die Schwierigkeiten des Landes, sein inneres Gleichgewicht wiederzufinden. Für die Vorwegnahme: die Gefahr, daß der Sündenbock für die schlechte Wirtschaftslage noch mehr bei den ärmsten Volkswirtschaften gesucht wird; Schwierigkeiten des Miteinanders, die umso größer sind, weil es Nachbarn sind, die hier streiten. Hinzu kommt ein alter Bodensatz aus Fremdenhaß, den 50 Jahre beispielhafter Demokratie nicht besiegen konnten ...

Es grenzt schon an ein Wunder, daß Polen, Rumänien und vor allem Rußland von einem Aufflammen der Gewalt wie in Deutschland bislang verschont geblieben sind. Sollte der Kommunismus seltsamerweise zur Gewaltlosigkeit erzogen haben? Es ist in der Tat verwunderlich, daß diese Revolution ohne Prozeß, ohne rasche Verurteilung, ohne eine kollektive oder individuelle Vendetta verläuft. Die Italiener werfen ihre Führer ins Gefängnis, weil sie von ihnen bestohlen worden sind; die Bewohner der ehemaligen Volksdemokratien lassen die alten Bürokraten in aller Seelenruhe leben, die sie verfolgt und geknechtet haben, die ihr Leben zugrunde gerichtet und sie ganz nebenbei auch noch bestohlen haben. Die alten kommunistischen Apparatschiks erleben ihren zweiten Frühling, nachdem sie auf Importe, Schiebereien und Scheinunternehmen umgesattelt haben; die Schergen der Geheimdienste leben in den graugrünen Vorstädten von Warschau oder Sofia ruhig unter denjenigen, die sie ausspioniert und verfolgt haben; die Intellektuellen, die gestern noch dem Ruf der Partei gefolgt waren, nehmen heute am Reigen der internationalen Kongresse teil und schlagen Kapital aus ihrem »Erleben« der kommunistischen Hölle; die Moskauer Putschisten machen in der Politik an Boden gut ... Das mutet uns Franzosen seltsam an, denn wir wissen aus unserem eigenen Umgang mit Kollaborateuren, zu welcher Gewalt der kollektive Wunsch nach Sühne führen kann. Vielleicht ist es eine Auswirkung der Apathie, zu der ein halbes Jahrhundert Kommunismus geführt hat, vielleicht bleibt den Gesellschaften des Ostens ein Abdriften des Fremdenhasses in gewalttätige Akte wie in Deutschland erspart, aber in den Reden und in den Hintergedanken bleibt er allgegenwärtig.

Angst vor dem anderen, nichts anderes ist auch die Psychose der Unsicherheit. Die Kriminalitätsrate hat sich in Frankreich in 25 Jahren vervierfacht, die Anzahl bewaffneter Raubüberfälle verzehnfacht. Das Schwerverbrechen gewinnt mehr an Boden und die Kleinkriminalität explodiert förmlich, das alles in einer Atmosphäre größter Empfindlichkeit. Und doch ist das Aufheulen der Gemüter überzogen: Die Europäer sind von einem New-York-Syndrom befallen; sie fühlen sich angegriffen, bedroht, beunruhigt. Die Angst kristallisiert sich im Jugendlichen, noch mehr im Ausländer, und der ausländische Jugendliche ist der Inbegriff all dessen, was man fürchtet. Aus diesem Blickwinkel wird schon das Aussehen zu einem Vergehen, und die Gesetzesänderungen seit März 1993* haben das Phänomen nur in eine bestimmte Richtung gelenkt. Es ist kein Zufall, daß die Gesetze Pasquas kaum noch Widerstand hervorgerufen haben. Selbst das Lager der »Menschenrechtler« gelangte schließlich zu der Ansicht, man müsse dem Druck der öffentlichen Meinung, die von Obsessionen beherrscht ist, ein Stück weit nachgeben.

Diese Zwangsvorstellung zeugt auch von dem unbestimmten Gefühl einer Mehrheit der Bevölkerung, es gäbe eine unsichtbare, unfaßbare Gesellschaft, die mit Gewalt mitten in die bestehende Ordnung hereinbricht. In unmittelbarer Nachbarschaft zur Kriminalität scheint sie sich ins Alltagsleben eingeschlichen zu haben und es zu bedrohen. Mit den Krawallen in den Vor-

* Bei den Wahlen zur Nationalversammlung errangen die bürgerlichen Parteien einen überwältigenden Siege (A. d.Ü.).

städten bestätigt sich das Vorhandensein außergesetzlicher Räume, aus denen Angriffe gegen die traditionelle Gesellschaft kommen können. Die Verbrechen zeugen unter anderem von der unaufhörlich wachsenden Stärke der Mafia. Durch jede Form, in der sich die Gewalt äußert, wird bewiesen, wie sehr unsere Welt angesichts der schleichenden Ausbreitung aller Grauzonen und mit ihnen aller Formen von Unordnung in die Defensive gedrängt ist.

Angst vor dem anderen entsteht auch mit dem Wiederaufleben der großen Epidemien. Als bedürfte es einer unvorhersehbaren Fermate, damit die Geschichte quasi wieder zu sich kommen kann, hat Aids die Rolle der Pest eingenommen. Die Welt des Wohlstands glaubte sicher zu sein vor jeder Ansteckungsgefahr, dieser ursprünglichsten Form von Haß auf den anderen. Und mit einem Mal ist sie wieder da, mit einer Krankheit, die uns in die Tiefen des menschlichen Seelenlebens taucht: Sex, Tod, Verhängnis. Kein böser Geist, der Schicksal spielen wollte, wäre je auf diesen Einfall gekommen! Eine typisch mittelalterliche Krankheit bricht über uns herein wie ein geheimnisvolles Vorzeichen des neuen Mittelalters. Man muß schon standfester Rationalist und Kartesianer sein, um nicht in diese Falle zu laufen.

Aber für die mehr von Gefühlen bestimmte Öffentlichkeit scheint Aids den Rückschritt zu illustrieren. Ein wissenschaftlicher Rückschritt, der besagt, daß selbst in diesem Universum der Fortschritt nicht weitergeht, obwohl der Westen seit anderthalb Jahrhunderten überzeugt war, daß die Fortschritte auf diesem Gebiet zwar unregelmäßig, aber unumkehrbar seien. Die Wiederkehr der ältesten sexuellen Tabus aus Gründen der Vorbeugung bedeutet einen Rückschritt in der Moral. Und in der Philosophie: mit dem Erscheinen eines Übels, daß schon die Vorstellung von Freiheit zu einem Nichts herabwürdigt, denn was wiegt sie noch angesichts dieses

Todesurteils, das eine Frucht des Liebesspiels und des Zufalls ist? Auch in der Soziologie bringt Aids Rückschritte durch das erneute Einsetzen der alten Diskussionen über die Inhaftierung: Wie viele Vorschläge für den Umgang mit HIV-Positiven greifen nicht auf die dümmsten uralten Sprüche zurück! Gehen wir, nach dem Jahr 2000, auf eine Gesellschaft zu, die ihre Ausgeschlossenen und ihre HIV-Positiven einsperren wird wie einst die Armen und die Pestbefallenen? Seit grauer Vorzeit hat eine Epidemie wahrscheinlich keine solchen Ängste mehr hervorgerufen. Zuletzt passierte so etwas im 14. Jahrhundert, als man noch nichts über die Pest wußte, bis auf ihren Namen ...

Angst von ganz anderer Natur macht das Vordringen Europas. Es verdient in Wirklichkeit weder dieses Übermaß an Ehrungen noch diese Herabwürdigung. Nachdem es, weit mehr als vernünftig gewesen wäre, einen ungezügelten historischen Optimismus verkörperte, wird es jetzt zum Ventil für allen Ärger. Wer ist daran schuld, daß die Einkommen der Landwirte nach Jahren relativen Wachstums ins Stocken geraten? Europa. Wer ist an der unerwartet plötzlichen und ungewohnt heftigen Rezession schuld? Europa. Wer ist schuld an den ökonomischen Gesetzen, die sich uns so natürlich wie die Gesetze der Schwerkraft aufdrängen? Europa. Die Grenzen sind angesichts der demographischen Schübe immer schwieriger zu kontrollieren? Wegen Europa. Die Arbeitslosigkeit steigt? Wegen Europa. Gestern noch sichere Berufe sind heute durch den technologischen Fortschritt vom Aussterben bedroht? Wegen Europa. Das Gefühl von Unverständnis und Einsamkeit? Europa ist schuld. Die Schockwelle aus dem Osten? Die Überschwemmungen? Europa! Die Schwächung der traditionellen Institutionen? Europa! Moralischer Verfall? Europa! Verlust der Bezugspunkte? Verschwinden der klassischen Werte? Europa!

Es braucht nicht viel Zeit, bis eine kollektive Stimmung in ihr Gegenteil umschlägt. Wer erinnert sich noch an die pro-europäische Begeisterung von vor fünf Jahren? An die Überzeugung, gegen die man kaum noch Einwände erheben konnte, das Zusammenwachsen Europas bringe, wenn nicht die Lösung, so doch eine bessere Antwort auf alle Schwierigkeiten? An das Gefühl des unaufhaltsamen Fortschritts, an das Gefühl, eine neue Supermacht entstehe, sicher mit einer etwas schwierigen Organisationsstruktur, aber mit einem unzweifelhaften gemeinsamen Willen? An den Traum von den Vereinigten Staaten von Europa, der sich gerade zu verwirklichen schien? Es wäre zu einfach, den plötzlichen Umschwung der Stimmungen nur der wirtschaftlichen Situation anzulasten, nach dem Motto: Wachstum nährt den »Euro-Optimismus«, Rezession den »Euro-Pessimismus«. Vielleicht war es so, als die Gemeinschaft noch eingeschlossen zwischen Atlantischem Ozean und Eisernem Vorhang lebte. Heute ist der Sündenbock Europa Ausdruck des Erschreckens der Öffentlichkeit vor der Unordnung und dem Verschwinden seiner Orientierungspunkte: Europa reimt sich von nun an auf das Unbekannte, denn auf dem europäischen Feld zeichnen sich die Gefahren, die Unbeständigkeit und die Angst von morgen ab. Auf diese Ängste liefert der Mythos über die Errichtung der Union keine Antwort mehr; Europa ist der Kontinent aller drohenden Gefahren geworden. Indem sie die Union angreifen, befreien sich die Europäer in Wirklichkeit von ihren Ängsten, von den Unsicherheiten, die sich auf ihrem eigenen Gebiet ankündigen. Ebenso wie die Fremdenfeindlichkeit und das obsessive Verlangen nach mehr Sicherheit nur Ausdruck einer Zurückweisung der unsichtbaren Gesellschaft sind, eine Übertragung nach klassischem psychoanalytischem Muster, drückt der Sündenbock Europa nur unser kollektives Unvermögen aus, uns eine Welt vorzustellen, in der die traditionellen Regeln der Rationalität keine Anerkennung mehr finden.

In Wirklichkeit macht sich Pessimismus auf allen Ebenen bemerkbar. Mit dem allmählichen Übergang vom Konsum zum Sparen trägt die Wirtschaft täglich ihre Wunden davon. Die Europäer scheinen überzeugt, daß es morgen noch schlimmer kommen wird als heute und daß vor allem die Lebensbedingungen ihrer Kinder schwieriger sein werden als ihre eigenen: Um dem vorzubeugen, gilt es von nun an, Gelder zu horten. Der hemmungslose Konsumrausch ging Hand in Hand mit der Vorstellung eines ungebremsten Wachstums im werdenden Europa; die Entscheidung zum Sparen begleitet die Überzeugung, die Zukunft werde sich willkürlich gestalten. Tiefer noch reicht der historische Pessimismus mit dem nahezu einhelligen Gefühl, der europäische Kontinent sei im Niedergang begriffen und der asiatische Triumph verpflichte die USA, zur anderen Seite umzuschwenken. Noch ist der Niedergang nicht sehr stark zu spüren ...

Da liegt der Taumel der Dekadenz nicht fern, der sich aus dem Muff einer äußerst zweifelhaften Vergangenheit nährt. Vichy ist auf die Bühne zurückgekehrt, aber nicht, weil wir endlich von allen Tabus befreit der Wahrheit ins Gesicht sehen könnten. Ganz im Gegenteil, es sind die trübesten Aspekte jener Zeit, die eine neue Faszination ausüben, als wollten sich die Franzosen von ihren Ängsten befreien, indem sie sich noch Schlimmeres ins Gedächtnis zurückrufen, oder, was Anlaß zu noch ernsterer Sorge gäbe, indem sie sich ihrer unendlichen Anpassungsfähigkeit versicherten ... Da sie sich die Zukunft nicht schwarz vorstellen können, wollen sie sie mit den Farben von einst ausmalen. Damit wir uns richtig verstehen: Das heißt nicht, daß Frankreich von einer neuen Liebe zu Pétain und Vichy gepackt wäre, aber auch hier ist eine Übertragung im Gange. In der Heraufbeschwörung der dunkelsten Momente ihrer Geschichte, glauben die Franzosen, jene neuen abzuwenden, die sich ankündigen.

Führt uns dieses allgemeine Unbehagen im Westen auf seine Weise ins Mittelalter zurück? Das hieße, der Analogie zuliebe anzunehmen, es hätte seit fünf Jahrhunderten kein Unbehagen mehr gegeben, und das ist natürlich eine Illusion! Es stimmt aber, daß solche kollektiven Zweifel die unsicheren Zeiten begleiten, wenn die Zukunft sich der Vorhersage und vor allem einer rationalen Einschätzung entzieht. Wenn sich als einzige Perspektive das Verschwommene bietet, entsteht Unbehagen, steigert sich die Angst mit ihren Ablenkungen, Stellvertretern und Übertragungen. Wir müssen erst gar nicht auf die große Angst vor dem Jahr 2000 warten, sie ist schon da. In ihrem Rahmen ist die nervöse Depression, von der die französische Wirtschaft erfaßt wird, ein anschauliches Beispiel. Ihre Führungsstäbe kapitulieren schon angesichts einer Rezession, die zwar die schlimmste seit Kriegsende ist, in die Frankreich jedoch mit einer seit der letzten Ölkrise um 25 Prozent gestiegenen Kaufkraft geht. Statt ihre staatsbürgerliche Pflicht zu erfüllen und die Bevölkerung zu beruhigen, statt einen kühlen Kopf zu bewahren, gehen sie vor dem Hindernis in die Knie. Wer die Abwertung fordert, den Aufschwung um jeden Preis, wer eine künstliche Senkung der Zinsen will, wer mal den USA, mal Deutschland, mal Japan die Schuld gibt, wer sich mehr für hohe Arbeitslosenzahlen interessiert als für die weit höher liegende Zahl der bedrohten Arbeitsplätze, all diejenigen verhalten sich vor einem kleinen Ereignis nach dem Muster ihrer Vorgänger, die Marc Bloch in seinem bewundernswerten Buch dargestellt hat.* Der Pessimismus ist eine Gefahr: Er kann, ins Extrem getrieben, zu

* Marc Bloch, *Die seltsame Niederlage*, Frankfurt/Main 1992. Wer diesen Text noch nicht kennt: Er ist eine Pflichtlektüre. In einem Manuskript vom September 1940, das nach seiner Hinrichtung veröffentlicht wurde, analysiert Bloch messerscharf die Gründe der Kapitulation vom Juni 1940 und die Schuld der Verantwortlichen.

Haltungen und zu kopflosen Reaktionen wie im Juni 1940 führen, sollte es zu wirklich schwerwiegenden Entwicklungen kommen.

Sobald Ängste sich festsetzen, bekommt der Extremismus Oberwasser: der religiöse, ethnische und politische Extremismus. Die Vernunft hat natürlich darunter zu leiden. Eine erstaunliche historische Parallele, daß auch der religiöse Geist in dieser Zeit des neuen Mittelalters wieder unnachgiebiger wird. Wie einst die Frömmigkeit der Klöster nicht genügte, um die Inbrunst des gemeinsamen Glaubens aller zu bezeugen – war die Inquisition nicht Ausdruck dieses Widerspruchs? –, stellt das Sektierertum der religiösen Minderheiten keineswegs den wachsenden Einfluß der Kirchen sicher. Heute segeln die dogmatischsten Gruppen im Wind. In seinem Buch »Die Rache Gottes«* hat Gilles Kepel ihre Spuren verfolgt. In der Welt des Katholizismus erwachen die fundamentalistischen Strömungen, im protestantischen Universum greifen die charismatischen Basisgemeinden um sich, im religiösen Judentum ist es der Aufstieg der »Lubawitschs« und anderer theokratischer Rabbiner, im islamischen Raum der Niedergang der Gemäßigten zugunsten der Anhänger eines orthodoxen Islams mit aggressivem Bekehrungseifer. Ganz zu schweigen von den Gruppen religiös Erleuchteter, die es neben den Offenbarungsreligionen gibt, von den oft ebenso habgierigen wie missionarischen Gurus, von Bibelgruppen, die längst nichts mehr mit der Bibel zu tun haben, von halb religiösen, halb heidnischen Kulten, die auf dem Nährboden der Angst wachsen, von Gemeinden, deren Mitglieder alle unter Hypnose zu stehen scheinen. Und es geht noch weiter in der Ordnung des Irrationalen: die enorme Verbreitung der Astrologie, der Kartenlegerei und aller übrigen Pseudo-Wissenschaften, die mit jener

* München 1991.

Ware handeln, die seit jeher am besten geht, mit den Zukunftsängsten.

Von Erzbischof Lefebvre bis zu einigen Rabbinern aus Jerusalem, von den unversöhnlichen Verteidigern der Scharia bis zu den texanischen Gurus, die sich mitsamt ihren Schäfchen gerne opfern, ist es stets derselbe Kurzschluß aus Angst und Irrationalem. Die Religionen hatten sich in einem Zeitraum von fünf Jahrhunderten, der nun zu Ende geht, allmählich entwickelt; sie hatten ihre doktrinären Ecken gefeilt, hatten zu einem gewissen Modus vivendi mit den Wissenschaften gefunden, hatten sich aufs Geistliche zurückgezogen und offiziell oder zumindest faktisch anerkannt, daß sie für das weltliche Geschehen nicht mehr zuständig sind. Ein Kompromiß auf Zeit! Schon werden sie von rührigen Minderheiten überrollt, die ebenso reaktionär wie bekehrungswillig sind! Unfähig, sie zur Umkehr zu bewegen, müssen die Kirchen nolens volens Zugeständnisse an sie machen. Auf dieselbe Weise, wie die extreme Rechte mit ihren Thesen über die Einwanderung durch alle Filter hindurch schließlich sämtliche demokratischen Kräfte angesteckt hat, geben die rührigsten religiösen Gemeinden den Ton an, nach dem die traditionellen Kirchen singen müssen. So entsteht eine neue Tendenz, die vielen in der Vergangenheit mit der laizistischen Gesellschaft geschlossenen Kompromisse wieder in Frage zu stellen.

Die französische Kirche gehört zu denjenigen, die von diesem Umkippen noch am wenigsten betroffen sind, ebenso das französische Großrabbinat: Beide sind zu eng mit einer rationalen Kultur verbunden, die noch sehr stark ist in diesem Land. Aber die Zukunft der Kirche entscheidet sich viel mehr in den polnischen Pfarreien als in Notre-Dame, viel mehr in den halb heidnischen, halb christlichen Gemeinden Afrikas als unter den intellektuellen Jesuiten in Paris. Ebenso äußert sich der Fundamentalismus bei den französischen Juden,

Protestanten und Muslimen weniger heftig als bei den meisten ihrer ausländischen Glaubensbrüdern: Der Kult der Vernunft hat seine Spuren hinterlassen ...

Auch in dieser Hinsicht ist Frankreich tatsächlich ein Hafen gemäßigter Kräfte. Der Katholizismus entflammt den Osten, der Islamismus den Iran, die reaktionärsten Juden Israel, und die Konsumgesellschaften werden von Propheten in der Warteschleife und Kartenlegerinnen angesteckt ... Fügen wir hier noch das Wiederaufleben des orthodoxen Extremismus hinzu, ist der Gipfel erreicht: Je mehr sich die Popen in Moskau in die Politik einmischen, umso unsicherer wird die Demokratie, umso mehr Tendenzen und – schlimmer noch – Beziehungen von der Art, wie sie die russische Orthodoxie zur Macht unterhält, drängen zur Theokratie. Auf solche Weise schleichen sich in die territorialen Konflikte auf dem Balkan die ältesten, seit langer Zeit vergessenen Feindschaften zwischen der orthodoxen Welt und dem Katholizismus ein.

An dieser Elle gilt es auch, die Politik des Vatikans neu zu messen, nicht am Rhythmus der Plädoyers für die Menschenrechte wie zu Zeiten des Kommunismus. Auch für den Vatikan war das Leben einfacher, als die sowjetische Bedrohung noch die Demarkationslinie zwischen Gut und Böse zog. Derzeit verdunkeln unsere Denkgewohnheiten die religiösen Konflikte: Sie halten sich ausschließlich an territoriale oder ethnische Dimensionen. Aber wir werden schnell wieder auf die religiösen Auswirkungen eingehen müssen. Auch die Religionskriege und, weniger heftig, die Kämpfe zwischen westlicher und östlicher Kirche um Einflußbereiche kehren wieder: Sie wollen aufs neue ihre Fronten abstecken, und das mit einer Vorstellung von der Zeit, die völlig unvereinbar ist mit der weitaus begrenzteren Zeitvorstellung der Laizisten. Hinter den Wirrungen des serbokroatischen Kriegs erscheinen die ältesten Abgrenzungen zwischen den beiden Zweigen des Katholizismus ... Nicht die klassischen Religionen in ihren tolerantesten Ausprägungen packen die Gelegenheit einer zunehmenden Sehnsucht nach Spiritualität beim Schopf: Im Gegenteil, um ihre Schäfchen nicht zu verlieren, droht ihnen ein endloser Wettlauf mit Fundamentalismus und Obskurantismus. Der Personal Computer und die Astrologie, das kabellose Telefon und die Sekten, die Beherrschung der DNS und der Fundamentalismus: sonderbare Paarungen, bei denen die Wissenschaft auf lange Sicht kaum zu gewinnen scheint.

Das Wiederaufleben des Stammeswesens verkörpert die Rückkehr des Primitiven ebenso wie der Aufstieg der Sekten. Der Tod des Kommunismus trug die Wiedergeburt des Nationalismus in sich; er bedeutete aber nicht den unvermeidlichen Triumph der Ethnien. Die waren aus unserem Blickfeld längst verschwunden: Wir glaubten, sie seien den Ethnologen vorbehalten. Doch Lévi-Strauss hätte nicht nur die Gewohnheiten der Bororos studieren sollen, sondern die der Serben, Moldawier, Aserbeidschaner und so weiter. In ihrer »sanften« Form mündet die Ethnizität in die Auseinandersetzung darüber, ob die Nationalität sich nun am Blutsrecht oder am Abstammungsrecht orientiert; in ihrer schärfsten Form führt sie in Stammeskriege. Der Triumph des Nationalismus hätte der des französischen Nationalismus und der »Beitrittsgemeinschaft« sein können; statt dessen triumphiert der Nationalismus deutscher Machart, der von nun an östlich des Rheins in ganz Europa den Ton angibt.

Wie sehr sich Bundespräsident Richard von Weizsäkker, der sich des symbolischen Charakters des deutschen Abstammungsrechts für das neue Europa bewußt ist, auch für eine Neuregelung aussprechen mag, die den Geburtsort wenigstens zum Teil ins Spiel bringt, er ist noch weit vom Ziel entfernt. Doch selbst ein so freier Geist wie er wagt es nicht auszusprechen, daß ein in Deutschland geborener Türke bei weitem deutscher ist als ein Pole mit zwei deutschen Großeltern und daß deshalb der erste die deutsche Staatsbürgerschaft verdient und der zweite nicht. Auch wenn die Einbürgerung in die Bundesrepublik erleichtert wird, bleibt das Heimkehrer-Recht* bestehen, um den Druck der Ausländerfeindlichkeit zu verringern, mit der Folge, daß auf ewig festgeschrieben wird, die Deutschen bilden ein Volk und keinen Nationalstaat. Wie können wir von den Polen, den Slowaken oder den Slowenen fordern, was die Deutschen nicht akzeptieren? Deshalb werden wir uns bald an eine Karte Europas mit vermischten Völkern gewöhnen müssen, die Staatsgebiete überschreiten, die Räume und Grenzen verschwimmen lassen. Heute sprechen wir noch von Minderheiten, eine Art, die Grenzen noch über die Ethnien zu stellen. Morgen werden wir uns wieder auf das Volk beziehen: Von dem Tag an werden die Ethnien die Macht über die Grenzen bekommen.

Das Stammeswesen ist nicht nur in Europa eine »neue« Idee. Die Vereinigten Staaten sind ihm zum gleichen Zeitpunkt erlegen, einer dieser Gleichläufe, die zum Geheimnis der Geschichte gehören. Welche eigenartige Fügung läßt die PC-Bewegung – *political correctness* – Amerika heimsuchen, während die Stämme sich wieder Europas bemächtigen? PC trieb die vollkommen mit dem amerikanischen Temperament übereinstimmende Logik der Minderheitenrechte bis auf ihre Spitzen; die zweite Entwicklung entsprang zum Teil einem unvorhersehbaren Ereignis, dem Zerfall der Sowjetunion. Die erste versteigt sich bei der Durchsetzung des Rechts auf die eigene Identität bis zur Erfindung einer künstlichen Geschichte für Minderheiten, die die Universitäten gefälligst anzuerkennen haben; die zweite mündet, beinahe schon wie selbstverständlich, in die al-

* Das Recht eines jeden Einwanderers auf die deutsche Staatsbürgerschaft, der beweisen kann, daß er zwei deutsche Großeltern hat.

ten Auseinandersetzugen. Erstere ist das Ereignis einer dynamischen Entwicklung der Rechtswissenschaften; die zweite bemißt sich in reinen Kräfteverhältnissen. Und trotzdem haben sie sich parallel entwickelt, als müßte die derzeitige Welt, ob sie nun einem Wohlstandsmodell oder dem Verschwinden eines totalitären Systems folgt, zu einem bestimmten Zeitpunkt eine Reaktion hervorrufen, die unabwendbar zu Basisgemeinschaften zurückführt.

In einer ökonomisch bestimmten Gesellschaft findet der Stammesreflex seine Entsprechung in der Wiederkehr der alten protektionistischen Wahnvorstellungen. Natürlich übt die Wirklichkeit auf den Markt einen viel stärkeren Druck aus als auf die Ideologie, und so dient sie heute noch als Gegengewicht: der Protektionismus bleibt glücklicherweise nur Gesprächsthema. Stürzt die Weltwirtschaft nicht in eine tiefe Rezession, wird er auf den Rang einer Möglichkeit verbannt bleiben. Im Falle einer dramatischen Entwicklung könnten jedoch die Argumente der ökonomischen Vernunft dieser ökonomischen Verkörperung des Stammeswesen nichts mehr entgegensetzen. Auch das gehört zu unseren Risiken und Gefahren.

Der Taumel des Unbekannten sorgt in Wirklichkeit nur für die Rückkehr des einfachen Denkens – Fundamentalismus, Stammeswesen, Protektionismus. Früher, als die Welt noch stabil war – das heißt vor fünf Jahren –, regte sie noch zu komplexen Gedanken an, die sich alle auf das kybernetische Modell mit seinen Wirkungen und Gegenwirkungen gründeten. Das hochentwikkelte, analytische Denken entspricht stabilen Verhältnissen, die primitiven Reaktionen den unstabilen. Die Ängste verraten das Unbewußte in diesem neuen Mittelalter, die einfachen Gedanken das Bewußtsein. Die einen sind von den anderen nicht zu trennen. Und natürlich bestimmen sie beide die kollektiven Verhaltensweisen. Diese Rückkehr des Primitiven enthält den

Keim zum Populismus. Was sollen die Eliten noch, bei den einfachen Vorstellungen? Warum benötigt die Gesellschaft auch weiterhin Vermittler? Welcher Raum bleibt der Intelligenz und der Hochtechnologie? Es braucht bloß einen Mythos, einen Führer, eine volkstümliche Dynamik: Die Verkettung folgt wie von selbst. Ängste führen nicht zum komplexen Kräftespiel der Demokratie, ebensowenig der Fundamentalismus oder die Besinnung auf die ethnische Identität. Der Populismus ist auch nicht allein die Frucht des Nationalismus, wie die Last der Vergangenheit uns glauben macht. Er entspricht vielmehr einer verwirrten und verängstigten Gesellschaft auf der verzweifelten Suche nach Zusammenhängen. Hat diese erst einmal ein bestimmtes Maß an Komplexität und Verschwommenheit erreicht, die sie ab jetzt beherrschen werden, wird sie sich solch primitiver politischer Formen entledigen können. Bis dahin droht uns eine Politik der simplen Gedanken. »Der Faschismus weiß noch nicht, in wessen Namen er handelt, aber er überträgt schon rechtliche Formen auf das Leben selbst«, schrieb Berdjaev. Jeder Epoche ihre ideologischen Auswüchse: Nicht der Faschismus droht uns, sondern ein neuer Vitalismus!

Die einfachen Ideen, Fundamentalismus und Stammeswesen bilden nur die Zutaten einer neuen Ideologie. Die wird keine bloße Wiederkehr der dreißiger Jahre sein. Hinter der Gewalt deutscher Skinheads, die Asylantenheime anzünden, den Nazismus zu suchen, führt uns nur in die Irre. Mögen sie auch das keltische Kreuz zur Schau tragen, sie sind doch keine SA einer neuen Partei. Ebenso befindet man sich auf dem Holzweg, wenn man hinter der Lombardischen Liga eine neue Verkörperung der mussolinischen Schwarzhemden sieht. Sie gehören zu den neuen Produkten, die im Kessel der Ideologien zusammengebraut werden. Selbst wenn es sich noch um Systeme handelt, die im Werden begriffen sind, kann man den Duft des Gebräus schon riechen. Sei es eine »national-kommunistische« Synthese, sei es ein »ökologischer National-Populismus«.

Erstere stellt ein natürliches Kind unseres Jahrhunderts dar. Die Wege von Nationalismus, Faschismus und Kommunismus haben sich schon immer gekreuzt. Mit ineinander verschlungenen Wurzeln, selbst wenn sie mal von den einen, mal von den andern hartnäckig geleugnet wurden. Mit gemeinsamen Feinden: die Demokratie, der Markt, das Kosmopolitentum. Mit alten historischen Komplizenschaften: Verabscheuten die deutschen Kommunisten von 1932 die Sozialdemokraten nicht mehr als die Nazis? Mit verwandten Auffassungen über die gesellschaftliche Organisation: von oben nach unten, hierarchisch, autoritär. Mit demselben Kult für eine Staatspartei. Mit demselben Verlangen, im Namen einer starren Zukunftsvision, die Unsicherheit abzuschaffen. Diese national-kommunistische Synthese wird gerade in den alten Ostblockländern hergestellt. Für viele Bolschewiken ist sie ein bloßer Ersatz des guten alten Kommunismus. Für andere bedeutet sie eine kommunistische Regierung, die von der Vormundschaft Moskaus befreit ist. Für viele Angehörige der alten Führungsschichten ist sie eine natürliche Annäherung aller antidemokratischen Kräfte. Milošević in Serbien und, in einem geringeren Maße, Iliescu in Rumänien sind die Vorläufer dieser neuen Ideologie. Die Ukraine scheint sich ganz selbstverständlich in ihr eingerichtet zu haben, und selig seien die ehemaligen Sowjetrepubliken, die ihr bald folgen werden, die sich, des Chaos müde, in die Hände der ehemaligen ersten Sekretäre der kommunistischen Partei begeben. Sie haben die Organisationsformen, die Schaltstellen der Macht und die Mittel zur Maßregelung des Volkes vom Kommunismus behalten; dafür haben sie, dem diskreten Charme des Kapitalismus erlegen, die kommunistische Doktrin verworfen. Vom Nationalismus haben sie die ideologische Triebfeder übernommen, die Kraft, das Volk zu mobilisieren, und die Fähigkeit, nötigenfalls Sündenböcke zu erfinden. Bei Bedarf erhalten sie den Segen des Weihwedels, denn die orthodoxen Kirchen haben die Gewohnheit, sich der weltlichen Macht unterzuordnen. Diese Mischung gewinnt eine ungeheure Sprengkraft. Sie ist ein typisches ideologisches Erzeugnis für schwankende und junge Demokratien. Auf die reichen Gesellschaften des Westens wird sie kaum zu übertragen sein.

Zweifellos scheint die Zahl der Verbindungsbrücken zwischen extremer Linken und extremer Rechten in Frankreich zuzunehmen, auch die Zahl der Journalisten, die ihre Artikel austauschen, und die der ewigen Nörgler, die mal auf der einen, mal auf der anderen Seite die emblematischen Figuren in diesem Ballett abgeben; das wäre ein hinreichender Grund, diese Zeiterscheinung nicht allzu ernst zu nehmen ... Im übrigen bietet nur die politische Bühne Frankreichs dieses Schauspiel, da sich auf ihr noch eine stalinistische Kommunistische Partei und eine Partei der traditionellen extremen Rechten tummeln. Monatelang können wir zusehen, wie die Presse diese verderblichen Beziehungen aufwühlt, die bestens geeignet sind, die Verkaufszahlen zu heben, die aber keine Zukunft haben. Nicht Milošević wird das Modell für morgen, selbst für die französischen Extremisten nicht, Ugo Bossi hingegen kann es gut werden!

In der Tat werden wir den künftigen westlichen Extremismus auf der Seite des ökologischen National-Populismus finden. Unsere friedliebenden Grünen werden sich wundern, wie ihre sympathische Ökologie-Bewegung auch in diesem ideologischen Bodensatz sich niederschlägt. Sie bildet einen seiner entscheidenden Bestandteile. Die Ökologie wohlgemerkt, nicht der Umweltschutz. Erstere gibt sich tatsächlich als Weltanschauung aus, letzterer hat nur den Ehrgeiz, ein Gegengewicht zu den Kräften der Industriegesellschaft zu bilden, wie seinerzeit die Verbraucherbewegung. Die eine stellt den Begriff der Natur über den der Kultur; der andere stellt die Grundlagen des sozialen Modells nicht in Frage. Auf der einen Seite ein Reinheitskult, der im Extremfall mit der Eugenik liebäugelt und der selbst in gemäßigter Form sich mit den ethnischen Wahnvorstellungen überkreuzt; auf der anderen eine sanfte Form der Sozialdemokratie mit den traditionellen Zielen einer gerechten Verteilung der Mittel, der freien Zeit und der Einkommen.

Die Ökologie ist eine reaktionäre Ideologie; der Umweltschutz hingegen ist eher fortschrittlich gesinnt. Es ist keineswegs dasselbe, sozialdemokratische Ziele lieber für kleine Vögel als für Menschen erkämpfen zu wollen, was bei ersterer der Fall ist. Wann werden sich die Grünen der Ausgeschlossenen mit derselben psychologischen Energie annehmen, mit der sie Schildkröten vor dem Aussterben retten? Ein weites Feld spannt sich auf, mit dem von Luc Ferry* analysierten Fundamentalismus am einen Ende des Spektrums und der auf einen besseren Schutz der Natur und ihrer Ressourcen bedachten Sozialdemokratie am anderen. Die zu Grünen gewandelten ehemaligen Linken werden es nicht hinnehmen, daß man sie für Fundamentalisten hält, und die alten Sozialisten nicht, daß man sie beschuldigt, dem Reinheitskult nachzugeben. Der Ökologie ergeht es wie allen sozialen Bewegungen: Die Extremisten drücken auf das ideologische Tempo, selbst wenn es durch die zahlreichen Klötze gebremst wird, die aus den wohlmeinenden Absichten vieler anderer erwachsen.

Von der Natur zum Stamm, via Umwelt, Heimat und Nation, die Entwicklung verläuft wie von selbst. Zu einem eroberungslustigen, militaristischen Nationalismus pflegt die Ökologie-Bewegung keine gutnachbarlichen Beziehungen, wohl aber zur Heimatverbunden-

* Luc Ferry, *Le nouvel ordre écologique*, Paris 1992.

heit, zur Vergangenheit und zur Identität, die sich im alten, wenn auch modernisierten, konservativen Atavismus ausdrückt. Die Rückkehr zu Scholle und Boden ist ideologisch niemals synonym für Fortschritt. Einige unglückliche Erklärungen, hier und da ein Lapsus lassen diese Nähe deutlich hervortreten. Im Osten zeigt sie sich schon ganz augenscheinlich: Das Stammeswesen hat sogar die ersten Bruchstücke der ökologischen Ideologie aufgenommen. In Deutschland, dem Vaterland der Öko-Bewegung, führt die Last der Vergangenheit noch zu mancherlei Verrenkungen hinsichtlich des Nationalismus, aber von Zeit zu Zeit zeigen sich die Parallelen. In Frankreich waren die Grünen gezwungen, diejenigen auszuschließen, die ihr uneheliches Verhältnis zur extremen Rechten allzu offen zeigten. In Italien hat sich die grüne Bewegung aufgelöst und, in Vorwegnahme der Zukunft, in den Ligen und anderen Protestbewegungen zerstreut.

Der Populismus ist die natürliche Ausdrucksweise dieser politischen Bewegungen, die allerorten entstehen. Da sie sich als Reaktion auf die Elitenherrschaft, die Macht der Technokraten, das industrielle Modell und alle mit ihnen verbundenen Einrichtungen gegründet haben, können die Öko-Welle und die Wiedererstehung der Ethnien keine anderen Agitationsformen entwickeln als populistische. Sicher, nach einigen Jahren der Beteiligung an der Macht verbürgerlichen die Grünen schließlich, wie in Deutschland, und machen sich um das repräsentative System verdient. Zweifellos wird es den Ligen ebenso ergehen, ist die italienische Revolution erst einmal beendet. Doch in der Zwischenzeit sind diese neuen Kräfte Gefangene der gegen die Eliten und gegen die Institutionen gerichteten Versprechungen, die sie gegeben haben. Sie sind auf einer populistischen Welle geschwommen, haben sie beim Schopfe gepackt, ihr eine Perspektive gegeben, und jetzt stehen sie in ihrer Pflicht. Dieser ökologisch-national-populistische

Bodensatz konnte noch als theoretisches Gebilde gelten, bis zum Triumph der Lega Lombarda.

Welches sonderbare Verhängnis schwebt über Italien, daß es den Extremismus einer jeden Epoche gebiert? Italien hat den Faschismus erfunden; Italien wird jetzt die neue, sich mit diesem Jahrhundertende durchsetzende Ideologie erproben. Mit denselben sozialen Schichten als Handelnde: das gewiefte Kleinbürgertum aus dem Norden, Händler und Handwerker zu Beginn des Jahrhunderts, Kleinunternehmer heute. In derselben Art und Weise, sich am Rande des Systems zu bewegen, ohne es jemals frontal anzugreifen. Mit derselben Fähigkeit, jenseits der kampfbetonten Rhetorik die Gesellschaft mit Fäden zu durchziehen, die zu unerwarteten Sammlungsbewegungen und Unterstützungen führen. Ugo Bossi ist nicht Mussolini, die Liga keine faschistische Partei, aber die Mechanismen der Unterwanderung sind dieselben.

Die italienische Politik ist zweifellos nicht in der Lage, sich ohne solche Hiebe zu erneuern. Die Liga verkörpert die Ideologie des neuen Mittelalters. Sie vermischt Natur, Verwurzelung, Suche nach Identität im Heimatkult oder gar im Lokalpatriotismus, der soweit gehen kann wie beim neuen Bürgermeister Mailands, der den alten Traum von den »Stadtstaaten« offiziell zu neuem Leben erweckt. Sie betreibt die Schwächung des Zentralstaats bis hin zu dessen Verschwinden. Ihre Bekenntnisse zu Europa fallen um so verschwommener aus, als sie zuerst lokale Ansprüche vertreten. Sie gibt sich gegenüber der unsicheren Umgebung als Trägerin einer neuen Ordnung aus, die auf Stärke und Repression setzt. Sie gibt dem Mythos der Reinheit nach: ökologisch durch die Verteidigung der Natur, moralisch durch den Kampf gegen die Korruption, politisch durch die Weigerung, Kompromisse zu schließen. Sie praktiziert eine gemäßigte Verfemung Andersdenkender, immer bereit, ehrgeizig wie sie ist, hinterrücks Bündnisse zu schließen.

Was wird aus ihr werden, ist sie erst einmal an der Macht? Die Stunde der Wahrheit wird kommen. Alles ist denkbar. Vielleicht schleicht sie sich ins System ein, gibt ihm dem Anschein nach eine neue Richtung, vergißt den Großteil ihrer Zusagen; dann wird sie dem institutionellen Italien eine Gelegenheit zur Erneuerung geben können, die keinen hohen Preis hat. Vielleicht versinkt sie in Demagogie und bringt sich in den Augen eines skeptischen und auf intelligente Weise kritischen Volks in Verruf; dann wird sie nur ein kurzes Gastspiel im politischen Leben Italiens geben. Vielleicht treibt sie Italien mit Methode in eine durch bundesstaatliche und staatenbündische Strukturen getarnte Aufspaltung, beruhigt die Kleinbürger und die herrschenden ökonomischen Kräfte, leitet eine Auswechslung der Führungsschichten ohne allzu große Erschütterungen ein und verschafft sich weiterhin eine direkte politische Legitimität jenseits der Strukturen und Apparate; dann wird sie ganz Europa einen Vorgeschmack auf einen neuen Typus politischer und ideologischer Bewegungen geben, mit dem zu rechnen sein wird.

Es bringt nichts, Land für Land durchzugehen, um nach Umständen zu suchen, aus denen seine jeweils eigenen Ligen schlüpfen könnten; sie würden sich nach Temperament und Vergangenheit eines jeden Landes richten, dort den Mythos des Nationalstaats benutzen und woanders das Wiedererwachen von Unabhängigkeitsbewegungen, die sich jahrhundertelang verkrochen hatten. Das Bündnis der Kräfte, die sich, aus allen Richtungen kommend, hinter Philippe Séguin sammeln, könnte beispielsweise die Anfänge einer Liga à la française bilden: mit Wurzeln in der Linken wie in der Rechten, eine Hymne auf den Nationalstaat singend, mit einer ausgeprägten Ader für die sozialen Belange der Bevölkerung und den direkten Umgang mit der Öffentlichkeit suchend. Es ist auch kein Zufall, wenn ein so scharfsinniger Politiker wie Charles Pasqua nicht mehr direkt versucht, die Wähler des Front National zurückzugewinnen, sondern eine Umarmungspolitik betreibt, die noch ganz andere unter seinen Hut bringt. Hinter dem Zwang für die spanischen Sozialisten, Kompromisse mit Parteien aus der Autonomiebewegung einzugehen, – und morgen wird die englischen Konservativen oder die Labour Party mit der schottischen Unabhängigkeitsbewegung dasselbe Schicksal ereilen –, erscheinen neue politische Gleichungen. Wenn die Deutschen ihrerseits von einer großen Koalition der traditionellen Regierungsparteien träumen, zeichnet sich doch nichts anderes ab als der heilige Bund der institutionellen Gesellschaft angesichts von Phänomenen, deren sie nicht mehr Herr werden kann und die alle vom Aufstieg der grauen Gesellschaft ausgehen?

Das postkommunistische Beben läßt das politische Feld nicht unberührt. Die Konfrontation links-rechts, oder vielmehr mittelinks-mitterechts wird nicht ewig so weitergehen, ohne daß unverhofft neue ideologische Ausprägungen entstehen, die aber alle, in unterschiedlichen Verhältnissen zueinander, ökologische, nationalistische und populistische Bestandteile aufweisen werden. Vor dieser Perspektive erscheinen die traditionellen Demokraten zaghaft. Was haben sie heute zu bieten? Die reine Vernunft? Sie kann sich kein bißchen auf die Affekte einstellen und Sehnsüchte aufgreifen, die, sich selbst überlassen, ins Absurde führen, die jedoch Ausdruck des Wertewandels sind, der Zunahme von Individualismus und Egoismus, der Schwächung vermittelnder Instanzen. Die empirische Erfahrung? Das ist die schlechteste Politik, abgesehen von jeder anderen. Aber im historischen Zusammenhang solch weltbewegenden Geschehens ist sie untauglich, weil es ihr an einer Weltanschauung mangelt, denn je unvorhersehbarer und unbeständiger die Welt ist, desto mehr erfordert sie ein konzeptionelles Gerüst seitens der politischen Führung. Die Großzügigkeit als Grundsatz des Handelns? Man glaubt, mit den »Menschenrechten« ihren politischen Angelpunkt gefunden zu haben, aber das ist nur ein ideologischer Ersatz, ein unvollendeter Gedanke, unfähig, in Krisenzeiten die Kiste mit dem notwendigen konzeptionellen Werkzeug zu öffnen. Die Rehabilitation der Sozialdemokratie? Nicht das Verschwinden ihres Erzfeindes, des Kommunismus, hat sie kompromittiert, ganz im Gegenteil, sondern die Unmöglichkeit angesichts einer mißlichen Folge von Umständen, die quälende Krise des Sozialstaats zu lösen. Der klassische Liberalismus? Er scheint recht zerbrechlich, wenn die Ereignisse sich überschlagen und uns daran erinnern, daß die Demokratie nicht an den freien Markt gebunden ist und daß sie nicht, vor allem im Westen nicht, ein unumstößlicher Bestandteil der Zivilisation ist.

Wenn die institutionelle Gesellschaft die ideologische Leere nicht selbst füllt, wird die Neuerung von außen kommen. Sie muß sich wirklich mit einem Denksystem ausstatten, das besser zu den Problemen paßt als die ewigen Erörterungen über die Scheidelinie zwischen Umverteilung und Markt, Abschöpfungsrate und unternehmerischer Freiheit oder über das für die Wirtschaft annehmbare Niveau an Vergesellschaftung. Mit welchen Hilfsmitteln soll über die Unsicherheit nachgedacht werden? Welcher Kompaß gilt im Zeitalter der unscharfen Grenzen? Auf welche Regelungen soll man in einem Universum hinwirken, in dem Unordnung zum einzigen Ordnungsprinzip geworden ist? Wie kann man der natürlichen Neigung entgehen, in Ermangelung eines Besseren zu glauben, die Geschichte wiederhole sich? Wie kann man sich den ach so beruhigenden Überzeugungen verschließen, die in historischen Beispielen die Lösungen für Probleme von heute suchen? Wie soll man, um mit Bismarck zu sprechen, Gott am Schlafittchen packen, wenn er die Pfade der Geschichte mit großen Schritten entlangschreitet? Wenn die Partei der Vernunft auf diese Fragen keine Antwort findet, wird die Vernunft für lange Zeit am Ende sein, und die Symptome der Angst, die Phänomene des Übergangs, die ursprünglichen Triebe breiten sich unaufhörlich weiter aus, mit guten Aussichten auf eine echte intellektuelle Rückentwicklung, die den Anschein von Modernität beiseite lassen wird und das neue Mittelalter dieses Mal tatsächlich dem alten ähnlich macht.

Teil II

DIE ZEIT
DER ERSCHÜTTERUNGEN

DER GEFAHRENKATALOG

Apocalypse now«? Oder morgen? Das neue Mittelalter prophezeit uns den Untergang nicht mehr als das alte. Die Apokalypse könnte sich nur dann ereignen, wenn alle heute latent vorhandenen Gefahren zum Ausdruck kommen und alle Regulierungsinstrumente versagen. In dieser Hinsicht läßt sich unser neues Mittelalter nur schwer mit dem alten vergleichen: Weil die Welt durch die Massenkommunikation enger zusammengerückt ist, kann, im Unterschied zur Vergangenheit, jede Katastrophe zu verheerenden nachfolgenden Druckwellen führen; ein engmaschiges Netz internationaler Institutionen, wie bürokratisch und schwerfällig sie auch sein mögen, könnte andererseits auch als Stoßdämpfer dienen. An welchem Punkt käme es zu einem Gleichgewicht der Kräfte? Niemand kennt ihn; hoffen wir, daß der experimentelle Beweis nicht zu schnell kommt ...

Die internationale Öffentlichkeit ist sich der neuen Realitäten nicht bewußt. Aus dem Kalten Krieg hat sie das fest verankerte Gefühl behalten, die Ordnung sei garantiert. Durch den Niedergang des Kommunismus hat sie den Eindruck gewonnen, die Hauptgefahr sei verschwunden. Und die Eliten haben sich von denselben beruhigenden Gewißheiten mitreißen lassen. Der Krieg im ehemaligen Jugoslawien? Er sei eine Ausnahme, keine Vorwegnahme. Die Weitergabe von Atomwaffen? Darüber spricht man schon lange. Der moslemische Fundamentalismus? Wird sich wieder legen ... Die Vogel-Strauß-Politik bleibt leider Standard bei den Führungsschichten. Die Wirklichkeit zeigt sich trotzdem deutlich: Wir sind aus einer gefahrlosen, aber bedrohten Welt gekommen und – diese grundlegende Tatsache darf nie vergessen werden – in eine Welt ohne große Bedrohung, aber mit unzähligen Gefahren geraten. Ihren Gefahrenkatalog zu kennen, heißt schon – zumindest intellektuell – einen Beitrag zu leisten, diese Gefahren abzuwenden, und nicht dem ach so bequemen Syndrom der Kassandrarufe anheimzufallen.

Ehre, wem Ehre gebührt. Die erste Gefahr sind die möglichen Konflikte in Europa. Ein neuer Riß zieht sich durch den Kontinent, der mit der litauisch-polnischen Grenze beginnt und dessen Ende die äußeren Grenzen der moslemischen ehemaligen Sowjetrepubliken bilden. Entlang dieser Linie liegen alle kleinen oder großen Explosionsherde. Die litauisch-polnische Grenze scheint absolut ruhig zu sein. Aber man sollte nicht vergessen, daß Wilna, die Hauptstadt Litauens, vor 50 Jahren noch polnisch Wilno hieß, daß die Bevölkerung völlig heterogen ist, daß die ersten Spannungen, die infolge der litauischen Emanzipation entstanden waren, zwar durch den gemeinsamen und großen demokratischen Eifer überwunden sind, daß sie aber jederzeit wieder auftreten könnten, wenn Litauen sich zu einem der Aushängeschilder des National-Kommunismus entwickelte und Polen, das gegen diese Versuchung besser gewappnet ist, im Gegenzug einem noch rechteren Populismus nachgäbe. In Lettland und Estland sind es nicht die Grenzen, die zu Problemen führen, wohl aber die Wahrung der Rechte der russischen Minderheit: Moskau hat bereits harte Drohungen ausgestoßen und es als notwendig erachtet, dem alten Reflex nachzugeben, der Rußland dazu treibt, diese Mini-Staaten als mögliche Protektorate zu betrachten. Ein anschauliches Beispiel dafür, daß Rußland, und mag es auch ein schwarzes Loch in den Klauen der schlimmsten Unordnung sein, immer noch versucht ist, wieder ein großes Reich zu bilden. In dieser Region wird Ostpreußen paradoxerweise der friedlichste Landstrich sein, unter der politischen Souveränität Rußlands, unter der wirtschaftlichen Souveränität Deutschlands, wie Frankfurts wichtigster Bankier bemerkt und öffentlich hinzugefügt hatte: »nach dem Muster des Elsaß« ...

Der kontinentale Riß erreicht anschließend seine gefährlichste Zone, die russisch-ukrainische Grenze. Die Ukraine schlug wie ein Meteorit in Europa ein. Das plötzliche Erscheinen eines Staates mit 55 Millionen Einwohnern, der über Atomwaffen verfügt, der unklare Grenzen hat und 600 Kilometer von Deutschland entfernt liegt, ist eine Gefahr für ganz Europa. Bei einem Wiedererstehen Großrußlands, das Weißrußland und die Ukraine umfaßt hätte und vom Ballast seiner übrigen ehemaligen Reichsgebiete befreit wäre, hätte man keine Mühe mit den Spielregeln gehabt: Drei Jahrhunderte europäischer Diplomatie hinterlassen ihre Spuren. Mit der Ukraine jedoch wird alles viel komplexer, nach Osten wie nach Westen. Die ukrainischen Nationalisten können nicht für immer vergessen machen, daß Kiew die Wiege Rußlands war und die Ukraine noch nie unabhängig gewesen ist – selbst wenn sie einst, um die Unabhängigkeit zu erreichen, soweit gegangen war, ein Doppelspiel mit Nazideutschland zu spielen – und daß ein Fünftel seiner Bevölkerung russisch ist. Diese Ukraine umfaßt – muß man noch daran erinnern? – entlang einer geographischen Linie, die der alten Grenze zwischen dem russischen Zarenreich und der Donaumonarchie entspricht, neben einer orthodoxen Mehrheit eine unierte katholische Minderheit. Das ergibt nach den Kriterien, die leider im neuen Europa oder zumindest im Osten als verbindlich gelten, keinesfalls einen ethnisch oder religiös einheitlichen Nationalstaat.

Hinzu kommt der Splitter der Krim, ehemals russisches Gebiet – Franzosen und Engländer werden sich aus tausend Gründen daran erinnern –, auch wenn es verwaltungsmäßig an die Ukraine gebunden wurde zu einer Zeit, als der triumphierende Kommunismus noch keinen Wert auf solche Fragen nach den bürokratischen Grenzen legte. Zu den unklaren Grenzen gesellt sich im übrigen noch eine Schar von Problemen, die mit der Trennung der beiden Staaten zusammenhängen. An guten Tagen erscheinen sie als gelöst, für den Rest der Zeit aber sind sie gegenwärtig: die Schwarzmeerflotte, die beide Länder untereinander aufteilen wollen wie zwei Vettern eine Erbschaft silberner Teelöffel von der Großmutter, was freilich weder in militärischer noch in logistischer oder menschlicher Hinsicht Sinn macht; das Atomwaffenarsenal, von dem man bisweilen den Eindruck gewinnt, der Schlüssel zu ihm sei verlorengegangen. Wer kontrolliert die Langstreckenraketen, und wohin sind die Kurzstreckenwaffen gekommen? Wer bestimmt über den Einsatz ersterer und wer bewacht die Lagerstätten letzterer? Ist die Ukraine wirklich eine Atommacht? Wem folgen ihre Offiziere? Der verblassenden Macht in Kiew oder ihren russischen Stubenkameraden, mit denen sie ihre Karriere gemacht haben? Die Währung, das alte Symbol der Souveränität, wird hingegen für lange Zeit wenig Probleme machen; angesichts der Schwäche ihrer eigenen Devisen sind Rußland und die Ukraine weite Ausläufer der riesigen Dollarzone geworden.

Ist es vorstellbar, daß dieses schwierige und künstliche Gleichgewicht zwischen Moskau und Kiew von Dauer sein könnte? Den Russen geht es mit der Ukraine wie den Franzosen mit Elsaß-Lothringen nach 1870: »Niemals davon sprechen, immer daran denken.« Verglichen mit den Bauchschmerzen, die politische Führung und Militärs bei dem Gedanken verspüren, sich freiwillig von den öden Eilanden der Kurilen und Sachalins zu trennen, und das im Tausch gegen die vielen Milliarden Dollar, die Japan ihnen bietet, kann man sich keine Sekunde vorstellen, daß sie für die Ukraine gute Miene zum bösen Spiel machen und die Teilung für alle Zeiten hingenommen haben ...

Diese strategischen Notwendigkeiten bedeuten auf kurze Sicht nicht, daß ein Krieg zwischen den Ländern unabwendbar ist. Er ist möglich, doch er scheint, deutet man alle Vorzeichen, wenig wahrscheinlich. Eine Vielzahl von Szenarien sind vorstellbar: von einem Anstieg der Spannungen, die eines fernen Tages in einen wirklichen Konflikt münden, bis zu von außen angeregten oder spontanen Umstürzen in Kiew, die einen staatsrechtlichen Annäherungsprozeß mit allen erforderlichen Übergängen auslösen, von einem Staatenbund bis zu einem Bundesstaat, nicht zu vergessen, Reibungen zwischen Russen und Ukrainern, die Moskau den Vorwand liefern könnten, sich einige Faustpfänder zu nehmen, oder, noch rücksichtsloser, einen großen nationalistischen Kreuzzug einzuleiten. Ich wette, daß Russen und Ukrainer sich im Jahr 2000 in einer Konstellation zueinander befinden, die nichts mit der heutigen gemein hat. Beide werden sich guten Willens zeigen, um die westlichen Geldgeber zufriedenzustellen und gleichzeitig Hintergedanken hegen und für tägliche Verunsicherungen sorgen.

Nach dem ukrainischen Abszeß taucht der kontinentale Riß mit der unlösbaren Ungarn-Frage ins Zentrum Mitteleuropas. Die Ungarn beziehen sich fortwährend auf den Trianon-Vertrag, mit derselben Beharrlichkeit, mit der wir uns auf ein politisches Ereignis aus der jüngsten Vergangenheit beziehen, etwa auf den Mai 1968 oder auf das Bündnis der Linken, als hätte sich ein halbes Jahrhundert Kommunismus in ihrem Gedächtnis völlig verflüchtigt. Mit einem Viertel der Bevölkerung und einem Drittel ihres ehemaligen Staatsgebietes unter rumänischer Herrschaft in Transsylvanien bleibt die Wunde frisch und quälend. Dazu kommen die ungarischen Minderheiten in der Slowakei und in Serbien;

erstere ist auf der Suche nach ihrer Autonomie, die für die zweite unter der Knute des national-kommunistischen Regimes in Belgrad schon verloren ist. In diesem explosiven Zusammenhang hat die Budapester Regierung bislang eine bewundernswürdige Mäßigung an den Tag gelegt. Weder ist sie auf antisemitischen oder gegen die Sinti und Roma gerichteten Themen herumgeritten, die seit 1989 wieder an die Oberfläche gespült worden sind, noch hat sie den nationalistischen Sirenen nachgegeben, die von einer Rückeroberung Transsylvaniens träumen, von Krieg und von ethnischer Säuberung. Obwohl die Regierungspartei mit einer extremistischen Abspaltung zu kämpfen hat, konnte sie bisher ihre gemäßigte Haltung bewahren, dem Beispiel einer Öffentlichkeit folgend, die sich mehrheitlich nicht von solchen Ideen anstecken läßt. Bleibt noch, daß Budapest sich für die Sicherheit der ungarischen Minderheiten im Ausland verbürgt hat, und daß die Erfahrung uns gelehrt hat, wie schnell diese Art von Garantie in verhängnisvolle Ereignisse münden kann. Das Gleichgewicht ist folglich sehr labil: Es hängt auch von der Zurückhaltung seitens der Rumänen, Slowaken und Serben ab; eine Menge von Bedingungen, deren dauerhafte Erfüllung keineswegs gesichert ist. Ebenso gibt es einen Spannungsherd im Norden Rumäniens mit der Gefahr, daß die Moldawier sich nicht länger, wie heute, mit einer sanften Trennung begnügen, sondern sich unter Anwendung von Gewalt mit ihren rumänischen Brüdern vereinigen wollen: Würde Rußland eine solche Emanzipation mitten in Europa hinnehmen, unter den Blicken der ganzen Welt, wie es das heimlich an den äußeren Grenzen Georgiens und Armeniens tut?

Kaum hat sie Mitteleuropa verlassen, kommt die Gefahrenlinie natürlich auf dem Balkan wieder zum Vorschein, wo sie, falls dies noch nötig sein sollte, eine der wenigen Unausweichlichkeiten der Geschichte veranschaulicht.* Die Verkettung der Ereignisse war unvermeidlich: erst die friedliche Unabhängigkeit Sloweniens, dann der Territorialkrieg zwischen Serben und Kroaten, dann die Libanisierung Bosniens. Jeden Tag ereignen sich in diesem Pulverfaß zwei Wunder: Die Kriegswoge hat noch nicht, via Mazedonien, den unentwirrbaren Knoten zwischen Bulgaren, Griechen und Türken erreicht; trotz des Leidens der Muslime Bosniens begnügen sich die islamischen Länder ihren Religionsbrüdern gegenüber mit verbaler Solidarität, und vielleicht so lange, wie es zu keiner Explosion im Kosovo kommt. Damit sind wir bei der Gefahr, daß der jugoslawische Bürgerkrieg jeden Augenblick in einen internationalen Konflikt mit sich ausweitenden Konturen umschlagen kann: mit direkter Verwicklung eines Mitgliedsstaats der Europäischen Union, nämlich Griechenland, was zudem den Mythos zerstörte, nach dem die Union ein Synonym für den Frieden ist; mit der Rückkehr der Türkei auf den europäischen Kontinent, sei es als aktiver Waffenlieferant, sei es als Kriegsteilnehmer; unter der Annahme, Rußland würde sich getreu seines jahrhundertealten Schutzauftrags für alle Slawen betroffen fühlen, wie es dies punktuell schon hat zeigen können, als es den Serben einen diplomatischen Schutzschirm bot; und eingedenk der Möglichkeit, daß gewisse fundamentalistische islamische Länder den Sprengmeister spielen, indem sie Geld und Waffen liefern und sich in der Propaganda mit der Rolle der Guten schmücken. Von diesem Tag an wäre ein Prozeß ins Rollen gebracht, der sich jeder Kontrolle entzieht.

Jenseits des Bosporus verläuft der kontinentale Riß mal entlang der Spannungsherde Georgien, Armenien, Aserbeidschan, die seit Monaten Schauplätze von Bür-

* Vgl. *Die Wiedergeburt des Nationalismus in Europa*, Hamburg 1992. Dort habe ich, ohne ein großer Gelehrter zu sein, den serbokroatischen Krieg für sicher gehalten und das im Herbst 1990.

gerkriegen und Stammeskriegen sind, mal quer durch die ehemaligen moslemischen Sowjetrepubliken, was noch schwerer wiegt. Dort ist zwischen der Türkei und dem Iran ein gnadenloser Kampf um Einfluß entbrannt. Ein Religionskampf, zieht man die laizistische Ordnung der einen und den Bekehrungseifer der anderen in Betracht. Ein strategischer Kampf: einerseits ein Land, das seine wichtigsten Bindungen zum Westen hat, andererseits eine Feindschaft zur westlichen Welt, die mit der Zeit kaum schwächer geworden ist. Ein Kampf zwischen zwei Kulturen, die seit jeher im Wettstreit miteinander liegen. Schließlich ein politischer Kampf, der an die Großmachtspiele auf dem europäischen Kontinent im 19. Jahrhundert erinnert.

Kann diese Gegnerschaft zu großen Spannungen, gar zu einem militärischen Konflikt führen? So wie sich die gemäßigte Türkei auf der Suche nach westlicher Verwurzelung und der abgefeimte, hinter einer martialischen Rhetorik vorsichtige Iran heute zeigen, sicher nicht. Aber morgen? Ein Regierungswechsel in Ankara, eine Palastrevolte in Teheran, das würde schon ausreichen. Ein türkisch-iranischer Krieg ist heute nicht unwahrscheinlicher als die Schlacht zwischen dem Irak und dem Iran vor 15 Jahren. Für Europa und die westliche Welt wäre es ein weitaus größeres Drama. Die Türkei bleibt ein entscheidendes Zahnrad im Räderwerk der Nato; sie wird bald ein assoziiertes Mitglied der Union, da Griechenland von seinem Vetorecht Gebrauch machen und die Zwölf oder Sechzehn daran hindern wird, die Türkei als Vollmitglied aufzunehmen; sie hat lange Zeit die Vorhut des Westens in einer unsicheren Region dargestellt ... Sich die Türkei im Krieg mit dem iranischen »Teufel« vorzustellen, heißt, sich eine Situation auszumalen, in die alle westlichen Länder einbezogen wären, außer sie entschieden sich für eine kaum hinnehmbare Nichteinmischung.

Noch übergeht diese Topographie der Gefahrenzentren in Sachen politischer Beben die möglichen Erdstöße, die den Maghreb erschüttern könnten. Kein Schauplatz wird zweifellos Marokko sein, wo der König zum Glück auch oberster Führer der Gläubigen ist und im Spiel um die Macht viele Register ziehen kann: religiöse, als anerkannter Nachfolger des Propheten; politische, durch eine Praxis, nach eigenem Belieben zwischen Autokratie, aufgeklärter Monarchie und halber Demokratie zu wechseln; soziale, mit dem Emporkommen einer echten Mittelklasse; ökonomische, dank der Anzeichen eines echten Aufschwungs.

Algerien aber steht in vorderster Front, und hinter ihm Tunesien. Wird die algerische Armee sich dauerhaft der fundamentalistischen Grundsee entgegenstellen können, wenn sie der Bevölkerung nicht wenigstens Hinweise auf eine Verbesserung der wirtschaftlichen und sozialen Lage bieten kann? Für uns gibt es zwei sehr unterschiedliche Varianten einer islamischen Machtergreifung in Algier. Einmal könnte es sich um eine strenge religiöse Regierung handeln, beeinflußt von Saudi-Arabien, aber in sich selbst gekehrt. Zum anderen könnte eine pro-iranische Kamarilla an die Macht gelangen, die noch fundamentalistischer wäre, mit einer äußerst gewalttätigen Bekehrungswut. Im ersten Fall werden die Europäer im Namen der demokratischen Werte ein wenig jammern und die emigrierenden Eliten aufnehmen, sich aber nicht bedroht fühlen. Im zweiten Fall ist mit dem Schlimmsten zu rechnen, von einem heftigen Gären in Europa moslemischen Einwandererkreisen über ein erneutes Aufflammen des Terrorismus bis zur Errichtung einer Abschußrampe für Atomwaffen im Laufe der nächsten Jahre, die aus dem Innern der Kabylei die europäischen Großstädte erreichen könnte, was uns – alles andere liefe übrigens aufs gleiche hinaus – in die Lage der Amerikaner zu Zeiten der Kubakrise versetzen würde!

Führt man sich auf diese Weise alle Spannungsherde

vor Augen, schleicht sich der Eindruck von Unwirklichkeit ein. Zu viele, es sind einfach zu viele! Es gibt nicht einen, der nicht eine verhängnisvolle Kettenreaktion auszulösen drohte: Ein russisch-ukrainischer Konflikt würde in eine rumänisch-ungarische Krise münden, in der Folge eine Explosion auf dem Balkan heraufbeschwören, durch die Verwicklung der Türkei auf eine Konfrontation mit dem Iran zutreiben, der mit einer fundamentalistischen Schockwelle Algerien erschütterte! Die Domino-Theorie, die den amerikanischen Strategen der sechziger Jahre soviel wert war, hat seinerzeit, und zum großen Leidwesen der USA, ihre Grenzen deutlich werden lassen. Schließlich explodieren hier keine Minen, eine nach der anderen, entlang einer vorherbestimmten Linie. Aber wenn sich an diesem oder jenem Krisenherd ein Zwischenfall ereignete, käme es zu einer Kettenreaktion, auch wenn diese weniger apokalyptische Ausmaße annähme.

Auf der Richter-Skala der Gefahren – um auf derselben Ebene des Vergleichs zu bleiben – schlägt der russisch-ukrainische Konflikt am höchsten aus: Er würde die internationale Ordnung bedrohen und die USA in die vorderste Linie stellen, zumindest in der Rolle des Feuerwehrmannes, angesichts der atomaren Risiken. Als nächstes kommt eine Feuersbrunst auf dem Balkan; durch sie wäre Rußland wieder das Sprachrohr der Slawen und die Türkei erneut Beschützer der Muslime. Es käme zu einer internationalen Krise vom Typus des 19. Jahrhunderts, deren äußerst heikle Lösung eine Verschiebung der Grenzen, die Umsiedlung großer Volksgruppen und internationale Garantien von unendlicher Vielschichtigkeit voraussetzte. Selbst eingedämmt würde dieser Brand dramatische Narben in der Beziehung zwischen dem Westen und der moslemischen Welt hinterlassen. Im Verhältnis zu diesen Erdbeben erscheinen ernsthafte Auseinandersetzungen zwischen Rumänien und Ungarn oder ein islamischer

Staatsstreich in Algerien beinahe harmlos ... Die Welt ist heute nicht genügend ausgerüstet, um solch schwere Krisen zu bewältigen. Die internationalen Organisationen sind nicht darauf eingestellt – schon der Konflikt in Kambodscha geht über die Mittel der UNO hinaus –, es gibt keine Möglichkeiten zu einem gemeinsamen Vorgehen oder Eingreifen, und unser gemeinsames Denken ist überfordert, und das ist am schlimmsten.

Hinter den meisten dieser Krisenherde zeichnet sich in der Ferne die Gefahr der Atomwaffen ab. Diese ist nicht nur auf die Weitergabe beschränkt, wie sie die ganze Welt nunmehr befürchtet: die Weitergabe von taktischen Atomwaffen der Roten Armee, von Raketen, die regelrecht versteigert werden, und von Atomwissenschaftlern, die den besten Angeboten folgen. Es gibt ein weiteres Risiko: Wie soll man wissen, daß in einer Welt absoluter Unordnung die Atomwaffenlager in fast allen Einzelstücken verbucht sind, daß die Kontrollen noch in Kraft sind und daß die Abfolge der Befehle noch eingehalten wird? Wie soll man glauben, daß unter all den notleidenden Wissenschaftlern einige nicht der Versuchung erliegen, den Söldner zu spielen? Sollten wir darauf angewiesen sein, daß mitten in einer Welt, die kollektiv ins Unmoralische abgerutscht ist, gewisse moralische Reflexe weiterhin funktionieren? Die Proliferation ist in vollem Gange. Fragt sich, wer Nutzen aus ihr zieht. Länder, die sich schon seit geraumer Zeit am atomaren Wettrennen beteiligen: zweifellos der Iran, Libyen, Syrien und natürlich der Irak, sobald der Westen ihm wieder den Rücken zukehrt; Pakistan und vielleicht Indien, die bereits Atommächte sind oder kurz davor stehen, es zu werden, und die begierig sind, ihr Waffenarsenal mit Raketenwerfern und bestimmtem wissenschaftlichem Know-how zu ergänzen; wahrscheinlich auch extremistische Bewegungen, die zu allen möglichen Zwecken gerne über ein paar atomare Bazookas verfügen würden; und nicht ausgeschlossen sind Gruppen, die außerhalb des Gesetzes stehen, besonders einige Fraktionen der »Mafia Incorporated«. Der Westen kann es sich nicht leisten, die Hypothese zu unterschlagen, daß bis ins Jahr 2000 im mittleren Osten oder bei fundamentalistischen Gruppen neue Atommächte entstehen, daß Atomraketen auf das nördliche Ufer des Mittelmeers oder auf die Mitte Deutschlands gerichtet sein werden: Die Erde ist rund – was man zu oft vergißt –, und Berlin liegt der Luftlinie nach näher am Nahen Osten als Paris.

Neben dieser ersten, unkontrollierten Weitergabe gibt es mit der Ukraine und den moslemischen ehemaligen Sowjetrepubliken noch eine zweite, mehr institutionelle. Ist es denkbar, daß diese im Entstehen begriffenen Staaten – ohne Gegenleistung und nur dem Westen zum Gefallen – auf die Atomwaffen verzichten, die auf ihrem Staatsgebiet gelagert sind? Sie halten das schönste Symbol ihrer Souveränität in den Händen und, was noch hinzukommt, das Erpressungsmittel, das am allerbesten zu Geld gemacht werden kann, insbesondere gegenüber den für die atomaren Gefahren überempfindlichen Amerikanern, die in dieser Hinsicht unendlich viel sensibler sind als die blasierten Europäer. Es ist ihr einziges Faustpfand für die Unterstützung des Westens: Die Vereinigten Staaten beobachten die Atommacht Ukraine mit größter Aufmerksamkeit; wäre sie keine, behandelten die Amerikaner sie natürlich viel mehr als Bestandteil der russischen Einflußzone ... Dasselbe gilt für die moslemischen Republiken, die im großen Tohuwabohu der Roten Armee einige Kurzstreckenwaffen in ihren Besitz bringen konnten. Man wird ein beträchtliches Lösegeld zahlen müssen, damit diese Regierungen sich wieder von ihrem atomaren Spielzeug trennen.

Fehlen noch, um das Maß voll zu machen, die Gefahren, die von den zivilen Atomanlagen der Länder im Osten ausgehen. Jeder weiß, daß alle Atomkraftwerke östlich der Oder-Neiße-Linie ein potentielles Tschernobyl darstellen. Es mangelt nicht an Berichten, die seit fünf Jahren die Aufmerksamkeit der Öffentlichkeit auf sich ziehen. Alle möglichen Vorschläge wurden auf den Tisch gelegt, um die Gefahren abzuwenden, direkte Hilfen, Fonds zur Umrüstung, Übernahmen durch die westlichen Stromlieferanten. Und trotzdem ist seither nichts oder fast nichts passiert, als hätte der Mythos von Tschernobyl paradoxerweise die schlimmsten Befürchtungen beschwichtigt: Das Ausmaß der Schäden blieb hinter den Schreckensvisionen über Atomunfälle zurück; sie haben unser Denken nicht schwer erschüttert ... Aber daher rührt in Wirklichkeit eine furchtbare Ungewißheit: Man stelle sich vor, ein atomares Geschoß würde aus Unachtsamkeit oder absichtlich gezündet, und nichts Dramatisches geschähe. Keine Schäden, die über jenes Maß hinausgingen, das bei herkömmlichen Bombardierungen entsteht, keine Strahlung, die riesige Gebiete verseuchte ... Seit Hiroshima besitzt die Welt glücklicherweise nur ein virtuelles Wissen von der Atomkraft: Dank der apokalyptischen Bilder hat sich die Atomwaffenpolitik durchsetzen können. Zweifellos wäre es eine absolute Horrorvorstellung, wenn man an die Mittelstreckenraketen denkt, aber was ist mit den taktischen Waffen? Wenn sich diese unglücklicherweise als weniger furchtbar erwiesen, als wir sie uns vorgestellt hatten, wäre die Wirkung verheerend: Wenn die Angst vor der Atomwaffe schwindet, kündigt sich das Ende des Friedens an.

Es gibt heute keine echte Abschreckung mehr zwischen den Großmächten, die sich auf die Möglichkeit gründete, den Planeten in die Luft zu jagen. Doch zwischen den mittleren Mächten bleibt sie durch den Abschuß des kleinsten atomaren Geschosses weiterhin bestehen. Erinnern wir uns an die Schauer, die uns während des Jom-Kippur-Krieges über den Rücken liefen, als die Israelis, in die Enge getrieben, sich damit begnügten, ihre Raketenstellungen in der Negev-Wüste vor den Augen der Spionage-Satelliten mit Atomsprengköpfen zu bestücken. Es vergingen nur wenige Tage, bis die Sowjets für ein Nachlassen des syrischen Drucks sorgten. Wenn das Atomwaffentabu fallen sollte, ohne daß sich ein entsetzliches Drama ereignete, würde jeder unbedeutende angriffslustige Stamm, jede kleine Extremistengruppe, jeder Kleinstaat, der sich angegriffen fühlt, um seiner Sicherheit willen versuchen, sich in Baku oder Wladiwostok ein paar Sprengköpfe zu beschaffen. Auf diesem Gebiet bleibt der Westen immer noch untätig: Nie hat er seine Rußlandhilfe an die Lagerung der taktischen Atomwaffen unter seiner Kontrolle gebunden; er hat keine internationale wissenschaftliche Einrichtung geschaffen, um die arbeitslosen russischen Wissenschaftler aufzufangen; er hat keine Sanktionen gegen Staaten verhängt, die eifrigst Atomwaffenexperten abwerben. Sollte morgen der schlimmste Fall eintreten, wären wir teilweise mitverantwortlich: Wir haben auf dieser Ebene hinsichtlich der Länder des Ostens immer nur eine Vogel-Strauß-Politik betrieben, obwohl es einen großen Handlungsspielraum gab. Klarsicht, Mut oder einfach nur ein aktiver Pessimismus hätten genügt, aber die Westmächte sind so blind, wie Weinbauern es wären, die nicht an Frost und Hagel glaubten ...

Unsere Gesellschaften, so reich sie sein mögen, sind nicht taub für den Lärm der Welt. Oft hellsichtiger als ihre führenden Schichten, hat die breite Öffentlichkeit den Gefahrenkatalog verinnerlicht, ohne daß sie in der Lage wäre, diesen Seite für Seite durchzublättern. Daher kommen ihre Schwermut, ihre Zweifel, ihre Ungewißheiten und, wie wir gesehen haben, ihre Angst vor der Geschichte: Für die Öffentlichkeit ist morgen willkürlicher und gefährlicher als heute. Vielleicht erfaßt sie die Gefahren weniger genau, spürt aber besser, daß sie nicht nur von den Kriegen und der Atomkraft ausgehen und daß es welche gibt, die mitten in unserer hedonistischen und konsumorientierten Zivilisation lauern. In erster Linie Gefahren für Wirtschaft und Währung: Wir tanzen schon so lange auf einem Vulkan, daß wir es vergessen haben. 1987 ging die Weltwirtschaft nur knapp an einem Börsenkrach vorbei, neben dem sich der von 1929 wie ein Abenteuer in der Provinz ausgenommen hätte. Die Zentralbanken haben Geld ins Getriebe gepumpt, und dieses Placebo genügte, um den Wahnsinn der Märkte zu besänftigen. Ist das aber ein unfehlbares Rezept? In einer Welt mit freien Wechselkursen, mit den nahezu unbegrenzten Manövriermassen, die aus dem freien Geldverkehr erwachsen sind, ist jederzeit alles möglich.

Die Märkte regulieren sich selbst, behaupten ihre Propheten, seht nur das Pfund, die Lira oder jetzt den Franc: Hat sich der Wirbelsturm erst einmal gelegt, stellt sich das Gleichgewicht von selbst wieder ein ... Das heißt aber zu vergessen, daß es sich hier um zweitrangige Währungen handelt und daß ihre Schwankungen für die Finanzmakler bloß Gelegenheiten sind, Gewinne und Verluste zu machen. Durch sie steht aber die »Kernspaltung« des ökonomischen Systems nicht auf dem Spiel. Was wäre, wenn eines Tages der Dollar, die Mark oder der Yen von einem solchen Vertrauensverlust heimgesucht würden? Unmöglich, diese Währungen sind über jeden Verdacht erhaben? Das soll wohl ein Scherz sein! Es ist schon vorgekommen, daß der Dollar über 100 Prozent seines Wertes in wenigen Jahren verloren hat. Warum sollte ihm das eines Tages nicht in wenigen Wochen widerfahren, wenn die Finanzmärkte sich plötzlich bewußt werden, welches Höllentriebwerk das amerikanische Haushaltsdefizit darstellt, und sie jedes Vertrauen in ihn verlieren, und zwar so grausam schnell, wie es charakteristisch für sie ist?

Solange die Vereinigten Staaten an freien Wechselkursen festhalten, zum einen aus Überzeugung und weil sie an den freien Handel glauben, zum anderen aus Eigennutz, weil sie meinen, die Dollarrente sei ihnen ewig sicher, wird es keinerlei organisatorische Bemühungen zur Gefahrenvermeidung geben, und wir bleiben in jedem Augenblick der Willkür einer Thrombose im Finanzsystem ausgeliefert. Mit Aussicht auf die Schockwelle einer weltweiten Panik, die von den Währungen zur Börse und zurück die Besitzenden, die Spieler und die Makler in die Falle lockt und, sie zu irrationalen Handlungen verleitend, die Unordnung verschärft. Auf Umwegen auch mit einer Zerrüttung des internationalen Handels, da alle Wettbewerbsvorteile, oft ein Ergebnis geduldigen Ausharrens, durch die unberechenbaren Schwankungen der Wechselkurse hinweggefegt werden. Mit der Gewißheit, daß einige Regierungen leider keinen kühlen Kopf bewahren und das makro-ökonomische Steuer wie wild herumreißen werden, mal in diese, mal in jene Richtung, was die Lage nur verschlechtern wird. Mit einer deshalb immer stärker werdenden, letzthin unwiderstehlichen Versuchung durch protektionistische Maßnahmen, die den Aufbau der Union und dadurch den europäischen Mythos sprengen werden, auf die Gefahr hin, daß die lokalen Spannungen zunehmen, die der Traum vom geeinten Europa bis heute noch mit Ach und Krach in Schranken halten konnte.

Wir Franzosen haben eine panische Angst vor häufigeren Grenzverschiebungen und Verwüstungen im Freihandel, ohne auf den Puls der drohenden Gefahren zu achten: Wenn zwischen den drei großen Wirtschaftszonen auf der Welt nicht wenigstens kleine Sperren eingerichtet werden, verschwinden bei uns bis ins Jahr 2000 ganze Industriezweige und Dienstleistungen; doch es bleibt genügend Zeit, um sich auf die bereits bekannten Risiken vorzubereiten und ihnen entgegenzusteuern. Nichts ist vergleichbar mit dem Risiko einer Währungsexplosion, die nicht soviel Zeit benötigt, sondern jeden Augenblick über uns hereinbrechen kann. Verfügen wir über Gegenmittel bei dieser Aussicht auf den

Kollaps? Unablässig die europäische Leitwährung stärken – das ist schon ein unmögliches Unterfangen – und sich, wenigstens zur Beruhigung unseres Bewußtseins, für eine weltweite Angleichung der Währungen einsetzen ...

Das erste Problem im Handelssystem entsteht nicht durch die verstärkte Konkurrenz aus Asien, einschließlich China, sondern durch die Zunahme der wilden Importe aus Rußland und Mitteleuropa. Wie viele Teilbereiche der Schwerindustrie sind derzeit schon durch die Lieferungen aus dem Osten in größter Bedrängnis? Für die Eisen- und Stahlindustrie, für die Aluminiumhersteller, morgen auch für die Hersteller von Flachglas, kommt die Gefahr weder aus Japan noch aus China, sondern aus Rußland. Gierig nach Devisen und für die Erfordernisse der Rentabilität noch ebenso unempfänglich wie zu Zeiten des Kommunismus, werfen die ehemaligen sowjetischen Kombinate ihre Überschüsse zu Dumpingpreisen auf den westlichen Markt. Die Folge: Die Preise fallen, die Verluste türmen sich auf, immer schneller muß umstrukturiert werden, ohne die geringste Hoffnung, die betroffenen Teilbereiche ebenso schnell wieder ins Gleichgewicht zu bringen. Und das ist erst der Anfang der Verwüstungen. Sie werden in dem Maße zunehmen, in dem sich die Grenzen vom Westen des Kontinents in den Osten verschieben: Die deutschen Großkonzerne beginnen, dieses Hinterland zu nutzen, um sich modernste Produktionsanlagen zu leisten, wo Arbeiter nahezu deutsche Qualitätsarbeit leisten, auf der Höhe des industriellen Standards, aber zu Dritte-Welt-Löhnen. Wie viele Autos wird Volkswagen im Jahr 2000 noch auf deutschem Boden fertigen? Und wie viele im Osten? Wie die Konzerne anderer Industriezweige geht VW vom »Made in Germany« über zur »German Quality«, unabhängig vom Standort der Fertigung.

Daraus ergibt sich ein doppelter Widerspruch für

Westeuropa. Erstens: Es verfügt über kein besseres Mittel, um dem Osten zu helfen, als ihm seine Märkte zu öffnen; aber damit benachteiligt es sofort einige seiner besten Industriezweige. Zweitens: Ihm kommt im Osten ein »Hinterland« zugute, das es ihm erspart, seine Fabriken auf andere Kontinente zu verlagern; doch indem es dies tut, beschleunigt es die Zerstörung seiner Industrielandschaft, was sich im Verlust von Arbeitsplätzen niederschlägt. Wenn die Staaten Westeuropas zulassen, daß die Konkurrenz im Osten sich zu schnell entwickelt, könnten sie in der Öffentlichkeit feindliche Reaktionen heraufbeschwören, die eine wirtschaftspolitische Integration der beiden Teile des Kontinents schwieriger macht. Das ist keine geringe Gefahr: Irritationen aus wirtschaftlichen Gründen, Feindseligkeiten in der Politik, der Westen schließt seine Märkte, die Verwirrung im Osten wächst, vor dem Hintergrund sozialer Unruhen, auf deren Feuer die »Benachteiligten« des Stammeswesens ihre Süppchen kochen.

Unmittelbare Gefahr geht auch von einem demographischen Erdrutsch aus. Die Franzosen machen sich keine Vorstellung davon. Mit ihren Wahnvorstellungen über die Einwanderung merken sie gar nicht, wie sicher sie gegenwärtig vor ihr sind. Natürlich hält die Süd-Nord-Wanderung mit ihren illegalen Zuströmen aus dem Maghreb oder aus Afrika an, und dies, bevor uns eine fundamentalistische Machtergreifung in Algier die laizistischen Führungsschichten ins Land bringt ... Trotz der von Charles Pasqua durchgeführten Maßnahmen, die ebensosehr eine Ventilfunktion erfüllen, wie sie tatsächlich nützen, weiß jedermann, daß das Ziel »keine Einwanderer« unsinnig und das »keine illegalen Einwanderer« eine Illusion ist. Aber dieses spärliche Rinnsal an Einwanderern – ein paar zehntausend – das regelmäßig einsickert und zahlenmäßig stabil bleibt, ist nicht zu vergleichen mit den Völkerwanderungen, die jedes Ereignis begleiten, das den Kontinent weiter destabilisiert. Vom »germanischen Netz«, Deutschland und Österreich, aufgefangen, ist den Franzosen dieses Phänomen selbst durch Hunderttausende von jugoslawischen Flüchtlingen noch nicht bewußt geworden.

Als Vorbote weiteren Unheils sind schon jetzt mehrere Millionen auf der Flucht. Länder wie Ungarn, die noch in den Seilen des postkommunistischen Übergangs hängen, sind gegen ihren Willen zum Asylland geworden. Eine Kettenreaktion von Wanderungsbewegungen zwischen dem Balkan und Mitteleuropa ist entstanden, die die oft ausländerfeindlichen Österreicher gezwungen hat, ihr Land in eine Art Basislager für humanitäre Hilfe zu verwandeln. Der Druck auf Deutschland hat sich verstärkt, das schon von seinen 17 Millionen inneren Einwanderern überschwemmt wird und von den Hunderttausenden Neudeutscher aus dem Osten, die jährlich unter Ausnutzung des deutschen Abstammungsrechts einwandern. Noch ein Zwischenfall größerer Tragweite entlang des kontinentalen Risses mit seinen vielen Gefahrenherden, und wir können »wahre Invasionen« erleben. Ein Konflikt an den ungarischen Grenzen oder, schlimmer noch, eine russisch-ukrainische Konfrontation würde enorme Massen in Bewegung setzen, vor denen sich die wirtschaftlich bedingten Wanderungsströme aus dem Osten – von Rußland nach Polen, von Polen nach Deutschland – lächerlich ausnehmen. Von diesen gewaltigen Umsiedlungen wäre ganz Europa betroffen, denn Deutschland allein wäre nicht in der Lage, solche Einwanderungswellen zu bewältigen.

Einerseits haben wir Franzosen es täglich mit einer begrenzten Anzahl von Ankömmlingen aus dem Süden zu tun, andererseits stehen uns Wanderungsbewegungen bevor, die an das erste Mittelalter gemahnen. Vom ersten Geschehen sind wir besessen, das zweite weigern wir uns zur Kenntnis zu nehmen. Ein seltsames Fluchtverhalten bringt uns dazu, uns wegen eines schwachen

Drucks zu sorgen, der mit Vernunft zu meistern ist, und ein starkes Beben zu übersehen, das uns schwer erschüttern könnte. Überzeugt, unsere vorteilhafte Lage weiterhin aufrechtzuerhalten, wobei der Wunsch Vater des Gedankens ist, hüten wir uns davor, ein Thema auf der einzigen Ebene anzusprechen, die ein gemeinsames Nachdenken und Handeln erlaubte: auf der Ebene der Europäischen Union. Zweifellos fürchten wir, daß uns die Deutschen bei dieser Gelegenheit daran erinnern werden, daß wir zehnmal weniger jugoslawische Flüchtlinge aufgenommen haben als sie und daß sie diese Bürde gerne teilen würden ... Aber mit dieser Heuchelei ziehen wir früher oder später den kürzeren: Es bleibt nur noch wenig Zeit, uns auf die großen Wanderungen vorzubereiten; verplempern wir sie nicht!

Zu guter Letzt droht die Gefahr eines Auseinanderbrechens der westlichen Gesellschaften. Wir leben in der Vorstellung, alles werde sich wie durch ein Wunder regeln. Den rapiden Anstieg der Arbeitslosigkeit von 500 000 auf drei Millionen Arbeitslose überstanden zu haben, gibt uns das Gemeinschaftsgefühl, nichts Dramatisches könne sich mehr ereignen. Die Gesellschaft ist formbar; sie reguliert sich selbst; sie meistert ihre Ausrutscher; sie setzt sich spontan zur Wehr. So viele Wunder der letzten 20 Jahre wurden zu Überzeugungen, die sich in gewisser Weise täglich aufs neue bestätigen. Die institutionelle, die etablierte Gesellschaft, die fest im Sattel Sitzenden, das heißt, die riesige Mittelklasse, die vom Facharbeiter bis zur leitenden Führungskraft reicht, lebte bis heute im Gefühl der Unbesiegbarkeit. Not war ihr fremd; sie blieb einer Untergesellschaft von Arbeitslosen und Ausgeschlossenen vorbehalten, die zu unseren Gunsten den Preis für den Strukturwandel in der Krise bezahlten. Für die anderen – uns alle – ging zum Glück alles gut! Die Kaufkraft ist seit der ersten Erdölkrise ungeheuer gestiegen; die Kapitalvermögen kamen in den Genuß einer geradezu phantastischen Realverzinsung, und der Sozialstaat konnte seine sozialen Errungenschaften mit Hilfe einer Sozialversicherung in allen Bereichen für die Mitglieder der Mittelklasse aufrechterhalten. Warum sollte die soziale Ordnung künftig bedroht sein, wo sie doch seit 20 Jahren ohne wesentliche Veränderungen Bestand hat?

Das Aufkeimen der Unsicherheit, einige lokale Spannungen und, wie in Amerika, die ersten Ghettos, das waren bisher nur unvollständige Hinweise auf einen Verlust kollektiver Spielregeln. Sind wir inzwischen zu Einbußen bereit? Die plötzliche Sorge der führenden Klasse könnte Anlaß zu solchen Gedanken geben, als hätte sie die Wirklichkeit erst jetzt entdeckt, nach 20 Jahren. Das zeugt weniger von Klarsicht als von kollektivem Egoismus: Zum ersten Mal trifft der Kugelhagel sie in ihren Privilegien und in ihrer Lebensweise. Geschäftsführer werden entlassen, Führungskräfte in dieselben Umstrukturierungspläne verfrachtet wie Arbeiter und Angestellte, Kinder wachsen direkt in die Arbeitslosigkeit hinein, Hochschulabsolventen bleiben auf der Strecke: »Etwas ist faul im Staate Dänemark.« Mit ihren eigenen Schwierigkeiten kommt den Privilegierten die Wirklichkeit zu Bewußtsein, und das umso härter, je mehr sie an ihr vorbeigesehen hatten.

Wenn in Frankreich, das mehr aristokratisch als demokratisch ist, die Stimmung der führenden Klassen die Atmosphäre im ganzen Land bestimmt, lauert die kollektive Depression. Eine entscheidende Rolle beim plötzlichen Umschwung im Bewußtsein spielt die Tatsache, daß auch höhere Schichten die Auswirkungen der Krise spüren. Daraus folgt die Gefahr, diese Bewußtwerdung könnte ein Strohfeuer entfachen: Wie gewöhnlich werden es die Privilegierten sein, denen der geringste wirtschaftliche Aufwind nutzt. Hat sich die Lage für sie und ihre Kinder normalisiert, werden sie dem Gedanken zuneigen und ihn folglich auch verkünden, das Schlimmste läge hinter uns. Und auf dieselbe Weise, wie das Erschrecken der Führungsschichten dem Glauben Vorschub leisten wird, die Lage würde in ihrer Zuspitzung eine grundlegende und keine graduelle Veränderung erfahren, wird ihre »feige Erleichterung« dem Gedanken Geltung verschaffen, alles werde wieder einigermaßen normal. Doch nach diesem kurzen Aufblitzen der Hellsichtigkeit wird eine Narbe bleiben; die Gesellschaft wird, nach dem Muster ihrer Führungsschichten, weiter an sich selbst zweifeln: zu Recht ...

Wie weit werden die Erscheinungen der Marginalisierung reichen? Das Wachsen gesetzloser Zonen, immer mehr Jugendliche, die mit einem Bein in der Gesellschaft, mit dem anderen im »Underground« stehen, die steigende Zahl illegaler Geschäfte einschließlich der mafiosen, das Aufflackern von Spannungen zwischen sozialen Gruppen über die Höhe der Opfer, die sie in Zukunft leisten müssen, der beginnende soziale Kampf zwischen Beschäftigten und Unbeschäftigten, die zunehmende internationale Konkurrenz, das weitere Ansteigen der Arbeitslosigkeit oder auch der Beschäftigten außerhalb der klassischen Arbeitsverhältnisse, die Ausbreitung der Wanderungsbewegungen nach jedem politischen Erdstoß auf dem europäischen Kontinent oder an seinen Rändern: All dies wird mit Sicherheit bis zum Ende des Jahrhunderts eingetreten sein. Bleibt die Frage: Werden diese Phänomene massenweise auftreten? Oder wird es der Gesellschaft wie bisher gelingen, die Abszesse voneinander zu trennen, um jede Ansteckung zu verhindern? Im Moment wird sie der Unruhe noch auf diese Weise Herr. Und sie gerät höchstens angesichts berufsständischer Bewegungen von der Art der Bauern oder Lkw-Fahrer in Panik. In diesen Moment tritt ihre unglaubliche Zerbrechlichkeit, dieses am besten gehütete Geheimnis des Westens, offen zutage, jetzt erst fürchten Obrigkeit und Behörden, ohne es zuzugeben, es könne plötzlich auch aus anderen Richtungen Druck ausgeübt werden und die verschiedenen

Bewegungen könnten sich verbünden, um eine offensichtliche Schwäche auszunutzen: Auf einmal ist die Versorgung nicht gesichert; die Ordnungskräfte können sich nicht mehr frei bewegen; die Vorstellung völlig abgeschnittener Städte, wie surrealistisch sie in unserer Überflußgesellschaft anmuten mag, taucht wieder auf; das Gefühl von Straffreiheit breitet sich aus. Alles scheint möglich.

Will man mit dem Schlimmsten rechnen, sollte man in dieser Richtung suchen. Die Jugendrevolte in den Vorstädten? Sie bleibt innerhalb ihrer Grenzen, erfüllt die Funktion eines Notschreis an die Gesellschaft, dürfte aber kaum zu einer Kettenreaktion führen. Die traditionellen sozialen Kämpfe? Wo sie denn stattfinden, erscheinen sie als Verteilungskämpfe unter den Wohlhabenden, an denen die wirklich Armen, die Außenseiter und Ausgeschlossenen nicht teilnehmen. Die Bauernaufstände? Selbst als die Landwirtschaft noch im Zentrum des Wirtschaftslebens stand, haben sie noch nie zu Solidaritätsbewegungen geführt. Streiks im öffentlichen Verkehr? Sie bleiben ein Ritual fest verankerter Gruppen, die nach bestimmten Codes ablaufen und sich auflösen. Die Einwanderer? Sie werden alles tun, um gar nicht erst bemerkt zu werden. Die Ausgeschlossenen? Der Gesellschaft ist es gelungen, ihnen die Kosten der Krise aufzubürden, weil sie nicht in der Lage sind, sich zu einer Gruppe zusammenzuschließen, die Druck ausüben könnte. Immer noch unter dem Schock vom Mai 1968, handeln die öffentlichen Funktionsträger stets, als stünde eine gewalttätige Revolution bevor. Abgesehen von einer vollständigen Lähmung des öffentlichen Lebens – in archaischer Form durch die Fernfahrer, zeitgemäß in den elektronischen Daten- und Kommunikationsnetzen –, die eine unvorhersehbare Kette von Folgen hinter sich herziehen kann, scheinen wir tatsächlich nicht von einer Massenbewegung bedroht zu sein, die, wie vor 25 Jahren, die Gefahr in sich birgt, es sei reine Glückssache, ob die Gesellschaft zur einen oder zur anderen Seite umkippt.

Der Riß durch die Gesellschaft mündet nicht in einer Revolution, er ist verschwommen, ungreifbar. Solange die Welt stabil ist und die reichen Länder geschützt in ihrer Seifenblase leben, können sie sich auf die Zersplitterung der bürgerlichen Gesellschaft einstellen. Eine Entwicklung, die ihrer Moral Hohn spricht, mit einer immer weiter auseinanderklaffenden Schere zwischen den Habenichtsen und den Wohlhabenden, wo doch ein halbes Jahrhundert Wohlfahrtsstaat der Theorie nach zur umgekehrten Situation hätte führen müssen. Die ebenso der Ökonomie Hohn spricht, denn diese ist einer zunehmenden Abschöpfung ausgesetzt, um steigende Hilfs- und Unterstützungsleistungen zu gewähren, die der Preis für Stabilität sind. Steht das Walzwerk der Geschichte still, dann hält das westliche System. Doch was wird aus ihm, wenn sich die Ereignisse überschlagen? Damit keine Mißverständnisse aufkommen: Auch unter der Annahme einer direkten militärischen Auseinandersetzung steht nicht die »Heilige Union« auf dem Spiel. Innerhalb eines Menschenlebens drohen den europäischen Großmächten keine solchen Aussichten. Aber das neue Mittelalter vervielfacht die Herausforderungen, die nur sozial einträchtige Gesellschaften bestehen können.

Um nur einige Beispiele zu nennen: Zur Aufrechterhaltung der Ordnung in Europa könnten wir in einem Umfang zum Eingreifen gezwungen sein, der mit dem Konflikt in Jugoslawien nicht mehr zu vergleichen ist. Doch schon im Falle Bosniens tolerierte die Öffentlichkeit weder den Marschbefehl für die Wehrdienstpflichtigen noch den möglichen Kriegstod ihrer Berufssoldaten. Wie würde sie erst reagieren, wenn das Eingreifen in einen wesentlich schwereren Konflikt gefordert wäre? Der Kampf gegen das schleichende Vordringen der Gesetzlosigkeit könnte für jeden Einzelnen neue

Zwänge hervorrufen, zum Beispiel Untersuchungen durch eine neue »Bankpolizei«. Bliebe das bürgerliche Reaktionsvermögen wach genug, um dem gemeinsamen guten Willen auch Taten folgen zu lassen? Nach jedem strategischem Schlag könnte die Beschleunigung der innereuropäischen Wanderungsbewegungen zu einer gemeinsamen Politik aller Staaten führen, die sich zu Flüchtlingsquoten durchringen. Wären unsere schon jetzt unter einem Einwanderer-Syndrom leidenden Gesellschaften bereit, diese Politik hinzunehmen? Eine Rückeroberung rechtloser Grauzonen durch den Staat würde erhebliche finanzielle Mittel erfordern; ist die Mittelklasse einverstanden, die notwendigen Opfer zu erbringen oder senkt sie lieber kurzsichtig ihren Blick vor der Tragweite des Problems? Die Stabilität Europas setzt wirtschaftliche Fortschritte im Osten voraus, und der kürzeste Weg dorthin führt über eine Öffnung unserer Märkte; werden die westlichen Lohn- und Gehaltsempfänger zugunsten einer langfristigen Erholung die kurzfristigen Einbußen hinnehmen, die eine solche Freiheit der Handelswege für sie bedeuten würde? Je mehr Unordnung droht, um so weniger ist unser Militärapparat darauf eingestellt, und um so gigantischer wird der Aufwand, ihn wieder schlagkräftig zu machen; werden die Steuerzahler, überzeugt vom Triumph des ewigen Friedens oder gezwungenermaßen, notwendigen Steuererhöhungen zustimmen? Die Beispiele ließen sich unendlich weiterführen. In einer Zeit, in der die öffentliche Meinung zum wichtigsten politischen Akteur geworden ist, bestimmt ihre Stimmungslage, welche Maßnahmen die Staaten in einer künftig zur Unordnung verdammten Welt ergreifen können. Je unstabiler und zerbrechlicher eine Gesellschaft sein wird, um so uneiniger wird die öffentliche Meinung sein, um so weniger wird Einsicht in die Notwendigkeit das Gesetz des Handelns bilden.

Zu lange und so sehr an Stabilität gewöhnt, daß

wir überzeugt sind, dies sei der Welt Normalzustand, schwanken wir zwischen extremen Reaktionen. Mal leugnen wir die Risiken, sehen in den ersten Symptomen des neuen Mittelalters Einzelerscheinungen und bilden uns ein, man müsse nur ein wenig »Zeit ins Land ziehen lassen«, damit die Weltordnung von selbst wieder zu ihrem Gleichgewicht zurückfinde. Mit dieser Neigung, »Zeit ins Land ziehen zu lassen«, hat François Mitterrand dem politischen Handeln vielleicht das schlimmste Gift verabreicht. Mal geraten wir vor dieser oder jener Zeiterscheinung in Panik, vor Einwanderung, Auflösung der Grenzen, und verlieren den Verstand im Glauben, wir rasten auf einen Abgrund zu. Daher die Schwierigkeit für die Regierenden, das ganze Ausmaß der Gefahren zu vermitteln, um uns klar zu machen, daß die Unsicherheit unser tägliches Los geworden ist. Würde man einen erschöpfenden Katalog aller Gefahren aufstellen und sie als gesicherte Wirklichkeit behandeln, riefe unser Gefahrenkatalog eine kollektive Depression hervor, und kein Staatsmann würde es wagen, vor aller Öffentlichkeit in ihm zu blättern. Ihn hingegen wie ein Geheimnis zu verwahren, ausschließlich einem kleinen Führungsstab zugänglich zu machen, hieße, eine tölpelhafte Politik zu machen auf die Gefahr hin, morgen einer unvorbereiteten Gesellschaft gegenüber doch klein beigeben zu müssen ... Das ist seit langem das dringlichste Problem, dem wir uns, im Rahmen einer Pädagogik der Öffentlichkeit, zu stellen haben.

DIE RÜCKKEHR DER REVOLUTIONEN

Das 20. Jahrhundert wird als Jahrhundert des Staatsstreichs und des Pronunziamiento und paradoxerweise nicht als das der Revolutionen in die Geschichte eingehen. Allerdings nur, wenn man im stets ambivalenten Spiel der Begriffe zwei Bedingungen für die Revolution aufstellt: das vollständige Auswechseln einer Führungsschicht durch eine andere, bis dahin unbekannte, vor allem jedoch einen völligen Neubeginn. Gemessen daran hat das 19. Jahrhundert manche Revolution erlebt, aber nicht das 20. Der Sieg der Bolschewisten 1917, die Machtergreifung der Nazis 1933: Die lauthals verkündeten Doktrinen enthielten die späteren Dramen bereits im Keim, und die künftigen Führer saßen schon in den Startlöchern, wenn auch noch geduckt. Täuschen ließen sich davon nur jene, die sich täuschen lassen wollten; für hellsichtige Köpfe gab es weder Zweifel noch Unbestimmtheit.

Ebensowenig waren die Zusammenbrüche der kommunistischen Regierungen Revolutionen im strengen Sinne des Begriffs. Umstände, Zeitpunkt und die Kettenreaktion waren unvorhersehbar, aber nicht, wo sie enden würden. Wo es strukturierte Oppositionen gab, in Polen und der Tschechoslowakei, ist ihnen die Macht nach dem Muster der politischen Machtwechsel in den westlichen Staaten in den Schoß gefallen, wenngleich im Osten mit wesentlich härteren Bandagen gekämpft wurde. Kaum aus dem Gefängnis entlassen, empfingen die neuen Herren ihr Erbe aus den Händen ihrer Vorgänger, in diesem Fall von ihren Kerkermeistern, nach demselben friedlichen Ritual des Machtwechsels, wie es zwischen Konservativen und Labour Party, zwischen Sozialdemokraten und Christdemokraten, zwischen Gaullisten und Sozialisten herrscht, wenn sie im Zuge demokratischer Wahlen rotieren. Wenn die kommunistische Partei im eigenen Apparat willentlich die Opposition genährt hat wie in Ungarn, war der Übergang derartig sanft, daß man den Regierungswechsel nicht einmal mehr genau datieren kann. Hatte sich der Kommunismus bis zuletzt nicht mit einer Opposition abgefunden – wie in Rußland und Rumänien –, folgte der alten Elite keine neue: Gestern noch kommunistisch, bringt die Nomenklatura sich jetzt als demokratisch und kapitalistisch ein und setzt sich erneut mit dem Gefühl von Ewigkeit an den Hebeln der Macht fest.

Unter diesem Blickwinkel betrachtet, bedeutet das Verschwinden der Sowjetunion, genaugenommen, keine Revolution. Noch weniger nach unserer zweiten Bedingung, der eines völligen Neubeginns. Rußland ist ein »schwarzes Loch«, aber es ist kein Unbekannter. Es wird für lange Zeit eine zwar entblößte, aber imperiale Macht bleiben; nur das Niveau des demokratischen Kräftespiels wird von Zufälligkeiten abhängen. In allen ehemals kommunistischen Ländern hat sich die bürgerliche Gesellschaft dauerhaft emanzipiert. Es bedürfte schon einer Unterdrückung von stalinistischem Ausmaß, um sie wieder zum Verschwinden zu bringen. Die Demokratisierung selbst ist unendlich zerbrechlicher, sie ist auf Gedeih und Verderb einem Menschen, einer Ideologie oder den Umständen ausgeliefert. Das Spektrum der Möglichkeiten ist nunmehr deutlich zu sehen: am einen Ende ein politisches Chaos wie in Polen, am anderen ein national-kommunistisches Regime vom Typ Serbiens, das trotz allem gezwungen ist, eine breite Opposition hinzunehmen und sich Wahlen zu unterwerfen, die es nur am Rande manipulieren kann. Die Ungewißheit im Osten ist weder politischer noch soziologischer Natur; sie liegt in der Verkettung der Ereignisse, in die diese Länder hineingeraten können, wie Frankreich und Deutschland im 19. Jahrhundert; zahlreiche Emser Depeschen zeichnen sich am Horizont ab. Aber wer hätte damals behaupten wollen, das Reich oder die Regierung Bismarck seien einer Revolution ausgeliefert? Die Unbestimmtheit ist in der Geschichte, was das Gesetz der Schwerkraft in der Physik ist; die Revolution hingegen ist eine andere Sache ...

Die Revolution scheint zurückzukehren, sonderbarerweise im Westen des Kontinents noch mehr als im Osten. Das ist zweifellos das Paradox der neuen Zeit. Statt in seiner Stabilität gestärkt zu werden, hat der Sieg des Westens über den Kommunismus das Gegenteil erreicht. Der Kommunismus erfüllte, wie wir heute feststellen, die Funktion eines Liebhabers: Er bildete ebensosehr die Kräfte seiner Gegner aus wie seine eigenen. Nie hat ein Sündenbock seine Aufgabe so bewundernswert erledigt. Wer hätte vor zehn Jahren zugegeben, daß der Kommunismus das Gleichgewicht innerhalb unserer Gesellschaften sicherte und daß sie ohne ihn den Kopf zu verlieren drohten? Der Prophet wäre unverzüglich an den Pranger gestellt worden. Der friedliche Kampf gegen die Sowjetunion nahm uns so gefangen, daß wir nicht bemerkten, wie sehr er zum Rückgrat des Westens geworden war und wie sehr das Kräftefeld, war das Rückgrat erst einmal gebrochen, an Zusammenhalt einbüßen würde. Aus dem riesigen Spektakel ragen in Wirklichkeit nur zwei Geheimnisse heraus: Wie kam es, daß der Fall des Kommunismus im Osten sich mit solcher Gewaltlosigkeit abspielen konnte? Ein Putschversuch in Moskau, zwei Tote, das war alles! Und wie konnte die westliche Welt ohne ihren großen Gegner in eine solch hilflose und instabile Lage geraten? In eine Lage, in der nach einem unglaublichen Zurück in die Vergangenheit wieder Revolutionen im Stil des 19. Jahrhunderts vorstellbar geworden sind?

Das ist keine rhetorische Frage; die erste Revolution dieser Art spielt sich vor unseren Augen ab, wie schon gesagt, in Italien. Die Europäer sehen sie nur nicht, so tief sind sie in ihren Vorurteilen Italien gegenüber befangen. Für sie ist es nur ein neuer Umschwung im politischen Leben dieses Landes, etwas härter vielleicht als frühere, aber doch von der Art, daß dieses hochzivilisierte Volk ihn meistern wird. Diese einhellig vertretene, widersinnige Auffassung lebt ebensosehr von der Verachtung wie von der Bewunderung. Verachtung für ein rätselhaftes, undurchdringliches, unmoralisches System, das sich von Krise zu Krise hangelte, ohne daß sich irgend etwas Nennenswertes änderte. Bewunderung für eine Gesellschaft, deren Dynamik und Intelligenz es ihr gestattet haben, mit einem Operettenstaat und Komödianten als Politikern zurechtzukommen. Daher die Kurzsichtigkeit im Hinblick auf die Ligen, die sich in der Maskerade des alten europäischen Populismus gezeigt haben, während sie wahrscheinlich die Vorwegnahme eines westlichen Extremismus mit menschlichem Antlitz verkörpern. Daher die Überzeugungen, in Italien werde sich, wie immer, alles wieder in Wohlgefallen auflösen. Niemand in England, Deutschland, Frankreich ist bereit, in diesem eigenartigen Polit-Thriller das wichtigste Ereignis in Westeuropa seit dem Fall der Berliner Mauer zu sehen.

Dennoch handelt es sich, wenn der nunmehr ausgelöste Prozeß nicht noch unterbrochen wird, um die erste Revolution in Westeuropa seit 1848, abgesehen natürlich von den Veränderungen, die durch Kriege herbeigeführt wurden. Ausländische Beobachter ermessen nicht das soziologische Erdbeben, das die politischen Bosse verschlungen, die großen Feudalherren des Kapitalismus ins Gefängnis, ins Exil oder in den Selbstmord getrieben und eine Nomenklatura aus Pfründnern und Profitgeiern vernichtet hat. Italien war seit 1945 keine Demokratie. Ist es dies überhaupt jemals gewesen, in dem Sinne, daß eine Demokratie sich nicht allein auf das allgemeine

Wahlrecht gründet, sondern auch auf das Vorhandensein politischer, wirtschaftlicher und rechtlicher Mächte und Gegenmächte? Dieser Bedingung hat es eigentlich nie genügt ... Ein »System« hatte sich einer Gesellschaft bemächtigt: politisch durch eine unantastbare Aufteilung der Vergünstigungen unter den Parteien; wirtschaftlich durch wenige öffentliche und private Großunternehmer, die eine Einheit mit der politischen Führung bildeten; rechtlich mit einer Staatsanwaltschaft und einem Richterstand, der sich in wechselnden Verhältnissen aus politisch gefärbten, korrupten und aufrichtigen Juristen zusammensetzte. Und das »soziale Bindeglied« zwischen all den mitschuldigen Mikrogesellschaften? Lange Zeit wurde es in den Reizen der Machtausübung gesehen, gelegentlich gewürzt mit denen des Geldes, bevor das Geld schließlich, gemäß der allgemeinen Entwicklung der Sitten, selbst die Macht übernahm. Vorgestern »Partitokratie«, gestern »Kleptokratie«.

Diese weiche Diktatur hätte normalerweise die des Ostens überleben müssen. Sie hatte sich nicht an den Freiheiten der bürgerlichen Gesellschaft vergriffen, solange diese sich mit den Pfründen der Nomenklatura abfand, das heißt, sie finanzierte; sie beeinträchtigte nicht die unglaubliche Leistungskraft der Wirtschaft, solange letztere die Eskapaden einer unproduktiven, unter Vetternwirtschaft leidenden öffentlichen Hand bezahlen konnte. Woher konnte nun das Sandkorn kommen, das diese leistungsstarke Maschinerie blockierte? Weder von seiten einer individuelle Freiheiten begehrenden Bevölkerung: Sie hatte alle Freiheit und noch mehr. Noch von seiten einer wirtschaftlich unzufriedenen Öffentlichkeit: Sie hat seit Kriegsende einen ständigen Anstieg ihrer Kaufkraft erlebt, weit über den der anderen europäischen Länder hinaus. Trotz des heftigen Protestgeschreis in den liberalen Zeitungen, bei den Intellektuellen und den wenigen untypischen Unternehmern, schien dem System ein langes Überleben sicher.

Da kracht es innerhalb von 18 Monaten mit einem heftigeren Getöse zusammen als der Kommunismus in Polen oder der Tschechoslowakei! Die Herren Andreotti und Craxi haben die Justiz auf ihren Fersen, während die ehemaligen ersten Sekretäre der kommunistischen Parteien im Osten in aller Ruhe ihren Pensionärsbeschäftigungen nachgehen und ihre Memoiren meistbietend verkaufen; die Zahl der inhaftierten Nomenklaturisten ist in Mailand weit höher als in Warschau, in Turin höher als in Prag; die Führungsschichten laufen in Rom mehr Gefahr, gebeutelt zu werden als in Moskau! Aus einer seltsamen Scham, vielleicht die Folge einer kollektiven Verlegenheit, wagen es die Italiener nicht einmal, diese Wirklichkeit verlauten zu lassen; sie zögern, sich zu ihrer Revolution zu bekennen, und versuchen, sich zu schützen, indem sie Witze reißen: VIP heißt jetzt *»viviamo in prigione«* (Wir wohnen im Gefängnis) ... Wie alle echten Revolutionen ist diese eine Folge unausweichlicher Verhängnisse und Zufälle. Ebenso wie die Historiker unaufhörlich den wirklichen Ursachen für die französische Revolution hinterherjagen, suchen die Beobachter nach den wahren Wurzeln des italienischen Erdbebens, nach jenen, die es ihnen erlauben, sich der Rationalität der Geschichte zu versichern.

Vorspiele waren die Morde an den Richtern Falcone und Borsalino, die Enthüllungen des Skandals von Mailand, die Warnungen von Ex-Präsident Cossiga: Sie hätten zu nichts weiter führen müssen. Schon bedeutender waren die Ergebnisse der Wahlen von 1992, die den Aufstieg der Ligen und die Zerbrechlichkeit des Bündnisses von Christdemokraten und Sozialisten vorführten, das seit einem halben Jahrhundert an der Macht war: Diesmal erschien der König nackt. Von entscheidender Bedeutung war das Verschwinden des Kommunismus und der sowjetischen Bedrohung, im Namen derer sich eine heilige Union auf Kosten der Moral und der Demokratie eingerichtet hatte: Nun gab es keinen Sündenbock mehr für das System. Das vielleicht ausschlaggebende Ereignis war jedoch der mit Maastricht begonnene Prozeß hin zu einer europäischen Wirtschafts- und Währungsunion.

Das institutionelle Italien wurde sich plötzlich der Gefahr bewußt, daß es als Gründungsmitglied der Gemeinschaft aus der Mitte Europas ausgestoßen werden könnte. Die Notwendigkeiten der europäischen Integration, mögen sie heute auch überholt sein, bedeuteten für den Staat und die gesamte öffentliche Hand einen unmöglichen Wandel. Ein jährliches Haushaltsdefizit von zehn Prozent des Bruttosozialprodukts innerhalb von fünf bis sieben Jahren auf drei Prozent zu vermindern, scheint utopisch. Für Italien war das eine völlig neue Herausforderung. Bis dahin hatte die Dynamik der bürgerlichen Gesellschaft aus der allgemeinen Schlamperei ihrer Behörden das Beste gemacht. Die Wirtschaftswunder nach dem Krieg haben sich alle auf diese Weise ereignet. Und dieses Mal sollte allein der Staat wahre Wunder vollbringen. So erfinderisch sie sein mag, die Unternehmerklasse ist nicht willens, die Schulden der öffentlichen Hand zu übernehmen. Den führenden Schichten, die besonders internationalistisch, extrovertiert und europäisch gesinnt sind, ist schlagartig bewußt geworden, daß ihnen ohne eine Umwandlung des Staatswesens Schlimmes blüht: die Verbannung in den Hinterhof Europas und die Verwandlung ihres Landes in eine Art »Super-Griechenland«, während Spanien – und das wäre die größte Demütigung für die Italiener – hoffen konnte, sich auf eine Ebene mit den Großen zu hieven. Deshalb die Regierung Amato und ein erster Schwung von Sparmaßnahmen. Und ihr folgend, um die Reformen fortzusetzen, der Ruf nach Herrn Ciampi, der als erstes und diesmal endgültig das Symbol der automatischen Lohnanpassung kippte, die Hauptantriebskraft der Inflation südlich der Alpen.

Die italienische Revolution ist heute auf dem Stand von 1792. Der Zusammenbruch der Partitokratie entspricht dem Tod des Königs. Eine trockene Guillotine arbeitet – bisweilen ist sie mit den verblüffenden Selbstmorden auch blutig – und eliminiert die führende Klasse mit derselben Gewißheit wie der Terror den Adel. Die Emigration ist wieder da, ein Teil der Großbourgeoisie zieht die Pariser Ruhe vor und setzt auf die Verschleppung der Auslieferungsprozesse. Die Figuren von einst stehen fast alle wieder auf der Bühne: mit dem Richter di Pietro in der Rolle des Saint-Just, mit Ugo Bossi als Robespierre, mit Staatspräsident Scalfaro als Condorcet, den die Umstände an die Macht gebracht haben ... Ein Vergleich stellt noch keine ursächlichen Zusammenhänge her, aber die revolutionären Ereignisse folgen alle einem ähnlichen Ablauf. Allerdings erleben wir keinen Thermidor. Auf der Ebene der Eliten wird er eines Tages in Form eines Gesetzes stattfinden, das die Verfolgungen im Tausch gegen den »zivilen Tod« einstellt, in diesem Fall gegen die Zahlung eines Bußgeldes und das Verbot, öffentliche Ämter zu bekleiden. So werden die Führer von gestern als Rentner enden, ihrer sozialen Rolle im wesentlichen enthoben. Wer sich an das Italien von 1990 erinnert, für den muß dies eine unvorstellbar Umwälzung sein. Agnelli ist geächtet, Gardini hat Selbstmord begangen, Romiti steht vor dem Richtertisch und die anderen leben in ständiger Angst. Wer damals ein solches Erdbeben vorausgesagt hätte, wäre ebenso für verrückt erklärt worden wie ein Schreiber, der 1785 die Enthauptung Ludwig XVI. und Marie-Antoinettes angekündigt hätte ...

Und morgen? Wie es die Dramaturgie echter Revolutionen vorsieht, erscheinen heute die widersprüchlichsten Szenarien glaubhaft.

Das erste Szenarium ist ein pessimistisches: eine Entwicklung, die zu einem faktischen Auseinanderbrechen des Landes führt. Der Wahlmodus, der für die nächsten Wahlen 75 Prozent der Sitze im Parlament nach der einfachen Stimmenmehrheit im Wahlkreis vergibt, spaltet

Italien politisch. Die Ligen werden sich des Nordens bemächtigen, die ehemaligen Kommunisten der Mitte, und die Christdemokratie in ihrer korruptesten Ausprägung wird den Süden behalten können. Die Ligen werden in diesem Fall nicht ruhen, zunächst bis die »fiskalische Trennung« erreicht ist, dann bis alle finanziellen Ausgleichszahlungen vom Norden in den Süden eingestellt werden. Anschließend kommen die ganzen Pläne zur Regionalisierung, zum Föderalismus bis hin zur Konföderation wieder auf den Tisch. Welche Kräfte werden sich noch für ein geeintes Italien stark machen? Der Süden? Er gilt als befangen, und je mehr er sich für seine Interessen einsetzt, desto stärker wird der Wunsch der Lombarden und anderer, sich von ihm zu trennen. Das politische Rom? Es wird von der Revolution hinweggespült worden sein, und die wenigen politischen Überlebenden werden zu den schärfsten Verfechtern des neuen Kurses zählen. Der Präsident der Republik? Damit er tatsächlich die Einheit des Landes wirkungsvoll verkörpern könnte, müßte er vom Volk direkt gewählt werden, doch die Erinnerung an den Faschismus hat bislang genügt, um das geringste Vorhaben zur Stärkung des Präsidenten zu Fall zu bringen. Die Wirtschaftsführer? Alle aus dem Norden hervorgegangen, werden sie lieber in einem Kanton Mitteleuropas leben, als ein Land zu führen, das mit einem Bein im Westen und mit dem anderen im Orient steht. Die Intellektuellen? Zweifellos werden sie sich für die Einheit stark machen, aber sie »zählen nicht genügend Divisionen«. Der Vatikan? Gegen die eigene Vergangenheit wird er sich bestimmt für die Einheit aussprechen aus Furcht, der Süden könne abdriften, aber auch sein Gewicht wird nicht ausschlaggebend sein. Ob Italien nach diesem Szenarium eine echte oder eine scheinbare Föderation bleibt, ändert nichts an einem grundsätzlichen Riß: Die Grenze zum Orient wird künftig ein wenig unterhalb von Florenz liegen. Schon seit Jahren kriecht sie unaufhörlich in Richtung Norden hinauf, von

Sizilien bis Neapel, das seit geraumer Zeit schon Alexandria gleicht, und weiter nach Rom, das sich Stück für Stück vom städtischen Modell Europas entfernt hat; sie droht jetzt, die Toskana zu durchqueren. Für die übrigen europäischen Länder sind dies keineswegs zweitrangige Erscheinungen, weder das Auseinanderbrechen eines wichtigen Nationalstaats auf dem Kontinent, das Nacheiferer auf den Plan rufen und den unaufhaltsamen Drang zur Zersplitterung verstärken könnte, der das neue Mittelalter kennzeichnet, noch das Näherrücken der kulturellen Grenze zum Orient, was den Druck der Wanderungsbewegungen, den unerlaubten Handel, insbesondere den Drogenhandel, verstärken und das Gefühl der Unsicherheit unter allen Europäern weiter verbreiten würde. Unter dem Eindruck der jüngsten Ereignisse erscheint dieses Szenarium heute am wahrscheinlichsten, doch es ist nicht unausweichlich.

Tatsächlich zeigt das zweite Szenarium, daß diese Revolution es Italien gestattet, nach einigen Zuckungen seinen Modernisierungsprozeß endlich abzuschließen. Dies setzt zunächst voraus, daß die wildwachsende bürgerliche Gesellschaft Italiens die Gelegenheit nutzt und die alten Eliten durch neue Verantwortliche ersetzt, die im Geiste mehr mit den Maßgaben eines weiterentwickelten Europas übereinstimmen, ein wenig, wie in einem Unternehmen das Auswechseln der gesamten Führungsebene für neuen Schwung sorgt. Neue Politiker, neue Unternehmer, neue Beamte: Revolutionen versetzen einen immer wieder in Staunen über ihr Vermögen, neue Führungskräfte hervorzubringen, die, Zufälle ausgenommen, ansonsten völlig unbekannt geblieben wären. Und in dieser Hinsicht ist die italienische Gesellschaft vielleicht noch mehr als jede andere in der Lage, sich vollständig zu erneuern. Sie verfügt über ein menschliches Potential an Qualität, Vorstellungskraft und Anpassungsfähigkeit, wie es wohl einmalig in Europa ist. Es setzt weiter voraus, daß die neuen Politiker, insbesondere jene aus den Reihen der Ligen, sind sie erst einmal in Rom angekommen, sich nicht nur als Vertreter von Unabhängigkeitsbewegungen fühlen, sondern auch dem Willen wenigstens eines Teiles ihrer Wähler folgen und das Projekt eines geeinten und modernen Italiens vorantreiben. Eine solche Verwandlung hat in der Politik durchaus Tradition. Es war eine Abgeordnetenkammer, in der die Volksfront die Mehrheit besaß, die für die volle Übergabe der Macht an Pétain stimmte; es war eine Nationalversammlung, die eher einem französischen Algerien geneigt war, die sich für seine Unabhängigkeit aussprach; es war ein kommunistisches Parlament in der Tschechoslowakei, das Havel einstimmig zum Präsidenten wählte; es war eine noch franquistische Cortes, die den ersten Schritt des Übergangs zur Demokratie machte. Es würde genügen, wenn in Italiens neuen Politikern ein paar staatsmännische Triebe schlummerten, das heißt, ein Bewußtsein von den, langfristig gesehen, verheerenden Folgen eines auseinanderbrechenden Italiens. Und schließlich setzt das zweite Szenarium voraus, daß Intellektuelle und Journalisten, die bei dieser Revolution mitgemacht haben, von der Angst ergriffen werden, ihr Land könnte sich auflösen, und kraft ihrer neugewonnenen Legitimation versuchen, das Ende des Pausenzustands einzuläuten: Die brillantesten unter ihnen, die das Gewicht der Worte wohl abzuwägen wissen, sind dazu durchaus in der Lage; die anderen drohen Gefangene der komödiantischen Dimension der Ereignisse zu bleiben. Wenn Italiens neue Eliten den Beweis ihrer Reife antreten, werden sie die besten Karten in der Hand haben, das Land im Rahmen der europäischen Sitten und Gebräuche umzukrempeln, die rückständigen Feudalherren zu bezwingen, sich der Archaismen zu entledigen und zum harten Kern Europas vorzustoßen, mit dem alles stechenden Trumpf einer menschlichen Triebkraft, die von nun an nichts mehr bremsen kann. Dieses Italien könnte binnen kürzester Zeit vom schlechten zum besten Schüler werden. In diesem Szenarium hätte die Revolution im Grunde genommen eine kathartische Funktion und würde ein wenig dieselbe Rolle spielen wie das Ende des Franquismus in Spanien.

Das dritte und, von weitem betrachtet, am wenigsten wahrscheinliche Szenarium: Durch Zugeständnisse bis zum Machtverzicht, durch Opfer bis zur Sühne könnte es dem alten System gelingen, der vollständigen Zerstörung zu entgehen. Um den Preis interner Säuberungen und des Auswechselns der Namen würden die traditionellen Parteien überleben und hätten Erfolg mit dem Versuch, die Ligen und ihre Reformbestrebungen mit einzubeziehen, was diese zu einem salonfähigen Front National zurechtstutzte. Die großen Wirtschaftsbosse bewahrten eine relativ starke Position im Tausch gegen den Verzicht auf ihre exzessiven Machtspiele: Die Agnellis behielten Fiat, würden jedoch alle anderen Beteiligungen abgeben, insbesondere die bei Presse und Verlagen; dasselbe müßte für De Benedetti gelten, der sich auf Olivetti zurückzöge; Berlusconi müßte mindestens einen Fernsehsender aufgeben; und die Privatisierungen brächten neue private Gruppen, mit weniger feudalem und einem mehr der klassischen Marktwirtschaft entsprechenden Verhalten, hervor. Die Intellektuellen und die Medien trügen ihrerseits eher zur Beschwichtigung bei, nachdem sie begriffen hätten, daß sie eine Höllenmaschine in Gang gesetzt haben, die sie selbst ebenso wie die anderen verschlingen könnte. Staatsanwaltschaft und Richter kehrten schließlich zu einem gemäßigterem Verhalten zurück aus Angst vor einer Revolution, die sich gegen sie selbst richten würde, nachdem sie von ihr benutzt worden wären, um die Gegenkräfte zu demütigen.

Zweifellos werden auch in dieser Revolution, wie in allen vorausgegangenen, die Umstände und die Zufälle zwischen den drei Szenarien entscheiden; noch ausschlaggebender wird aber die Haltung der Öffentlichkeit sein. Was völlig normal ist: Nennen wir heute Öffentlichkeit nicht das, was die Urheber der Revolutionen im 19. Jahrhundert Volk nannten? Mit derselben Zweideutigkeit in Bezug auf das tatsächliche Gewicht einer handelnden Minderheit im Verhältnis zum weiten Land. Mit derselben Versuchung zu einer Manipulation der Massen. Mit denselben optischen Unterschieden in der Wirkung zwischen dem Schock eines Ereignisses und seinem realen Widerhall. Unsere Öffentlichkeit ist ebenso ungreifbar und unvorhersehbar wie das Volk unserer Vorfahren: Unter diesem Gesichtspunkt sind die Wahlen, die vor kurzem in Italien stattgefunden haben, nicht deutlicher ausgefallen als die Bestimmung der gesetzgebenden Versammlung und des Nationalkonvents. Zum gegebenen Zeitpunkt ist die Öffentlichkeit da und entscheidet. Allerdings gibt es eine Dynamik der Ereignisse: Selbst wenn das zweite oder das dritte Szenarium Oberwasser bekommt, wird der regionalistische Unterstrom nicht in sein natürliches Bett zurückkehren. Selbst wenn das am wenigsten schockierende Szenarium eintritt, werden die Beziehungen zwischen Norden und Süden dauerhaft verändert sein, wird das übliche Tauschgeschäft – die Wählerstimmen des Südens gegen die Subventionen, die immer aus dem Norden kommen – verschwinden.

Eine Elite, die im Abgrund versinkt, ohne daß klar wäre, wer sie ersetzen wird; eine Zukunft, die aus Alternativen und Widersprüchen besteht; ein Geschehen in ständiger Bewegung, das zu gegebenen Zeitpunkt die Krise auf die Spitze treibt: Alle Zutaten zu einer echten Revolution sind vorhanden. Ein Italien voller Überraschungen, das mit dem »ökologischen National-Populismus« der Ligen vielleicht, wir haben es gesehen, einen Vorgeschmack auf die Ideologie des 21. Jahrhunderts gibt, und das die Handlung dieses Stücks mit Figuren besetzt, die einer Revolution aus dem 19. Jahrhundert entspringen! Als eher unerwünschte Zuschauer erleben die westeuropäischen Staaten eine Vorstellung, der sie seit über einem Jahrhundert nicht mehr beigewohnt haben, und sie können sich einer beängstigenden Frage nicht entziehen: Ist diese Revolution ebenso ansteckend wie die früheren? Wird sie Nacheiferer finden? Und wo könnte das der Fall sein? Zweifellos nicht in ihrer aktuellen Form. Nirgendwo in Europa ist die Verachtung des Staates derart schwindelerregend, sind die Verbindungen zwischen der politischen Macht und dem Geld derart inzestuös, sind die Spannungen zwischen den Regionen so groß und klafft die kulturelle Schere zwischen Reichen und Armen so weit auseinander wie in Italien. Dafür treibt die italienische Revolution eine Veränderung im Kräftegleichgewicht auf die Spitze, die sich in geringerem Maße überall ereignet. Die Dreifaltigkeit Recht-Öffentlichkeit-Medien ist unwiderstehlich geworden. Alle anderen Kräfte werden künftig die Waffen vor ihr strecken müssen. Der moralische Anspruch ersetzt ihr die Doktrin, die Lust am Spektakulären dient ihr als Motor und soziale Rache nimmt die Stelle des Hintergrunds ein. Das ist eine Realität, mit der zu leben alle westlichen Staaten lernen müssen, aber sie dürfte kaum Träger einer neuen Revolution werden.

Im übrigen folgt die Revolution anderen Suren. Sie nimmt insbesondere die Form einer Implosion des Staats an. Auch in dieser Hinsicht hat uns das 20. Jahrhundert seltsame Gewohnheiten beschert. Um Grenzen zu verschieben, einen Staat entstehen oder verschwinden zu lassen, war mindestens ein Krieg nötig. Mit dem Kommunismus verliert dieses System seine Krücken, im Innern, wie die italienische Revolution zeigt, nach außen, wie durch das Auseinanderfallen von Staaten wie der Sowjetunion und Jugoslawien und, noch überraschender, die tschechoslowakische Fortpflanzung durch Teilung deutlich machten. Die ersten zwei Phänomene sind erklärbar: Nur die kommunistische Eisenfaust hielt die einzelnen Teile im Puzzle der Nationalitäten im Gleichgewicht. Ist diese verschwunden, verfallen sie wieder, sei es in kollektive Passivität, sei es in pure Gewalt. Die tschechoslowakische Geschichte ist da weit aufschlußreicher. Hier haben wir es mit der hin- und hergeschüttelten Föderation zweier Nationen zu tun, die zwei Kriege, die Nachkriegszeit und den kommunistischen Totalitarismus überstanden hat, die plötzlich ihrer selbst überdrüssig wird und sich mit derselben Ruhe aufgibt, die ein altes Paar an den Tag legt, wenn es sich im Guten scheiden läßt. Zu einem bestimmten Zeitpunkt entwickelte sich eine Dynamik, die aufgrund einer unkontrollierbaren Verkettung von Handlungen und Entscheidungen zu einer Trennung geführt hat, die weder von den Eliten noch von den Völkern herbeigesehnt wurde, sieht man von einer bestimmten traditionellen Großmäuligkeit ab.

In diesem neuen Mittelalter ohne ordnende Faktoren jagen die Ereignisse sich von Anfang an mit erschütternden Folgen, die keine Brandmauer mehr aufhalten wird. Die Bremsen haben versagt: Es gibt weder Großmächte noch Schutzmächte, die den Lauf der Dinge umleiten könnten. Und das bringt zum Beispiel die Scheidung zwischen Tschechen und Slowaken hervor, wie es andere unvorhersehbare Ereignisse nach sich ziehen wird. Deshalb kehren die Revolutionen zurück. Um so mehr, als einige von ihnen Nacheiferer finden können. So, und ganz im Unterschied zur italienischen Revolution, die friedliche Scheidung zwischen Prag und Bratislava. Niemand wußte, wie ein Staat ohne Krieg einfach aufhören kann zu bestehen. Die tschechischen Technokraten können sich ihre Methoden patentieren lassen. Sie haben alles aufgeteilt, die Währungsreserven, die Botschaften, die Unternehmen, die Schulden, wie ein Notar, der sich mit der schwierigen Aufteilung einer Schenkung herumschlägt. Die Entstehung eines Nationalstaats ist ohne Angriff, Gewaltanwendung oder kriegerischen Konflikt möglich: Sie ist eine Frage von Professionalität und peinlichster Sorgfalt. Stellt man in Rechnung, daß die Verwaltungen östlich des Eisernen Vorhangs nicht die besten auf der Welt waren, liegen derlei Operationen a fortifiori in Reichweite westlicher Bürokratien. Wie steht es, an dieser Elle gemessen, um Belgien? Ist es ihm durch den Übergang zum Bundesstaat gelungen, eine »Kantonalisierung« vom Schweizer Typus zu erfinden, die symbolisch die belgische Identität aufrecht erhält, begleitet aber von einem typisch mittelalterlichen, wenn auch sanften Auseinanderfallen? Wird es so geschwächt sein, daß es sein Weiterbestehen paradoxerweise nur noch sichern kann, indem es sich mit der rein symbolischen Macht der Monarchie begnügt? Die Trauerfeierlichkeiten für König Baudouin ähnelten einem Referendum in diesem Sinne. Oder droht es letzten Endes zu zerbrechen in ein Flandern, das sich danach sehnt, in gewisser Weise seinen einstigen Status wiederzugewinnen, und in ein Wallonien, das den Anschluß an Frankreich will? Kennen wir Franzosen eine Annektierung durch gütliche Regelung?

Es schwanken nicht nur die Grenzen der Verträge von 1919, sondern Grenzen, die ins 19. Jahrhundert zurückreichen, wie in Belgien, in manchen Fällen sogar noch weiter zurück. So in Schottland, wo das Streben nach Unabhängigkeit keine Zügel mehr kennt. Eines Tages könnte es in eine nahezu unabhängige Stellung Schottlands innerhalb des Vereinigten Königreichs münden, es würde beginnen, in den Grenzen des britischen Archipels wie ein Commonwealth zu funktionieren. So beansprucht Katalonien, für das die Spiele in Barcelona kein Ziel, sondern eine Etappe gebildet haben, eine eigene Währung: In einer Welt, in der die Ökonomie alles überragt, hat die eigene Währung die traditionellen Wahnvorstellungen über das eigene Staatsgebiet in den Köpfen der Unabhängigkeitsbewegungen ersetzt.

Wie weit werden sich die Mini-Staaten entwickeln? Stellen die baltischen Länder, das winzige Slowenien mit seinen drei Millionen Einwohnern die Zukunft dar? Werden wir eine rasante Zunahme von Regionen erleben, die Merkmale der Souveränität aufweisen, über einen Sitz in der UNO verfügen und einer zeitgenössischen Variante der Fürstentümer des Mittelalters entsprechen? Die Internationalisierung in den Schlüsselbereichen treibt diese Entwicklung natürlich immer weiter voran. Ob man 15, zehn oder zwei Millionen Einwohner in die Waagschale wirft, ist völlig belanglos angesichts wirtschaftlicher und währungspolitischer Prozesse, die sich nur noch auf weltweiter Ebene abspielen. Die Souveränität scheint künftig in Reichweite des kleinsten Stammes zu liegen. Auf einige Ausnahmefälle beschränkt, führt die Zersplitterung noch zu keinen Umwälzungen; setzt sie allerdings in größerem Umfang ein, ist sie auf ihre Weise revolutionär, da sie den Teil des Unbekannten anwachsen läßt. Werden ein um Wallonien erweitertes Frankreich, ein um Schottland amputiertes Großbritannien, ein von Katalonien verlassenes Spanien im Fahrwasser eines als Staatenbund kaum noch zusammenhaltenden Italiens noch auf dieselbe Weise die europäische Ordnung sicherstellen? Diese folgte seit drei Jahrhunderten Schritt auf Tritt der Stärkung der Nationalstaaten um den Preis immer größerer Konflikte zwischen ihnen. Wenn sie jetzt anfangen zu zerfasern, wird sich das neue Mittelalter nicht auf die Rückkehr territorialer Formen beschränken, die dem alten Mittelalter ähnlich sind; es wird ungeheuren Risiken ausgesetzt sein mit einem Gefolge von Erdstößen, die von leichten Beben bis zu Stößen heftigster Natur reichen wie in Italien.

Im Osten haben sich bisher die unechten Revolutionen abgespielt; die echten werden sich jetzt im Westen ereignen; doch vom Osten ausgegangen, um im Westen weiterzuwirken, werden sie, einem natürlichen Verlauf folgend, bald in den Osten zurückkehren. Als die alten Volksrepubliken und selbst Rußland fielen, blieb ihnen nur eine Richtung offen: den kürzesten Weg nach Demokratie und Marktwirtschaft zu suchen. Alles andere war eine Frage von graduellen Unterschieden. Von nun an ist ihre Zukunft paradoxerweise viel zufallsbedingter. Wie für die italienische Revolution erscheinen die widersprüchlichsten Szenarien wahrscheinlich. Mit einem Rußland, in dem es eine mehr oder weniger strenge Regierung geben wird, mit mehr oder weniger deutlich erkennbarem Weltmachtsanspruch. In bestimmten Ländern mit der Perspektive autoritärer Regierungen à la Pilsudski, die sich auf eine rein formale Beachtung der demokratischen Spielregeln beschränken. Mit der Möglichkeit militärischer Auseinandersetzungen, die Grenzen, Staaten, Regierungen umstürzen können. Mit der Annahme eines Rußlands, das erneut, nach dem Muster der Sowjetunion, von innen heraus zerfallen oder, im Gegenteil, versuchen wird, durch Druck – das heißt durch Gewalt – ein Zarenreich im kleinen wiederherzustellen. Diese plötzlichen Sprünge kündigen sich zwar an, doch im Unterschied zu jenen der Jahre 1989 bis 1992 ist ihre Richtung nicht vorhersehbar. Revolutionen sind im Gange, doch im Augenblick entgeht uns ihr Sinn. Nach einem Jahrhundert, in dem die Staatsstreiche gewaltvoll verliefen, aber mit eindeutigen Absichten, lehrt uns die Rückkehr der Revolutionen mehrere Lektionen über das neue Mittelalter, und hinsichtlich unserer Denkgewohnheiten ist eine überraschender als die andere.

Erste Lektion: Kein Staat kann sich seiner Grenzen auf ewig sicher sein. Weder die zerbrechlichsten in Ost- und Mitteleuropa noch die gefestigsten im Westen des Kontinents. In einem Europa, das im Jahr 2000 ein um Wallonien erweitertes Frankreich und ein um Schottland erleichtertes Großbritannien erleben könnte, ist alles vorstellbar. Vor allem für Deutschland: Da es seine Einheit auf ein Volk und nicht auf ein Staatsgebiet bezogen sieht, hält es Grenzen nicht für so unantastbar wie wir Franzosen. Bisher hat es aus Rücksichtnahme auf seine Nachbarn die Grenzen der Nachkriegszeit respektiert, insbesondere die Oder-Neiße-Linie. Sollten ihm jedoch Schwierigkeiten von anderer Seite erwachsen, könnte sie wohl kaum einen immergültigen Grenzwall auf der politischen Karte bilden. Der Beweis, sollte er denn noch nötig sein, für das Festhalten der Deutschen an einer Bestimmung ihres Vaterlandes als Volk und nicht als Staatsgebiet: Als Reaktion auf die ausländerfeindlichen Anschläge wird, wie wir gesehen haben, wieder die Idee diskutiert, die Möglichkeit der Einbürgerung für Zuwanderer zu erweitern, doch zu keinem Zeitpunkt ist die symmetrische Hypothese ins Spiel gebracht worden, für Polen, Russen oder andere, die zwei deutsche Großeltern ins Feld führen können, den Zugang zur deutschen Staatsbürgschaft zu beschränken. Eine ethnische Auffassung von der Nation hat sich über Jahrhunderte gehalten, sie wird nicht von heute auf morgen verschwinden. Deutschland lebt keineswegs ständig mit dem Hintergedanken, eines Tages seine verlorenen Gebiete wiederzubekommen; es verhält sich nicht wie das Frankreich der Dritten Republik hinsichtlich Elsaß-Lothringen; es ist mit dem derzeitigen Stand der Grenzen einverstanden. Wir sollten aber nicht von ihm verlangen, mehr als die anderen zu leisten, wenn der Gedanke von der Unantastbarkeit der Grenzen selbst ins Wanken gerät ... Wollte man im Spiel der Prognosen etwas wagen, müßte man davon ausgehen, daß sich die heutigen Grenzen in Mittel- und Osteuropa sowie auf dem Balkan bis ins Jahr 2000 sicherlich verändern werden; selbst in Westeuropa ist dies nicht ausgeschlossen.

Zweite Lektion: Keine gesellschaftliche Struktur ist endgültig, selbst die festgefügteste nicht. Zeigt die Geschichte sich unbeweglich, stellen Ereignisse vom Typ eines 1968 eine bloße Abweichung dar. Sobald die Geschichte aber in Bewegung gerät, erscheint wieder alles möglich, und die italienische Revolution könnte eher eine Vorwegnahme denn eine Ausnahme bilden; zwar warten keine Pronunziamientos und keine Staatsstreiche auf uns, aber Verschiebungen des Gleichgewichts zwischen den verschiedenen gesellschaftlichen Kräften. In einer Welt mit unscharfen Grenzen, die ständig Erschütterungen ausgesetzt ist, werden wir Kinder des Kalten Kriegs uns an die bestürzende Vorstellung gewöhnen müssen, daß Stabilität keine feststehende Größe ist.

Dritte Lektion: Modern ausgedrückt, geht nicht mehr die Subversion, sondern die Zersetzung mit der Revolution einher. Es gibt keine subversive Bewegung, die sich im Untergrund verkrochen hätte und auf eine Gelegenheit wartet, die Macht zu ergreifen. Mit dem Verschwinden des Bolschewismus ist dieses politische Handlungsmodell wahrscheinlich selbst erloschen. Hingegen können unsere Gesellschaftssysteme sich plötzlich aufsplitten, neue politische Zusammensetzungen außerhalb der bekannten Normen hervorrufen, mit neuen Handelnden und Zielen. Selbst wenn Italiens jüngste Geschichte einen Grenzfall darstellt, sollten wir nicht vergessen, daß es trotz der dauernden Tragikomödie seiner Regierungen vor drei Jahren noch von vielen als das stabilste Land Europas betrachtet wurde. Unsere Gesellschaften sind durch ihre immer komplexere Struktur nicht stärker geworden; sie können zu bestimmten Augenblicken sogar unendlich viel schwächer werden.

Vierte Lektion: Der revolutionäre Impuls ist nicht mehr Sache tatkräftiger, insgesamt jedoch kläglicher und lächerlich kleiner Minderheiten, sondern Sache einer von den Medien mit Information versorgten und in Bewegung gesetzten, breiten Öffentlichkeit, verstärkt durch die einzige »unverbrauchte« Macht, die noch nicht durch Gewohnheiten und Machtgelüste ausgehöhlt wurde, in diesem Fall die Justiz. Das ist eine besonders unvorhersehbare Zusammenstellung. Die Minderheiten kämpfen mit offenen Visier: Die Doktrin ist bekannt, Mittel und Methoden werden angegeben, die Ziele zur Schau gestellt. Zeitgenössische Revolutionen werden erzeugt von der Öffentlichkeit mit ihren Vorurteilen, ihren festen Überzeugungen und ihrem Wankelmut. Deshalb sind die Unabsehbarkeiten zahlreicher und die Erschütterungen schwer zu bewältigen.

Fünfte Lektion: Die Revolutionen waren eine europäische Erscheinung; sie werden es wieder sein. Auf keinem anderen Kontinent könnten sich Ereignisse abspielen, die denen in Italien oder in der Tschechoslowakei analog sind. Weder in den Vereinigten Staaten, deren politische Organisation seit zwei Jahrhunderten Stabilität festschreibt, noch in Südamerika, wo Staatsstreiche sich auf eine Neuverteilung der Macht im Innern der herrschenden Klassen beschränken, ohne die geringste Auswirkung auf die Gesellschaften zu haben. Und erst recht nicht in Asien, wo die Triebkräfte der bürgerlichen Gesellschaft solcherlei Sprünge ausschließen. Davon zeugt Japan, wo alle Bestandteile einer Explosion wie in Italien vorhanden sind – allgemeine Korruption, eine in Verruf gekommene politische Klasse, kritische Medien – und sich diese doch nicht ereignet; die Mechanismen der Machtergreifung machen sie unmöglich; die öffentliche Meinung verharrt in einem Zustand der Unterwürfigkeit und folglich der Gleichgültigkeit; die Justiz kann sich nicht als eine unabhängige Macht fühlen in einer Welt der Oligarchien, die von Natur aus schon die Vorstellung einer Gewaltenteilung von sich weist.

Wir Europäer haben das Monopol auf Revolutionen: Rechnet man die Trümpfe zusammen, die jeder der drei großen Wirtschaftskontinente besitzt, wird man dies zu unseren Lasten den anderen gutschreiben müssen.

Mit dem erneuten Aufkommen von Revolutionen erscheint das Unerwartete wieder an der Oberfläche unserer Gesellschaften, die es vermeintlich ausgeschlossen hatten. Das ist zweifellos ein Zeichen des Fortschritts, weit mehr als eines des Rückschritts, aber es braucht noch Zeit, bis wir von neuem zugeben können, das jeder Schock heilsam ist.

DIE KUNST DER KRISENFÜHRUNG

Seit 1945 hat sich keine atomare Krise mehr an unserem Horizont gezeigt. Die atomare Abschreckung hat sie beseitigt, sieht man einmal ab von den zwei oder drei kalten Waffengängen unter den Supermächten – Berlin 1948 und Kuba 1962. Die Stabilität der westlichen Gesellschaften, die durch die Angst vor dem Kommunismus garantiert wurde, ersparte ihnen größere Erschütterungen, mit Ausnahme des Mai 1968 in Frankreich. Ansonsten herrschte vollkommene Ruhe.

Im Schatten der schlimmsten Bedrohung des atomaren Holocausts, der sein denkbar bestes Werkzeug war, haben wir ein halbes Jahrhundert des Friedens durchlebt. Die führenden Schichten haben sich an diese Seelenruhe angepaßt, heute sind sie die verwöhnten Kinder des Friedens. Die Elite in Politik und Wirtschaft, die Diplomaten und Technokraten, sie alle haben in einer Welt gelebt, in der Frieden die natürliche Ordnung war und in der geringste Zwischenfälle durch das geniale Spiel der Abschreckung, die aus jedem Konflikt einen atomaren Schlagabtausch zu machen drohte, unmöglich wurden. Daraus entstanden eine andere Denkweise, eine andere Philosophie des Handelns und andere Reaktionsweisen als bei den vorausgegangenen Generationen. Dasselbe galt für die Staatsmänner mit der meisten Verantwortung. Was erwartete man vom Staatschef einer Atommacht? Daß er den anderen weismachte, er sei in der Lage, einen Atomschlag zu führen, und daß er im Brustton der Überzeugung, sei er Franzose oder Engländer, auch die verrücktesten Regeln der Abschreckung des Starken durch den Schwachen vertrat. François Mitterand spielte diese Rolle in großer Vollkommenheit, als er an die Stelle des klassischen »der Staat bin ich« ein betäubendes »die Abschreckung bin ich« setzte.

Es war eine seltsame Zeit, die von den Staatslenkern eine gewisse Schizophrenie verlangte: Auf der einen Seite mußten sie dem nietzscheanischen Kanon entsprechen, die atomaren »Übermenschen« spielen und den Eindruck vermitteln, sie könnten mit demselben ruhigen Gewissen wie bei anderen alltäglichen Entscheidungen auf den roten Knopf drücken; auf der anderen Seite waren sie zu einer eleganten Machtlosigkeit verdammt, da der Kalte Krieg jede Veränderung im Gleichgewicht des Schreckens verbot. In dieser Falle gefangen, haben sie verloren, was traditionell den großen Staatsmann ausmacht, nämlich die Fähigkeit vorauszuschauen. Auf diesem Auge sind sie blind geworden. So gesehen hatte François Mitterand alle erforderlichen Fähigkeiten, um den Kalten Krieg zu führen: das Talent, die Abschreckung zu verkörpern, die Hartnäckigkeit und das Durchhaltevermögen. Seine Rede im Januar 1983 vor dem Bundestag ist als eine Fermate seiner ersten Präsidentschaft zu verstehen. Das Gebot der Stunde war ein klares Nein zu einem unerträglichen Zug der Sowjets auf dem atomaren Schachbrett und nicht, die Stellungen zu verrücken, neue Bündnisse zu schmieden, die schwelenden Brände zu ahnen. John F. Kennedy hatte auf einem höheren Niveau dieselben Eigenschaften bewiesen, als er 1962 die Blockade Kubas anordnete, oder Truman, als er 1948 die Luftbrücke einrichtete, um die Berlin-Blockade zu durchbrechen.

Der Wettstreit zwischen den Supermächten und die atomare Abschreckung belohnte die reagierenden Staatsmänner, nicht die agierenden. Deshalb die Unzufriedenheit de Gaulles, dieses Visionärs, sich in einem so engen Universum bewegen zu müssen. Er fühlte sich eingezwängt und daran gehindert, seine Vorstellungen in die Tat umzusetzen. Er handelte und war ständig in Gefahr, gegen die beiden Supermächte zu stoßen. Er war nicht in der Lage, auf der gesamten Klaviatur der Diplomatie zu spielen. Seit dem Mauerfall haben die verantwortlichen Politiker, die den Kalten Krieg gewohnt waren, größtenteils gegen ihre eigene Rolle angespielt: François Mitterand zum Beispiel, der Ende 1989 die Zeichen der Zeit ebensowenig erkannte, wie er 1983 richtig gelegen hatte. Von Ostberlin bis Kiew auf der Suche nach dem ewig währenden Bündnis, das Rußland den Rücken stärkt, versuchte er den Status quo ante aufrechtzuerhalten, anstatt der deutschen Einheit vorauszueilen und aus seiner freundschaftlichen Unterstützung möglichst viel Kapital zu schlagen ... Von den Ereignissen getragen, entging tatsächlich nur ein Helmut Kohl der Verwirrung, der seinen Realitätssinn im selben Maße unter Beweis stellen konnte, wie er sieben Jahre zuvor gegenüber dem sowjetischen Erpressungsversuch mit den SS 20 seine Widerstandsfähigkeit gezeigt hatte. Er ist als einziger in der Lage gewesen, beide Partituren zu spielen, die von vor 1989 und die von danach.

Diese seltsame Zeit hat nicht nur die Führungsschichten und die Staatsmänner geformt, sie hat sich überdies mit einer Sammlung von Doktrinen ausstaffiert, in denen die Unbeweglichkeit festgeschrieben wurde. Eine Unbeweglichkeit, die in erster Linie an die Mechanismen der Abschreckung geknüpft war: Jeder Vorfall zwischen den Schützlingen der »Paten« trug in sich den Keim zu einer äußersten Zuspitzung der Lage, und es gab kaum ein Land, das nicht Vasall des einen oder des anderen gewesen wäre, was die Zonen, in denen Unsicherheit herrschte, praktisch auf Null herabsetzte. Eine Unbeweglichkeit, die durch die Doktrin der Nichteinmischung in die inneren Angelegenheiten eines Staats erzeugt wurde: Nichts konnte das moralische Ruhekissen der Demokratien besser füllen als die Gefahr eines Konflikts mit der Sowjetunion, die als Alibi für ihre Handlungsunfähgikeit diente. Die Unbeweglichkeit wurde noch verstärkt durch die Unantastbarkeit der Grenzen, die zu einem Eckpfeiler des weltweiten Gleichgewichts werden konnte, auch auf die Gefahr hin, daß die internationale Gemeinschaft für die Ansprüche der Minderheiten taub wurde. Die Unbeweglichkeit wohnte selbst den Mechanismen der Vereinten Nationen inne, die sich das Monopol auf den Weltpolizisten angemaßt haben – was jeden anderen Eingriff illegal erscheinen läßt – und deren Ohnmacht durch das Vetorecht der ständigen Mitglieder im Sicherheitsrat garantiert ist. Zu diesem Punkt wurde von Michel Debré bereits alles gesagt, der den Einmarsch in Prag im August 1968 als »Panne« bezeichnete, und von Claude Cheysson während des Putsches vom 13. Dezember 1981 in Warschau: »Selbstverständlich werden wir nicht eingreifen.« Von den westlichen Demokratien hervorgebracht, haben die Vereinten Nationen sich davor gehütet, sich auf die demokratischen Werte zu beziehen. Die Anerkennung eines Staates durch die UNO, unabhängig von seiner Regierungsform, bildet das A und O des Systems: Einmal anerkannt, kann er innerhalb seiner Grenzen nach Belieben verfahren.

Mit dem Recht auf Einmischung hat das System zweifellos eine Doktrin gesucht, die den moralischen Forderungen ein kleines Stück weit entgegenkommen und trotzdem den Status quo wahren soll. Eine fürchterliche Zweideutigkeit, die bisher immer zu Lasten Bernard Kouchners und seiner Anhänger ging; für sie stellt es den Hebel dar, um das Prinzip der Nichteinmischung zu untergraben und eine Dosis Ethik in die internationale Politik einzubringen, und sei es auf Kosten der vor Ort bestehenden Ordnung. Für die herrschenden Schichten handelt es sich um ein rein formelles Zugeständnis für die extremsten Situationen, das außerhalb dieser seltenen Fälle im Gegenteil den Grundsatz der Nichteinmischung legitimiert. Revolutionäres Werkzeug in den Augen seiner Propheten, »modern gestyltes Rotes Kreuz« für die klassischen Machthaber, zeugt das Recht auf Einmischung von den Schwierigkeiten, den konservativsten Bestandteil der Sammlung von Doktrinen zu kippen, den die internationale Gemeinschaft vor langer Zeit erfunden hat: Im Vergleich dazu sehen die Teilnehmer des Wiener Kongresses von 1815 wie gefährliche Agitatoren aus. Es ist wahr: Diese Haltung stimmt zeitlich mit den Wünschen der Öffentlichkeit überein, die ihr schlechtes Gewissen mit dem Spektakel der »humanitären Hilfe« betäubt, die sich für militärische Einsätze im Krisenfall ausspricht, sich diese aber ohne einen Toten vorstellt ... Mit einem derart sanften Druck hat der Status quo dauerhaft leben können.

Diese Zeit ist nun für immer vorbei. Der Kalte Krieg hatte die Geschichte als Hauptfach der Politik ausgeklammert: Äußerstenfalls war es sogar möglich, sie zu ignorieren. Einige, wenn auch ungebildete Personen haben sich ihrer Stellung würdig erwiesen: Mit der Sowjetunion als Gegenüber konnte Ronald Reagan seine Rolle spielen, indem er ausschließlich das »Reich des Bösen« beschwor. Wenn sich nichts bewegt, ist kein Metternich oder Talleyrand vonnöten. Künftig nimmt die Krise wieder ihren angestammten Platz ein: Sie ist der Atem der Geschichte. Eine Krise wäre ein Schlag mit taktischen Atomwaffen, der den Einsatz dieser Waffe »humanisierte«; er brächte in der Tat eine neuerliche Unbekannte ins internationale Zusammenleben. Die strategischen Atomwaffen wurden mit dem »Undenkbaren« der Philosophen gleichgesetzt, weil ihr Einsatz schlichtweg unvorstellbar war, und ihn zu beschreiben hätte einer Methode geglichen, das Jenseits zu entdecken ... Krisen wären natürlich Stammesrivalitäten und die Kettenreaktionen, die sie auslösen könnten. Zu Krisen führten selbstverständlich die unkontrollierbaren Ströme der Auswanderer als Folge des einen oder anderen Ereignisses. Und Krisen bedeuten auch die Kriege im Nahen Osten, Religionskriege, Ölkriege oder ganz einfach Eroberungskriege. Krisen in einem anderen Sinn wären internationale Erschütterungen der Börsen, wie der Krach von 1987 oder die wiederholten Beben im europäischen Währungssystem.

Der Gefahrenkatalog ist zugleich auch ein Krisenkatalog. Vierzig ruhige Jahre haben weder uns noch unsere Staatsmänner darauf vorbereitet. Heute gehen sie in die Lehre. In Kuwait haben sie sich eher als fleißige Lehrlinge erwiesen, in Jugoslawien auf dramatische Weise als schlechte. Der Irak-Konflikt hat uns daran erinnert – wir hatten es längst vergessen –, daß man nicht im voraus ahnt, wer die Kunst der Krisenführung beherrscht, und daß im entscheidenden Moment allein die persönlichen Temperamente zählen. Was wäre geschehen ohne einen George Bush, den die CIA lange Zeit geformt hatte und der sich dessen bewußt war, was auf dem Spiel stand, ohne eine Margaret Thatcher, um ihn anzustacheln? Kann man sich einen Bill Clinton vorstellen, der von John Major fasziniert wäre? Es bedurfte eines Zufalls (äußerst starre Charaktere), eines Gegners, der dazu taugte, die Bevölkerungen in Harnisch zu bringen, eines klar umrissenen, einfachen Zieles (der Rückzug) und eines beruhigenden Ungleichgewichts der Kriegsmittel zugunsten der Ordnungsmächte. Auf Jugoslawien traf keine dieser Voraussetzungen zu: zögerliche Staatschefs mit widersprüchlichen Interessen; viele Beteiligte; die Unfähigkeit, eine doch offensichtliche Verkettung von Ereignissen vorauszusehen; ungenügende militärische Mittel. Das Ergebnis ist eine als humanitäre Hilfe getarnte Kapitulation. Die Balkanländer haben unsere gemeinsame Untauglichkeit zur Krisenführung bloßgelegt; unsere Vorgänger machten es besser. Zweifellos waren sie auch nicht klüger als wir. Aber offensichtlich verfügten sie über eine umfassendere historische und diplomatische Bildung. Und vor allem über eine unvergleichliche Erfahrung: Sie mußten alle zehn Jahre den Krieg in Europa abwenden; das ist ihnen so gründlich gelungen, daß wir fast schon das Wort Krieg vergessen hatten. Die Lehrzeit geht auf Kosten der Bosnier. Ist sie damit beendet? Sicher nicht: Zuviel Fragen bleiben offen.

Lassen sich Krisen nur beilegen, wenn sie offen ausbrechen? Zahlreiche Verantwortliche entschuldigen damit ihre Untätigkeit gegenüber den Balkanländern und erklären, sie hätten zugesehen, als das Drama ausgelöst wurde, da erst der Moment, an dem es seinen Höhepunkt erreichen würde, ein Handeln zuließe. Ein klägliches Plädoyer in eigener Sache. Tatsächlich gibt es zwei unterschiedliche Typen von Krisen: Die einen entstehen an den lokalisierten und verzeichneten Gefahrenstellen, die anderen durch Zufälligkeiten. Zum ersten Typus gehören die Probleme um Transsylvanien oder der russisch-ukrainische Konflikt; zum zweiten die Zündung eines Atomsprengkopfs aus Unachtsamkeit irgendwo entlang der russischen Grenzen. Der eine Fall erfordert eine Diplomatie der Voraussicht und der Vorbeugung; im anderen Fall sollten die Verantwortlichen über einen »Notfall-Katalog« verfügen, in dem Verfahrensweisen und Maßnahmen festgelegt sind, die jeden Moment eingesetzt werden können. An die heilsame Wirkung des offenen Ausbrechens zu glauben, heißt, in einer völlig geänderten Situation weiterhin die Lehren des Kalten Kriegs anzuwenden: abwarten, standhaft bleiben, reagieren. Aber die Spielregeln haben sich geändert: Man reagiert auf die Belagerung von Sarajevo nicht auf dieselbe Weise wie auf die Berlin-Blockade. Die Ereignisse laufen nicht in dem schlappen Tempo der Welt nach Yalta ab; sie sind heute sehr schnell, so schnell, daß »bei offenem Ausbrechen« künftig »zu spät« bedeutet.

Die Mechanismen der politischen Zusammenarbeit in Europa vertiefen diese zeitliche Kluft noch. Sie haben den ungeheuren Vorteil, eine starke »Bremse für Dummheiten« zu bilden: Ohne sie wäre die Unterstützung der

Kroaten durch die Deutschen oder die der Serben durch die Franzosen sehr viel weiter gegangen, bis hin zu – wer weiß? – offiziellen oder heimlichen Lieferungen von Waffen an die Kriegsparteien. Sollte sich der transsylvanische Konflikt zuspitzen, werden sie auf ähnliche Weise verhindern können, daß dieselben Deutschen im Namen Mitteleuropas allzu offenkundig den Ungarn zur Hilfe eilen und dieselben Franzosen eine allzu übertrieben romanische Solidarität mit den Rumänen üben. Auf der anderen Seite führt die Kollegialität in den Debatten zum kleinsten gemeinsamen Nenner und zu Verzögerungen, die einem sofortigen Handeln bei Ausbruch der Krise entgegenstehen. Der kleinste gemeinsame Nenner ist das Ergebnis jeder Verständigung, und Verspätung ist die Folge ewiger Debatten. Wenn die Union nicht im voraus nachgedacht hat, ist sie nicht in der Lage, rechtzeitig zu handeln, es sei denn, ein Konzertmeister von außen, in diesem Fall die USA, setzte ihr die Pistole auf die Brust.

Die Kunst der Krisenführung zeigt sich nicht in diplomatischen Wundertaten, sondern in der erfolgreichen Konfliktvermeidung oder zumindest in der gedanklichen Vorwegnahme des Krisenfalls, die es nach reiflicher Überlegung ermöglicht, sofort zu handeln, wenn er eintreten sollte. Vorbeugen heißt zunächst, die Gefahren kennen. Die Behauptung, das Drama auf dem Balkan sei nicht vorhersehbar gewesen, ist falsch. Das war es nur bei völliger Unkenntnis der Geschichte. Und es ist eine Lüge zu beteuern, die Verkettung der Ereignisse sei nicht zwangsläufig gewesen: Dem Kampf um ihre künftigen Staatsgebiete zwischen Serben und Kroaten mußte unausweichlich die »Libanonisierung« Bosniens folgen, und genauso können die serbischen Vorstöße im Kosovo jeden Moment zu einer Auseinandersetzung mit Albanien und der islamischen Welt führen, droht das Tohuwabohu um Mazedonien in einen internationalen Konflikt zu münden. Was in der Vergangenheit geschehen ist, kann nicht mehr geändert werden, aber zu welchen wirksamen Maßnahmen für die Gegenwart führt diese Prognose? Zu Hunderten von Blauhelmen, die man hinschickt und denen doch nur die Rolle des Zuschauers vorbehalten bleibt, die sich, wenn die Explosion stattfindet, damit begnügen werden, wie in Sarajevo, die Granaten zu zählen, die zwischen beiden Lagern hin- und herfliegen, und die Verteilung der Reissäcke an die Opfer zu überwachen. Die internationale Gemeinschaft macht sich etwas vor, wenn sie glaubt, auf diese Weise das Drama verhüten zu können. Dabei könnte sie es besser machen: Wenn sie sich wie im 19. Jahrhundert verhielte, statt sich in die langwierigen Verfahren der Vereinten Nationen verstricken zu lassen, wozu würde sie sich dann entschließen? Zu einer internationalen Konferenz über den Kosovo und Mazedonien, die alle potentiellen Kriegsparteien, ihre Nachbarn und die Großmächte an einen Tisch brächte, um damit zu enden, daß der Status quo durch ein ausgeklügeltes Spiel von Sicherheitsgarantien bewahrt bliebe. Die derzeitige Praxis sieht solche Treffen zwar vor, aber nicht vor dem Drama, sondern nachdem es seinen Lauf genommen hat, mit dem weitaus schwierigeren Ziel, ihm ein Ende zu machen. Man muß nicht besonders weise sein, um abschätzen zu können, wieviel weniger die Protagonisten Zugeständnisse a priori kosten als Verzichtsleistungen a posteriori.

Vorbeugen heißt auch Nachdenken: Man kann sich auf wirkliche Krisen nur vorbereiten, wenn man sie fiktiv vorwegnimmt. Wo, wann und wie widmet man sich dieser Übung? Unter Franzosen? Unter Europäern? Im Rahmen der Nato? Der UNO? Oder, was vielleicht effektiver ist, im kleinen Kreis, Franzosen, Engländer und Deutsche vor allem, um zuerst die unterschiedlichen Standpunkte der Beteiligten auszuloten und sie dann in Übereinstimmung zu bringen, bevor die Krise ausbricht? Hätte man rechtzeitig solche Überlegungen zu Jugoslawien angestellt, wäre man vor bösen Überraschungen sicher gewesen; würde man mit dem Nachdenken über die ungarischen Minderheiten beginnen, könnten uns noch schwerwiegendere Enttäuschungen erspart bleiben. Die Verantwortlichen steuern blindlings auf die Risiken und Gefahren zu. Für die Staatengemeinschaft wäre Vorbeugung und Entschärfung von Minen viel wichtiger als die leidenschaftlich betriebene Rundschreiben-Bürokratie. Vielleicht glaubt sie, daß für diese Mission die Vereinten Nationen zuständig seien und es keine Grund gebe, ihnen auf diesem Gebiet Konkurrenz zu machen. Was für ein Irrglaube! Im Namen dieser verteufelten Doktrin der Nichteinmischung in die inneren Angelegenheiten eines Staates gibt es für die UNO keine Minderheiten und sind die Grenzen eines jeden Mitgliedslandes ein Heiligtum für sie. Die gesteigerte Empfindlichkeit der Dritte-Welt-Staaten auf all diesen Gebieten würde ausreichen, um jeden ernsthaften Versuch der Vorbeugung zu ersticken.

Hätten aber die Europäer nicht allen Grund gehabt, im Namen derselben »Vorbeugung« von Krisen, 1990 oder 1991 über die Grenzen nachzudenken, anstatt sich damit zu begnügen, auf das Prinzip zu pochen, wie es von François Mitterand, Margaret Thatcher oder den Staatsmännern im Ruhestand wie Helmut Schmidt und Valéry Giscard d'Estaing ständig wiederholt wurde, daß nämlich die Grenzen unantastbar seien und daß sich das ganze Netz auflösen würde, wenn man auch nur eine Masche fallen ließe? Es waren nicht bloß Kassandrarufe, als darauf hingewiesen wurde – und viele haben das getan –, daß das Minderheitenproblem sich wieder zuspitze, daß es die Grenzen in Frage stelle und daß für diese Bevölkerungsgruppen rechtliche Bestimmungen dringend notwendig würden, ohne die schwere Erschütterungen drohten. Es handelt sich um kein leichtes Unterfangen: Die Existenz besonderer Rechte für Minderheiten verträgt sich nicht ohne weiteres mit den Notwendigkeiten des Nationalstaats, ganz gleich, ob es sich um territoriale Minderheiten handelt, wie häufig in Europa, oder um ethnische. Man hätte also arbeiten müssen, Vorschläge entwickeln, Entwicklungen vorwegnehmen müssen: zu spät …

Als Gegenleistung für ihre Hilfe an die ehemaligen Volksrepubliken hätten die Mitgliedsstaaten der Union sie zwingen können, solche rechtlichen Bestimmungen zu treffen und schiedsgerichtliche Mechanismen sowie ein Sanktionsrecht zuzulassen. Sie haben es nicht gemacht, ja noch nicht einmal ins Auge gefaßt, was die weitere Entwicklung von Tag zu Tag mehr dem Zufall anheimstellt. Vor der Jugoslawien-Krise war der Mythos von Europa so überaus mächtig, daß seine Wünsche ganz von selbst wie Anweisungen gewirkt hatten. Obendrein noch ein wenig wirtschaftlicher Druck zum selben Moment, als die Märkte sich öffneten, und die Runde wäre gewonnen gewesen. Doch hat die Ohnmacht der Union sich erst einmal herausgestellt, wird dasselbe Vorgehen sehr viel ungewisser, was einmal mehr die alte Regel veranschaulicht: »Die Geschichte tischt dieselbe Mahlzeit nie zweimal auf.« Nachdem die ökonomischen Werkzeuge in die Kiste zurückgelegt wurden, bliebe noch die Möglichkeit einer militärischen Intervention. Sie erlaubt es den Protagonisten leider, über uns zu lachen. Heute weiß jeder, daß wir den gemeinsamen Willen zu einem Eingreifen nicht aufbringen, und daß wir, selbst wenn der »Heilige Geist« uns diesen gewährte, nicht die notwendigen Mittel dazu besäßen.

Wie es keine Vorbeugung ohne Nachdenken gibt, so gibt es auch keine Vorbeugung ohne militärische Unterstützung. Keine der europäischen Mächte verfügt darüber und selbst, wenn man die zwergenhaften Streitkräfte zusammenzählte, die ihnen zur Verfügung stehen – was nicht selbstverständlich ist –, wäre diese Streitmacht dem Problem nicht gewachsen. Unsere Armeen tragen noch die Stigmata des Kalten Krieges: ein unverhältnismäßig großes Atomwaffenarsenal bei Engländern und Franzosen; konventionelle Streitkräfte, die für einen Kampf gegen die Rote Armee gerüstet sind, auf deutscher Seite, ohne die Auflösungserscheinungen zu berücksichtigen, die mit der bisweilen surreal anmutenden Integration ganzer Truppenteile der ostdeutschen, ehemals kommunistischen Armee innerhalb der Bundeswehr zusammenhängen.

Die Möglichkeiten der einen wie der anderen, sich von ihren Heimatstützpunkten aus weit weg zu begeben, sind kümmerlich. Davon zeugt die Unfähigkeit der Franzosen – eine wenig ruhmreiche Erinnerung –, während der Kuwait-Krise mehr als 10 000 Mann dorthin zu schicken: Die allgemeine Wehrpflicht kennt ihre Zwänge. Die Briten mit ihrer Berufsarmee haben kaum mehr zustande gebracht. Für die Deutschen scheint die Perspektive völlig unangebracht, ein Expeditionskorps aufzustellen, da schon ihre Mitwirkung an den Besatzungen der AWACS-Überwachungsflugzeuge in Bosnien ein verfassungsrechtliches Drama heraufbeschworen hat. Und bei den anderen – Belgier, Spanier, Italiener – versetzt der gute Wille allein noch keine Divisionen. Allein der Gedanke an Vorbeugung mußte zu einem doppelten Aggiornamento führen: bei den Atomwaffenländern zu einer Verlagerung des Schwergewichts auf die konventionellen Streitkräfte; bei den konventionellen Streitkräften zu einem Wechsel vom tatenlosen Warten auf die Rote Armee zum Einsatz schlagkräftiger, beweglicher Truppen, die in der Lage sind, vor, während oder nach den Ereignissen Feuerwehr zu spielen. Hinzu kommt das Gebot, die Streitkräfte für Auslandseinsätze zu einer kampfbereiten Truppe unter europäischem, nordatlantischem Befehl oder unter dem Befehl der UNO zu verschmelzen. Eine riesige Aufgabe für die Militärverwaltungen, die nicht dafür bekannt sind, eiligen Veränderungen gewogen zu sein. Die Jahre, die notwendig waren, um das Eurokorps in Marsch zu setzen, wenn auch noch im Larvenzustand, lassen ahnen, was zu tun bleibt. Solange es kein militärisches Gewicht gibt, wird die Vorbeugung ein unmöglicher Gedanke bleiben. Selbst wenn es zur Verfügung steht, wird sich noch die entscheidende Frage nach dem Willen zum Einsatz stellen. Wenn die Öffentlichkeit, in Unkenntnis dessen, was auf dem Spiel steht, zwischen der »feigen Erleichterung« über die Nichteinmischung und dem beruhigenden Alibi der humanitären Hilfe hin- und herschwankt, wenn die nach Jahrzehnten der Unbeweglichkeit noch gelähmten Staatsmänner Eindruck schinden wollen, ohne das geringste Risiko auf sich zu nehmen, wenn der Mythos von den sauberen Kriegen – ohne Tote! – sich weiter verbreitet, wird die Kunst des internationalen Krisenmanagements von Mittelalter zu Mittelalter weiter verkommen.

Jenseits des militärischen Säbelrasselns setzt diese Kunst eine echte geschichtliche Bildung voraus. Nicht daß die Geschichte sich wiederholte und es genügte, die Situationen von einst nachzuspielen, doch in einer Zeit, die aufs neue Seitenwege der Geschichte herausbildet – die uns über ein halbes Jahrhundert erspart geblieben sind –, müssen unsere Führungskräfte einige Reflexe wiedererlangen. Zum Beispiel die Einsicht, daß Entwicklungen unumkehrbar sein können und daß jede Krise unter diesem Blickwinkel unter die Lupe genommen werden muß. Hätte Sarrault sich 1936 das Problem der Wiederbewaffnung des Rheinlands in diesem Bewußtsein vergegenwärtigt, hätte der Zweite Weltkrieg vielleicht nicht stattgefunden. George Bush hat im Moment der Kuwait-Krise nach dieser Erkenntnis gehandelt, in unser aller Interesse! Zum anderen das Gefühl, daß es Verkettungen von Ereignissen gibt und daß Präzedenzfälle schnell geschaffen sind. Jugoslawien hat den Mythos vom europäischen Kontinent als einem Raum des ewigen Friedens vom Sockel gestürzt, dies wird uns noch teuer zu stehen kommen. Die Großmäuligkeit Griechenlands angesichts der Mazedonien-Frage hat der Union zum ersten Mal einen Mitgliedsstaat gezeigt, der bereit ist, von Krieg zu sprechen. Eines Tages werden die übrigen Mitgliedsländer es bedauern, diese verbalen Entgleisungen nicht von Anfang an bestraft zu haben. Ein weiterer wichtiger Reflex ist die Gewißheit, daß politische Äußerungen wieder ernst zu nehmen sind; zu Zeiten des Kalten Krieges war die verbale Raserei ein Ausgleich für das Verbot zu handeln. Nichts durfte geschehen; heute hingegen kann alles eintreten, und die Schlagworte drohen wie einst, sich in Wirklichkeiten zu verwandeln. Dazu gehört auch die Einsicht, daß der Orient, insofern der Westen ein neues Mittelalter erlebt, das 19. Jahrhundert nachahmt mit seiner unendlichen Bandbreite sich wandelnder und hinterrücks geschlossener Bündnisse, und daß der Westen es vermeiden sollte, in die Falle zu laufen. Denn alles in allem ist das Mittelalter dem 19. Jahrhundert unter diesem Gesichtspunkt vorzuziehen. Die Unordnung ist weniger gefährlich als Feindseligkeiten zwischen Großmächten. Eine Zeitlang schaffen sie Ordnung, bevor sie sich unweigerlich bekriegen. Der letzte Reflex, den die politischen Führer wiedererlangen sollten, ist die ständige Aufmerksamkeit für alle neuen Gefahrenherde und die Verpflichtung, sie nach den Jahrzehnten des Dämmerschlafs, den die Besonnenheit der beiden Supermächte zuließen, zu überwachen wie die Milch auf der heißen Herdplatte. In dieser Schule müssen die neuen Staatsmänner geformt werden; denjenigen, die aus dem Kalten Krieg hervorgegangen sind, sei eine Umschulung dringend empfohlen ...

In der Innenpolitik sind dieselben Eigenschaften für ein erfolgreiches Krisenmanagement erforderlich. Auch hier gilt es, auf das Unerwartete gefaßt zu sein. Die Zeit der kleinen staatlichen Eingriffe ist vorbei, um die Gewichte zwischen Industrie, Gewerkschaften und öffentlichen Institutionen um ein paar Millimeter zu verlagern. Solange die Gesellschaft durch ihre Repräsentanten in viele kleine Kästchen aufgeteilt war, gab es eine Art Gebrauchsanweisung für Konfliktfälle, die ihre eigene Dramaturgie, ihren eigenen Rhythmus, ihre Codes und Rituale hatten. Es genügte, über ein paar Leute zu verfügen, die gut Kompromisse austüfteln können: Der Bildungswahn der Franzosen hat dieses Talent zur Meisterschaft getrieben.

Um die neuen Herausforderungen zu bestehen, ist ein völlig anderes Know-how vonnöten. Die allmähliche Aushöhlung der offenen Gesellschaft durch die unsichtbare Gesellschaft, die explosionsartige Ausbreitung der rechtsfreien Zonen, die Zunahme der Ausgeschlossenen: so viele Umwälzungen, die, wir wissen es, den Konflikt durch die Krise ersetzen, das Gleichgewicht der Kräfte durch Erschütterungen. Das ist ein grundlegender Unterschied. So sehr der Konflikt durch deutlich dargelegte oder stillschweigend vorausgesetzte Spielregeln bestimmt wird, so sicher entgeht die Krise jeder Planung und jeder Wiederholung. So sehr die Kräfteverhältnisse sich mit der Zeit ausglichen, vielleicht mit einer Krümmung in gewissen Momenten der Zuspitzung, so sicher vermittelt die Erschütterung, ist sie erst einmal vorüber, das Gefühl, daß gar nichts passiert ist. Die Nachkriegszeit ist auf innenpolitischer Ebene eine Epoche der Konflikte gewesen: Sie waren Synonyme für Umverteilung, Sozialdemokratie und das Entstehen einer riesigen Mittelklasse, die sich im wesentlichen einig wußte und sich nur über Geldfragen in die Haare geriet.

Das Ende des Jahrhunderts wird hingegen eine Periode der Krisen sein: Sie sind die Folge einer Zersplitterung der gesellschaftlichen Kräfte, des ansteigenden Individualismus, immer mehr normabweichender Verhaltensweisen und vor allem des Entstehens von Spannungen zwischen Kleingruppen und Mikrogesellschaften. Gestern die Streiks bei Renault, heute die Revolte der Fernfahrer. Gestern die Demonstrationszüge der Studenten, heute die Schlägereien zwischen Vorstadtbanden. Gestern die Aufstände der Ärzteschaft, heute die immer besser koordinierten Aktionen des Pflegepersonals. Gestern die für alle Berufe gültigen Vereinbarungen zur Ausbildung, heute die Verordnung des Mindestlohns für

Bevölkerungsgruppen, die kaum ausfindig zu machen sind. Gestern der Kampf gegen die Kapitalflucht der Besitzenden, heute der Kampf gegen den Zufluß schmutziger Gelder. Gestern die Aufrechterhaltung der Ordnung gegenüber der klassischen Kriminalität, heute und vor allem morgen das Zurückdrängen der Invasion durch die »Mafia Incorporated«.

Doch im Unterschied zu den internationalen Herausforderungen gibt es keinen Gefahrenkatalog, sondern nur das ungefähre Gefühl, daß überall alles passieren kann, daß Vorsicht und Wachsamkeit die dringendsten Pflichten der Regierenden sind. Auf dem innenpolitischen Schachbrett können die Überraschungszüge vollkommen sein, auf internationalem Boden sind sie nur Ausdruck mangelnder Überlegung und Vorbereitung. Es handelt sich nicht um dieselben Erschütterungen, mit denen wir leben müssen; die einen sind völlig unvorhersehbar, die anderen in ihrem Ausbruch unerwartet, aber logisch. Doch letzten Endes ist die Herausforderung gleich; die Ordnung ist nicht mehr das Ergebnis langsamer Verschiebungen der Machtverhältnisse, innenpolitisch zwischen sozialen Klassen, international zwischen den beiden Supermächten, sondern der Fähigkeit, so schnell wie möglich Brände zu löschen und von dem einen zum nächsten zu eilen. Es gibt kein Gesetz, nach dem sich das Feuer von den verschiedenen Brandherden ausbreiten würde, wie es die althergebrachten Konfliktstrategien früher zutage förderten. Jede Krise ist verdächtig: Sie kann sich auf eine unvorhersehbare Weise ausbreiten, niemand weiß, wann, wo und wie. Zumindest und einmal mehr auf innenpolitischem Gebiet, denn außenpolitisch sind zahlreiche Szenarien in Betracht zu ziehen: Auch wenn die Geschichte nach einem Satz von Marx, wir kennen ihn alle, über viel mehr Vorstellungskraft verfügt als der Mensch, unerschöpflich ist sie nicht.

Die Kunst der Krisenmanagements verlangt andere Führungsqualitäten. Der »reine und vollkommene«

Staatsmann, nach dem Muster des reinen und vollkommenen Markts in der Wirtschaftstheorie, müßte, sofern es ihn jemals gibt, widersprüchliche Eigenschaften auf sich vereinigen. Selbstverständlich Standhaftigkeit und die Fähigkeit, höchstpersönlich die Abschreckung zu verkörpern, die atomare wie auch die konventionelle militärische Abschreckung. François Mitterand besitzt die erste, aber die zweite nicht; Jugoslawien zeigt dies mit erdrückender Beweislast. Vielleicht verfügte Margaret Thatcher über beides. Der neue Staatsmann müßte über einen konzeptionell denkenden Verstand und über Improvisationsgabe verfügen, Talente, die sich im allgemeinen widersprechen. Verstand, um in jedem Augenblick zu versuchen, die Gefahren vorwegzunehmen, die Unordnung im Blick zu haben und sich mit einer »Weltanschauung« zu rüsten – dieser besonderen Weltsicht, die den Deutschen so teuer ist –, so daß man sich nicht ständig entwaffnet fühlt; Improvisationstalent, um immer auf Krisen zu antworten, wie unterschiedlich sie auch in Erscheinung treten, um jederzeit zu riechen, woher der Wind weht, zu ahnen, wie das Spiel steht und manchmal – das ist der Gipfel der Kunst – den Spielzug zu finden, der überrascht und gewinnt. Und schließlich braucht er Gegenwärtigkeit und Autorität einer starken Hand, um eine Öffentlichkeit zu beruhigen, die nach und nach aus ihrem kuscheligen Kokon erwacht, sich der Gefahr bewußt wird und bald entsetzt an die Seite des Staates flüchten wird, der wieder zu einer beeindruckenden Kraft und Stärke zurückfindet, sofern er diese neuen Umstände berücksichtigt.

Unser imaginärer Präsident müßte vielseitig sein: Erneuerer im Raum der »vorhersehbaren« Dinge, in den Angelegenheiten, in denen die Bevölkerung, die oft reifer als ihre Führer ist, Veränderungen erwartet; Beschützer und Sicherheit Bietender gegenüber dem Unvorhersehbaren, dem er schon durch seine Persönlichkeit die Stirn bietet. Diese Fähigkeit, beruhigend zu wirken, hat nichts mit den unnützen Wiederholungen der Vergangenheit zu tun, nichts mit der Suche nach denselben Riemen und Gurten wir vor einem Jahrhundert, sondern liegt in einer erhöhten Aufmerksamkeit für die neuen Gefahren. Dieses Bündel an Eigenschaften unterscheidet sich von den traditionellen Stereotypen, die einen Staatsmann ausmachen, wie wir Franzosen ihn seit Ewigkeiten kennen. Das ach so vertraute Modell der technokratischen Arroganz funktioniert nicht. Es fehlt ihm an Vorstellungskraft, an Improvisationsvermögen, an Kultur und an Einfluß. Kompetenz verändert sich ihrer Natur nach. Es handelt sich nicht mehr darum, blindlings einem in sich geschlossenen Wissen zu vertrauen, sondern auf Impulse zu reagieren, die im Programm nicht vorgesehen waren. Auch der Staatsmann, den die Geschichte und das 19. Jahrhundert kannten, hilft uns nicht: Er ist nicht in der Lage, die Triebkräfte der zeitgenössischen Gesellschaft zu erfassen, neigt eher dazu, auf Zeitgewinn zu spielen statt vorauszugreifen, kann sich nichts vorstellen, sich auf nichts einstellen, was außerhalb seines Gesichtsfeldes liegt. Ebensowenig der Stil des radikal den Konsens Suchenden: Er entgeht den Ängsten nicht, Angst vor der Geschichte, Angst vor den Ereignissen, Angst vor den Gefahren, Angst vor dem Leben. Das sehr französische Produkt des abstrakten Intellektuellen noch weniger: Eingeschlossen in seine apriorische Gedankenbauten, kaum empfänglich für das nicht Vorgesehene, unfähig zu improvisieren, und dramatisch wenig Sicherheitsgefühle bietend. Der urwüchsige und spöttische Volkstribun wäre eine Katastrophe. Er surft über die Wirklichkeit, hat keine Ahnung von der Geschichte, beschränkt sich aufs Kopfnicken. Es bleibt jedem überlassen, die Mitterrands, Balladurs, Delors, Barres, Rocards, Chiracs, Giscard d'Estaings auf dieser »Carte de Tendre« einzuordnen.

Was sind die europäischen Führer nach diesen Kriterien wert? Die Palme gebührt zweifellos Helmut Kohl und Felipe González. Der erste ist, wir haben es schon gesagt, blendend im Wesentlichen, enttäuschend im Nebensächlichem, eine seltsame Persönlichkeit, die angesichts historischer Herausforderungen – die Pershings, der Mauerfall – immer richtig denkt und der es in gewöhnlichen Zeiten an psychologischem Unterscheidungsgefühl mangelt. Der zweite ist mit einer echten Weltsicht begabt und trotz eines klassischen sozialdemokratischen Gewands der Krisengesellschaft noch mehr gewachsen als der Konfliktgesellschaft, dank einer erstaunlichen Frische nach elf Jahren an der Macht, die es ihm ermöglicht hat, den »Wechsel in der Veränderung« zu verkünden, ohne lächerlich zu erscheinen.

Frankreich hat vollkommene Führer für den Kalten Krieg hervorgebracht: intelligente, feinsinnige und unbewegliche. Wird es auf dieselbe Weise Staatsmänner erzeugen für ein Zeitalter, das ebensoviel Kühnheit wie Vorsicht verlangt, ebensoviel Initiativkraft wie Sinn für den Status quo, ebensoviel Schöpferkraft wie Konservatismus? Die Vorsehung – sollte es sie in der Geschichte geben – hat ihre Aufgabe schlecht erfüllt. De Gaulle war durch den Kalten Krieg gehemmt worden; er hätte das neue Mittelalter überragt: selbstverständlich in der Außenpolitik, wahrscheinlich auch in der Innenpolitik. Er hätte sich der Ungewißheit bedient, hätte die Zufälligkeiten ausgenützt, auf die Gelegenheiten gewartet und so dazu beigetragen, wieder Ordnung in die Unordnung zu bringen.

Teil III

AUF DER SUCHE NACH EINER ORDNUNG

WAS KOMMT NACH DEN AUTORITÄTEN?

Die alten Ordnungsstrukturen sind ungeeignet für das neue Mittelalter, aber im Augenblick gibt es noch keine anderen, die sie ersetzen. Das bisher zweckmäßige Modell einer europäischen Union mit der Erfüllung des Traums vom bundesstaatlichen Europa als Endziel zerfällt. Beinahe ein halbes Jahrhundert lang wurde dieses Europa mit einem Sündenbock aufgebaut – der Furcht vor dem Kommunismus und dem sowjetischen Expansionsstreben –, mit einer seltsamerweise marxistischen Philosophie, die ausgerechnet von empirisch denkenden Liberalen nach dem Muster von Jean Monnet aufgestellt wurde – die Wirtschaft bestimmt die Politik und diese gestaltet die strategischen Ziele –, und mit einer kartesianischen Vorgehensweise – ein Vertrag, ein Zeitplan, einige Schritte vorwärts und wieder ein Vertrag. Am Ende aller Ziele sollte sich das alte Vorhaben des Kongresses von Den Haag erfüllt haben: Westlich des Eisernen Vorhangs sollte es ein Europa der Bundesstaaten geben, ohne daß man sich ausdrücklich dafür entschieden hätte. Der Druck, den General de Gaulle mit dem Thema eines Europas der Vaterländer ausgeübt hat, mag diese Entwicklung gebremst haben, niemals aber hat er die vorherrschende Philosophie in Frage gestellt: Ökonomisch wurde Europa als freier Markt mit freiem Handel gedacht, politisch als föderalistische Gemeinschaft und strategisch gehörte es zum nordatlantischen Bündnis.

So gesehen, stellt Maastricht die letzte Willensäußerung der alten Entwicklung dar und nicht, obwohl es nach dem Zusammenbruch des Kommunismus stattfand, die erste Etappe eines neuen Modells. Aus diesem Grunde kommt es zu keiner Wiederbelebung des Vertrags, und nicht wegen der Auswirkungen der Rezession, die für ihn zersetzend sind. Mit Breschnew in Moskau und Honecker in Berlin wäre er auch nicht anders abgefaßt worden, aber die Zustimmung wäre viel selbstverständlicher ausgefallen: Die Angst vor dem Gegner hat das Aufgeben eigener Souveränität immer gerechtfertigt. Der gemeinsame Irrtum der Staats- und Regierungschefs im Dezember 1991 bestand darin, zu handeln, als hätte sich woanders nichts ereignet. Das Festhalten an der klassischen Vision eines einmütigen und geeinten Europas konnte sicher ein paar Monate gutgehen, bis zu dem Moment, als die neuen Tatsachen der Öffentlichkeit explosionsartig bewußt wurden. In Bezug auf die Grenzen: Wie sollte, sobald Europa geographisch eins würde, ein Teil von zwölf Ländern sich dauerhaft abgrenzen können? In politischer Hinsicht, denn durch das Verschwinden des Ostblocks werden die Herausforderungen, die wirtschaftlicher Natur waren, selbstverständlich wieder politisch. Nicht mehr die Wahnvorstellungen von einem möglichst reinen und absolut freien Markt geben den Ton an, sondern die uralten Fragen nach Zukunft, Krieg und Frieden bestimmen wieder das Denken. Auf dem Gebiet der Moral: Wie soll man sich für schwierige Ideen und hochkomplizierte Gedankenbauten begeistern, wenn die Zwölf sich als unfähig erweisen, Kriege vor ihrer Haustür zu verhindern? Im intellektuellen Bereich: Welchen Sinn macht die Idee eines Staatenbunds angesichts eines Europas, das vom Atlantik bis zu einer unbekannten Grenze reicht, die das europäische Rußland vom asiatischen Rußland trennt? Wenn ein Bündnis für die reichen Länder und ihre Anrainer noch sinnvoll war, welche Begründungen ließen sich auf dem Hintergrund eines so gespaltenen Kontinents dafür finden? Und schließlich die historischen Tatsachen: Der Kommunismus hatte eine egoistische Politik der westlichen Staaten unmöglich gemacht und sie in eine unverhoffte Heilige Union getrieben; daß sie aber zu dieser Politik zurückkehren, ist so sicher wie das Gesetz der Gravitation.

Der Vertrag von Maastricht ist also eine Totgeburt. Doch gerade deshalb muß ihm, so paradox es auch erscheinen mag, zugestimmt werden: Ihn nicht zu ratifizieren wäre ein neuer Schritt, ihn zu ratifizieren hingegen nicht. Lauthals zu verkünden, und einige taten das mit Jubelgeschrei, daß »der König nackt« sei, war mit der großen Gefahr verbunden, Antriebskräften und Reaktionen freien Lauf zu geben, die das jahrzehntelange Leben innerhalb der Europäischen Gemeinschaft schließlich mit einer feinen Schicht Zivilisiertheit bedeckt hatte. Aber die Unterzeichner des Vertrages hatten gleichwohl gegen seinen Geist verstoßen: Statt die Architektur eines neuen Europas zu planen, haben sie versucht, mit den alten Plänen »auf Verlängerung zu spielen«.

Mit dieser Vorgehensweise ist es nun vorbei. Viel hätte nicht mehr gefehlt: Die Geschichte ist dem Bau der europäischen Gemeinschaft keine gute Tochter gewesen. Wäre der Kommunismus zehn Jahre später untergegangen – ein schwacher Aufschub für ein messianisches System –, hätten die Zwölf oder Sechzehn vermutlich über eine gemeinsame Währung verfügt, über gemeinsame Instrumente in der Sicherheitspolitik und über erste Ansätze zu einer vereinigten Außenpolitik. Sie hätten das Stadium der Unumkehrbarkeit erreicht und wären der Neuerung, in diesem Fall der Befreiung im Osten, mit einer einheitlichen Organisation entgegengetreten. Die Emanzipation der Volksrepubliken für verfrüht zu erklären, zeugt jedoch von einer Mißachtung der Belange der jeweiligen Bevölkerung. Kalt und zynisch ausgedrückt, unter westlichem Blickwinkel: Diese Entwicklung hat uns zu einem Moment völlig überrumpelt, als die Europäische Gemeinschaft im Schutze des Eisernen Vorhangs gerade ein entscheidendes Kap umschiffen wollte. Nun sind die Würfel gefallen; der Kartesianismus ist außer Kraft gesetzt; Europa wird keinem französischen Barockgarten entsprechen, mit Institutionen und Strukturen, die funktionieren wie mit der Schnur gezogen.

Das Bedürfnis nach Ordnung ist unterdessen nicht verschwunden. Im Gegenteil, das neue Mittelalter bringt Probleme mit sich, deren Lösung ein Mehr an Organisation voraussetzt, selbst im Vergleich zum vorausgegangenen Entwicklungsprozeß. Rußland, eigentlich gar kein richtiger Staat, erfordert paradoxerweise von den anderen Staaten eine viel besser aufeinander abgestimmte und weitaus besonnenere Politik als eine Sowjetunion, die dermaßen bedrohlich war, daß sie, wie ein Magnet auf Eisenfeilspäne, eine ungeheure Anziehungskraft auf die Westeuropäer ausübte, da sie diese zwang, sich feste Strukturen zu geben. Unsichere Grenzen, fehlende Rechte für die Minderheiten, nach ethnischen Kriterien zweifelhafte Gebietsaufteilungen: Es gibt so viele Tatsachen, die theoretisch nach einem Mehr an Ordnung schreien. Sich ausbreitende Grauzonen, im Osten wie auch im Innern jeder westlichen Gesellschaft, das schnelle Anwachsen einer Gesellschaft, die außerhalb der Gesetze steht, rechtsfreie Räume, wo der Staat abwesend ist: Es finden so viele Umwälzungen statt, die es nicht erlauben, daß wir uns mit der Unordnung im Namen einer höheren Ordnung abfinden, die dieselbe Rolle spielen soll wie die »unsichtbare Hand« über dem freien Markt. Angesichts dieser Dringlichkeiten bietet das neue Mittelalter ausschließlich verschwommene Strukturen, teils sogar in noch loseren Zusammenhängen als die des früheren Mittelalters.

So das neue Heilige Römische Reich Deutscher Nation. Die Franzosen, haben wir gesagt, täuschen sich über das deutsche Reich: Sie stellen sich ein Viertes Reich vor, mit sympathischem und demokratischem Gebaren, aber straff organisiert und imperialistisch, wie ein neuer Bismarck es sich vielleicht ausmalen könnte. Sie haben es aber mit dem anderen deutschen Reich zu tun, dem vorherigen, das eigenartigerweise jedoch um das österreichisch-ungarische Imperium erweitert ist. Die biedere Bundesrepublik hat eine Doppelerbschaft angetreten: Erbe des Heiligen Römischen Reiches und der Habsburger Monarchie. Als Adenauer eine große Schweiz unter dem atomaren Schutzschild der Amerikaner aus der Taufe hob, hätte er sich niemals diese Erbschaft vorstellen können. Aber es gibt diesen geopolitischen Raum: Zu ihm gehören Kroatien, Ungarn, Böhmen im selben Maße wie Schlesien oder das ehemals preußische Polen. Ein erstaunliches Deutschtum, das aus den friedlichen Bürgern Bonns die Erben Kaiser Franz Josefs macht, obendrein noch ohne daß sie sich dessen bewußt wären, und ihnen in den Gebieten der alten Reiche wieder die Rolle des Bürgen und Schiedsrichters zuweist. So formuliert, könnte diese Entwicklung aussehen wie eine böswillige Unterstellung an die Adresse der Bonner Politiker. Eine 40 Jahre währende, nordatlantische und europäische Vulgata sowie eine lebendige Erinnerung an die Vergangenheit, mehr braucht es wohl nicht, damit Hellsichtigkeit und eine scharfe Wahrnehmung der Fakten sich von selbst verbieten.

Aber von Tag zu Tag werden diese Fakten mehr Wirklichkeit. Auf seiten der Unternehmer, die in diesen Gebieten neue Absatzmärkte finden und vor allem eine Möglichkeit, ihre Fertigung auszulagern, zu Preisen aus der Dritten Welt, aber mit dem Vorteil der kulturellen Verwandtschaft. Auf seiten der Banken, die den Finanzministern der Länder Mitteleuropas mit ausgestreckten Armen entgegenkommen. Auf seiten der deutschen Öffentlichkeit, die in diesem Europa natürlich ihre Spuren vorfindet. Aber viel mehr noch auf der anderen Seite, auf seiten der aus dem Kommunismus hervorgegangenen Völker, für die Deutschland so sehr den Zugang zum Westen bildet, daß sie die Verletzungen aus dem Zweiten Weltkrieg vergessen. Sprache, Fernsehen, Tourismus, besonders aber die Konsumgesellschaft sind für sie noch voller Wunder. Alles treibt sie dazu, die Lehnsherrschaft Bonns anzunehmen. Diese ist derzeit jedoch bei weitem nicht absolut: Wenngleich Deutschland im gesamten Raum der beiden früheren germanischen Reiche allgegenwärtig ist, verhält sich die Bundesregierung maßvoll und vorsichtig. Sie hat diese wirtschaftliche und kulturelle Inbesitznahme nicht in politischen Einfluß umgemünzt. Was eine Frage des Temperaments ist: Während die Wirtschaftsführer nicht länger zögern, die deutsche Allmacht anzunehmen und zu vertreten, bleiben die Politiker im Hintergrund, da sie stark geprägt sind von den Jahrzehnten, in denen Deutschland seine Vergangenheit sühnte, indem es sich wie ein Musterschüler benahm. Und eine Frage der Erfahrung: Während die deutschen Unternehmer in einen Wirtschaftskampf auf dem Weltmarkt verwickelt waren, hat die Bonner Politik nie gelernt, mit den harten Bandagen einer internationalen Macht zu kämpfen, sie verfügt im Augenblick weder über das entsprechende Benehmen noch über die Erfahrung. Schließlich auch eine Frage der Wahl: Helmut Kohl ist ein viel zu eingefleischter Europäer, um im Osten eine solch aktive Rolle zu spielen, daß sie auf Umwegen auch die Westbindungen seines Landes unvermeidlich erschüttern könnten. Aber was wird später sein? Selbst mit Fingerspitzengefühl und Zurückhaltung wird Deutschland letztendlich die Rolle des diskreten und natürlichen Lehnsherren im Innern seines Heiligen Römischen Reiches auch politisch ausfüllen. Eine solch verschwommene Struktur entspricht den Zeiten des Friedens. Aber welche Dienste leistet sie in Krisenzeiten, für die sie nicht vorgesehen ist?

Die neuen, undeutlichen und nicht greifbaren soziopolitischen Wesen treten nicht nur auf dem europäischen Kontinent zutage. In gewisser Weise ist das gesamte China auch ein solches. Das kontinentale China, dessen Rückgrat nach dem Muster der einstigen Mandarine die Nomenklatura bildet, spaltet sich immer mehr. Die Verflechtung zwischen Taiwan, Hongkong, der chinesischen Diaspora in Asien und sogar den in die USA ausgewanderten Chinesen nimmt zu. Von den Tycoonen in Hongkong und Taipeh wird eine ungeheure Menge an Kapital zugunsten dieses Gesamtchinas aufgebracht. Es gibt eine vollkommene kulturelle Einheit, eine immer dichtere wirtschaftliche und finanzielle Verzahnung, doch im Gegensatz dazu eine politische Struktur, die immer undurchsichtiger wird, ohne daß sich im Innern dieser Gesamtheit eine Reihe von Machtzentren deutlich abzeichnete. Während Deutschland und Japan unmittelbar nach dem Krieg viele Gemeinsamkeiten aufwiesen, scheint das Deutsche Reich in der postkommunistischen Zeit seinen Funktionsmechanismen nach paradoxerweise diesem Gesamtchina näher zu stehen, wobei es in den Grenzen der Bundesrepublik nach wie vor japanische Züge zeigt: eine erstaunliche Alchimie ... Diese Gesamtheiten, ob deutsche oder chinesische, dürfen nicht mit den Integrationsprozessen, die sich an den Rändern des Pazifiks oder im Indischen Ozean abspielen, verwechselt werden: Letztere sind rein kapitalistischer oder ökonomischer Natur, während bei den ersteren etwas Wesentliches hinzukommt: gemeinsame Wurzeln in der Geschichte und eine gemeinsame Kultur.

Am einen Ende bilden sich auf dieselbe Weise wie im Mittelalter wieder Reiche mit verschwommenen Grenzen, am anderen entstehen Stadtstaaten oder Regionalstaaten, die wie früher versuchen, Freiheiten im Handel, bei Zöllen und Steuern zu erlangen. Nichts anderes fordert der neue mailändische Bürgermeister von der Lega Lombarda, wenn er die Absicht verkündet, seine Stadt in einen Stadtstaat zu verwandeln, den die italienische Wirklichkeit um ihn herum nichts mehr angehe, so als befände sich Mailand außerhalb des Staatsgebietes.

Nichts anderes verkündet auch der Präsident der katalanischen Generalität, wenn er die Autonomie zum Äußersten treiben will, bis hin zur eigenen Währung. Von nichts anderem träumen die Einwanderer aus Ostpreußen, die aus dieser Region, besonders aus der um Königsberg, eine Art Fürstentum alten Schlags machen wollen, das formell der politischen Souveränität Rußlands unterstellt ist. In welcher Richtung sehen Venedig und Triest ihre Zukunft in einem Italien, das auf dem Weg ist, seine Einheit zu verlieren? Eher Rom oder eher Mitteleuropa zugewandt? Werden sich die großen deutschen Hafenstädte, allen voran Hamburg, nicht einen Plan zur Wiederherstellung der Hanse ausdenken? Hält Sankt Petersburg sich nicht eher für eine äußerste Station des Westens nach Rußland hin als für einen russischen Brückenkopf nach Europa hinein? Das sei im Augenblick, werden Skeptiker sagen, nur politische Rhetorik. Aber: Eigennutz treibt diese Städte und Miniregionen in eine solche Haltung. Wenn die politischen Wahnvorstellungen mit wirtschaftlichem Zugewinn gekoppelt werden, entsteht eine echte Dynamik. Wie die neuen Reiche weder Landtage noch Reichstage, weder große Kurfürsten noch konstitutionelle, noch absolute Monarchien haben, werden auch die Stadtstaaten nicht ausdrücklich über besondere Freiheiten, Rechte oder Statuten verfügen, aber in Wirklichkeit werden sie funktionieren, als hätten sie diese.

Zwischen diesen Stadt- und Regionalstaaten werden sich nach dem Muster der mittelalterlichen Universitäten Netzwerke gegenseitiger Unterstützung herausbilden, um einen stärkeren Einfluß gegenüber den Nationalstaaten auszuüben, die sie heimlich auszuboten versuchen. Eine weitere verschwommene Struktur entsteht durch die Minderheiten, die per Gesetz oder de facto ein besonderes Statut erhalten werden. Selbst wenn es Europa nicht gelingt, seine Minderheitenprobleme auf geordnete Weise zu regeln, werden diese unaufhörlich besondere Rechte erlangen: im schlimmsten Fall durch Gewalt, bestenfalls durch ein politisches Entgegenkommen seitens der herrschenden Mächte, am häufigsten wohl aber durch die Praxis, den alltäglichen Kompromiß oder die stillschweigende Duldung. Dasselbe gilt für die ethnischen Minderheiten in den alten Nationalstaaten: Entweder wird man ihnen ihre Rechte nach amerikanischen Modell gesetzlich einräumen oder der Staat wird sie wie in England faktisch als Vertragspartner anerkennen, oder man wird wie die Franzosen öffentlich ihre Existenz leugnen, um vor Ort doch mit ihnen zu verhandeln, da man sonst riskieren würde, daß ihnen die gesamte Macht in den »rechtsfreien Zonen« zufiele.

Diese Reiche ohne feste Konturen, mit Stadtstaaten und autonomen Minderheiten, ergeben eine eigenartige Landkarte, die nichts mehr mit den Modellen gemein hat, die in der Moderne entworfen wurden. Die Karte entspricht weder dem Nebeneinander der Nationalstaaten, die sich so weit über ihre Grenzen hinauswagen, daß sie regelmäßig Krieg führen wie im 19. Jahrhundert, noch einer Staatengemeinschaft, die sich nach und nach bildet, indem jeder einzelne gemäß einem gemeinsam festgelegten Fahrplan immer mehr Souveränität abgibt, wie es der Traum der Nachkriegszeit war, noch einer Welt, die so sehr vom freien Handel und vom frei fließenden Verkehr der Güter und Dienstleistungen bestimmt ist, daß alle anderen Formen der Identifikation letzten Endes von selbst verschwinden, wie in den angelsächsischen Phantasievorstellungen. Künftig ist es unnütz, eine konzeptionelle Grundlage bei Hegel und seinen Epigonen, bei Jean Monnet und seinen Schülern oder bei Adam Smith und seinen Nachfahren zu suchen; vielleicht steht Braudel mit seiner Theorie von der Wirtschaftswelt der Wirklichkeit, die sich vor unseren Augen entwickelt, einmal mehr am nächsten. Ebenso unnütz ist es zu glauben, man könne von den Verfassern und Spezialisten des internationalen Rechts eine Gebrauchsanweisung zur Bildung neuer Institutionen bekommen: Sie haben kein einziges Modell anzubieten, auf das man sich beziehen könnte.

War das frühere Mittelalter unter diesem Gesichtspunkt, was völlig paradox ist, nicht besser gewappnet als das neue? Gott diente als Fundament für alle Institutionen; die Herrschaft innerhalb der Reiche wurde durch Erbfolge oder Wahlen geregelt; die Städte besaßen Abgaben- und Zollfreiheiten, bestimmte Regionen oder Grafschaften hatten besondere Rechte. Wir sind heute zu Nichtfestlegung und Formlosigkeit verurteilt. Das neue Heilige Römische Reich Deutscher Nation zählt mehr als der Europarat oder die Westeuropäische Union, das neue Gesamtchina mehr als die ASEAN. Es ist schon eine bizarre Situation, wenn es internationale Organisationen gibt, die institutionell gut ausgestattet sind, und neben ihnen reale Verhältnisse ohne jedes Statut, die aber ausschlaggebend sind. Könnte es offiziell anerkannte »demokratische Reiche« geben? Kann man sie entwerfen? Die Notwendigkeit dürfte uns dorthin führen ... So weit sind wir heute noch nicht. Nach dem Krieg war die Architektur der Welt vor allem Ausdruck der globalen Kräfteverhältnisse: die Nato ein Bündnis mit amerikanischem Erstgeburtsrecht; die EG ein Bund um das Paar Frankreich-Deutschland; die amerikanisch-sowjetischen Verträge ein Mittel, ihren gemeinsamen Führungsanspruch deutlich zu machen. Künftig werden rechtliche Vereinbarungen und Kräfteverhältnisse nicht mehr zusammengehen: Ungeformte Wirklichkeiten setzen sich durch, während gestandene Organisationen jede Substanz verlieren. Das ist keine gesunde Situation: In einer Zeit der Erschütterungen befindet sich die Welt auf der Suche nach neuen Autoritäten und festen Verhältnissen. Die Probleme, zu deren Lösung starke Autoritäten notwendig wären, vervielfachen sich in einem Moment, in dem die Autoritäten schwinden. Ein Beispiel ist die Einwanderung: Auf der Ebene eines einzelnen Staates ist sie ein unlösbares Problem, kaum lösbar ist sie im Rahmen der Union, Lösungen für den europäischen Kontinent sind vorstellbar; in den Griff zu bekommen ist sie jedoch nur in den Beziehungen zwischen den Kontinenten, also in einem internationalen Kontext. Und das ist keine wahrscheinliche Perspektive ... Ein anderes Beispiel ist die explosionsartige Verbreitung illegal erworbener Gelder: Unkontrollierbar auf Länderebene, ist eine weltweite Organisation erforderlich, um sie zu bekämpfen, in der kein einziges Land fehlen darf. Ein ständig wiederkehrendes Beispiel ist die Eindämmung lokaler Konflikte: Es gibt keine Länder und keine Organisationen, die in der Lage wären, die Aufgaben einer internationalen Polizei wahrzunehmen, außer den Vereinigten Staaten, und die haben fortan weder die Mittel noch den Willen dazu.

Wie kommen wir aus dem Widerspruch heraus, daß die Strukturen genau in dem Moment schwach werden und nachgeben, in dem die postkommunistische Wirklichkeit einen wirksamen Apparat internationaler Organisationen erfordert? Eindämmung der Wanderungsbewegungen, polizeiliche Überwachung der Kapitalströme, Umweltschutz, in jedem Fall besteht dasselbe Bedürfnis nach einem internationalen Rahmen, einheitlichen Regeln, Überwachungs- und Kontrollmechanismen. Derartige Institutionen gibt es nicht. Diejenigen, die in der Nachkriegszeit ins Leben gerufen wurden, dienten alle wirtschaftlichen (GATT, EU) oder militärischen Zwecken (Nato, Westeuropäische Verteidigungsunion). Sie waren Ausdruck einer Welt, in der alle Machtverhältnisse dem sowjetisch-amerikanischen Duopol untergeordnet waren und in der die Ökonomie das einzig mögliche Aktionsfeld darstellte. Daher die Schwächung des Staates, die allgemein hingenommen wurde. Daher die Hintanstellung aller leistungsfähigen internationalen Organisationen außerhalb des Wirtschaftslebens, wo ein mächtiges Bündnis in jedem Lager geschlossen wurde. Daher eine Vielzahl von Organisationen mit der freien Rede als einzigem Inhalt und Bürokratien, die nur noch sich selbst dienen – UNESCO, FAO, UNICEF –, was sie um so aktiver tun, als sie nicht über die geringste hoheitliche Macht verfügen. Dieser ganze Ballast war willkommen, solange es zwei Paten auf der Welt gab, die imstande waren, wenn sie wollten, das Ende der Pause zu läuten.

Unsere alten Denkschemata werden nicht zur Einsetzung neuer Autoritäten führen. Mit dem Vorrang der Ökonomie ist es vorbei. In einer Welt, in der die Politik wieder die führende Rolle spielt, läßt sich dieser Hebel nicht mehr ansetzen, sondern bestenfalls in den Erfahrungsschatz aufnehmen. Die Rückkehr gewisser protektionistischer Tendenzen, die Anfechtungen des freien Handels, die Sprünge im europäischen Währungssystem, der erneute Einsatz der Abwertung, um Wettbewerbsvorteile zu erzielen: Es gibt so viele Symptome für einen Rückschritt, dem sich kein ökonomischer, sondern nur ein politischer Wille entgegenstemmen kann. Es ist illusorisch, auf die Vormundschaft der USA zu setzen. Sie fühlen sich für die neue Weltordnung nicht länger zuständig und es gelingt ihnen nicht mehr, internationale Institutionen einzusetzen, die sich damit begnügen, unter dem Anschein innerer Demokratie amerikanische Ukasse in freundliche Töne zu kleiden. Die Unterfütterung der UNO mit zahlreichen Tochterorganisationen ist prima für ein gutes Gewissen, doch sie sind unfähig, die geringste Rolle zu spielen. Und für die Europäer geht die traditionelle Entwicklung der Gemeinschaft zu Ende. Maastricht war, wie wir wissen, die Fermate dieses Verfahrens: Es wird keine Übereinstimmung zu Zwölft oder zu Sechzehnt mehr geben, um wie bisher auf dem Hintergrund einer unbeweglichen Welt Fortschritte zu machen.

Die Karten werden neu gemischt: Das Spiel verlangt mehr Vorstellungskraft, als für irgendeines in den letzten zwei oder drei Jahrhunderten je erforderlich war.

Wenn nach einem Konflikt die Regeln im internationalen Zusammenspiel neu geschrieben werden mußten, war alles einfach: Die Kräfteverhältnisse trugen die Lösungen in sich, und sei es zum Preis historischer Dummheiten wie der Zerschlagung Österreich-Ungarns 1918. Werden die Franzosen jemals reif genug sein, die intellektuelle Aufrichtigkeit so weit zu treiben, Clemenceau unter diesem Blickwinkel zu beurteilen? Die Dramen des 20. Jahrhunderts gehen größtenteils von seinen Irrtümern aus: die Verweigerung eines separaten Friedens mit Kaiser Karl 1917, das Diktat von Versailles. Unser »Vater Sieg« ist auch einer der Vorfahren des Zweiten Weltkriegs gewesen. Solange der Kommunismus zugleich den einen als Liebhaber und den anderen als Kontrastfigur diente, war der Handlungsspielraum bekannt und jede Initiative auf den Millimeter genau abgezirkelt. Die Situation nach dem Zusammenbruch des Kommunismus ist beispiellos: Die alten, aus dem Kalten Krieg hervorgegangenen Strukturen verkümmern; neue, formlose nisten sich ein, sind aber weder stark noch dauerhaft genug. Worauf soll man sich stützen? Mit welchen Institutionen soll gearbeitet werden? Wie kann man neue Autoritäten entwickeln?

Erfindungsgabe heißt nicht, alles über Bord zu werfen, was es gibt. Die alte Europäische Gemeinschaft kann nicht mehr hergeben als im Augenblick, aber sie funktioniert, also sollte man sie benutzen ... Vom Räderwerk der Gewohnheiten innerhalb der Gemeinschaft erfaßt, haben die Staats- und Regierungschefs seit 1989 nicht begriffen, daß die Politik gegenüber der Ökonomie wieder Vorrang besitzt. Alle Fragen zu den neuen Kräfteverhältnissen nach der deutschen Einheit und zur Ausrichtung der deutschen Politik – ob immer noch nach Westen, mehr zur Mitte hin oder zusätzlich auch nach Osten? – beweisen die Vorrangstellung der Politik. Auch die Notwendigkeit für den Westen, Osteuropa an sich, das heißt an die Demokratie und an den freien Markt zu koppeln.

Oder die Gestaltung der Beziehungen zu einem vom Zufall abhängigen und unberechenbaren Rußland, das kein Feind mehr ist, das Geschichte und Geographie jedoch daran hindern, ein echter Freund zu werden. Oder das Gebot, die Ordnung aufrechtzuhalten und zu verhindern, daß die Vielzahl von Konflikten, die entlang des kontinentalen Risses schwelen, sich in ebenso viele Stammeskriege verwandeln. Oder die Dringlichkeit, internationale Strukturen zu schaffen, die es erlauben, Probleme zu verhandeln, für die es im kleineren Rahmen keine Lösungen gibt. Und ein letzter Beweis: der Zwang zu symbolischen Gesten, die dem derzeitigen Lauf der Ereignisse eine optimistischere Wendung geben. Nach dieser Bestandsaufnahme erscheint die Union als das, was sie ist. Eine im wesentlichen technokratische Macht wie die Brüsseler Kommission ist den wirtschaftlichen Herausforderungen gewachsen, für politische Neuerungen ist sie jedoch weder geschaffen, noch besitzt sie das nötige Handwerkzeug. Mit dem Hereinbrechen der Politik müssen die einzelnen Staaten eine andere Funktionsweise für sie entwerfen.

Viele Kommentatoren haben schon 1990 gedacht, daß die Gemeinschaft das Verhältnis von Politik und Ökonomie umkehren müßte und daß sie aus diesem Grund den ehemaligen Volksrepubliken einen politischen Beitritt anbieten sollte, der dem ökonomischen vorausgeht. Die politische Aufnahme hätte im Tausch gegen Verpflichtungen erfolgen können, Verpflichtungen hinsichtlich des demokratischen Charakters ihrer Regierungen, der Einführung der freien Marktwirtschaft, der erneuten Bekräftigung des Prinzips, nach dem die Staatsgrenzen unantastbar sind, außer durch vertragliche Vereinbarungen, hinsichtlich der Annahme eines besonderen Statuts für die Minderheiten und der Anerkennung eines Sanktionsrechts bei Verletzung der einen oder anderen Bestimmung. Als politische Mitglieder der Gemeinschaft wären die neuen Beitrittsländer an allen Entscheidungen beteiligt gewesen, außer an denjenigen, die an einen funktionierenden freien Markt geknüpft sind: Verständigung auf den Gebieten der Politik, der Verteidigung, des Umweltschutzes ...

Die ehemaligen kommunistischen Länder hätten so die demokratische Verankerung gefunden, die sie lauthals vom Westen fordern und die wir jenen Europäern anbieten sollten, die die kommunistische Festung im Namen unserer Werte niedergerissen haben. Zweitrangig geworden, wäre der ökonomische Beitritt später und nach den jeweiligen Gegebenheiten erfolgt, nach unterschiedlichen Fahrplänen je nach den Fortschritten, die jede Volkswirtschaft eines östlichen Landes auf dem Weg zu den Regeln der sozialen Marktwirtschaft erzielt, und in bestimmten Fällen gemäß speziellen Vereinbarungen, die denjenigen, die man mit einigen Ländern des Maghreb getroffen hat, näherkommen als einer schlichten Integration. Auf diese Weise hätte Europa die doppelte Falle vermeiden können, in die es jetzt mangels Phantasie hineingeraten ist: erstens die Zurückweisung des Beitritts, der politisch unstrittig ist, aus ökonomischen Gründen; zweitens angesichts der Unmöglichkeit, diese Position dauerhaft aufrechtzuerhalten, der plötzliche Wunsch, die ökonomische Eingliederung so schnell wie möglich zu bewerkstelligen, auch um den Preis ernsthafter Unruhen sowohl in den derzeitigen Mitgliedsstaaten als auch, schlimmer noch, bei den Neuankömmlingen. Eine auf solche Weise politisch erweiterte Union hätte außerdem einen Rahmen für das neue Heilige Römische Reich Deutscher Nation geschaffen, denn fast alle Staaten aus diesem Gebiet hätten in Brüssel Platz genommen, und die Deutschen hätten ihre Lehnsherrschaft unter den Blicken der anderen großen Europäer ausgeübt.

Eine solche Gemeinschaft stünde nicht im Widerspruch zu den Buchstaben des Vertrags von Maastricht: Ein über die Zwölf hinausgehender Kreis wäre entstanden, der mehr politische und strategische Ziele verfolgt hätte, ohne die engsten Integrationsvorgänge unter den alten Mitgliedern zu beeinträchtigen. Allerdings stünde er im Gegensatz zum Geist von Maastricht, denn er hieße die Vorstellung von einer uneinheitlichen Gemeinschaft gut, die sich in mehreren Geschwindigkeiten entwickelt, wenngleich die EG in Wirklichkeit immer auf diese Weise funktioniert hat. Davon zeugen die Freiheiten, die den Briten und später den Dänen in Maastricht eingeräumt wurden, um ihre Ablehnung aus der Volksbefragung rückgängig zu machen. Aber diese Abweichungen blieben auf den Bereich der Wirtschaft beschränkt, und als Ausrede konnte auf besondere Hindernisse verwiesen werden, sie fügten sich nicht in eine Architektur, die im Gegenteil die wirtschaftlichen Mechanismen zugunsten der Politik entwertet hätte. Über einen unverhofften Umweg hätte ein solcher Bauplan zu einem politischen Europa der Vaterländer geführt, wie es de Gaulle lieb war, ein Europa, das durch die günstigen Umstände nach Osten erweitert wäre, eine klassische Europäische Gemeinschaft überragend, die zu ihrer ursprünglichen Prägung wirtschaftlicher Natur zurückgekehrt ist.

Warum ist ein solches Vorhaben, so unoriginell wie das Ei des Kolumbus, 1991 nie ins Auge gefaßt worden? Die Eurokraten und die Kommission hatten Angst davor, denn sie fürchteten, daß die neuen komplexen Verhältnisse einer Organisation Schaden zufügen könnten, deren wahnhafte Verfälschung sie alleine bemessen. Die weniger reichen Länder, allen voran Spanien, mißtrauen jeder Entwicklung, die den noch ärmeren Ländern im Osten die Tür einen Spalt breit öffnen und damit enden würde, ihnen den Zugriff auf die Hilfsgelder der Gemeinschaft zu ermöglichen. Die Engländer hätten sich am wenigsten ablehnend verhalten, da sie Europa als einen riesigen Markt mit einem Minimum an politischer Abstimmung betrachten, wenn der Wille, immer eine Sonderrolle zu spielen, sie nicht so sehr in Anspruch nähme, daß sie unmöglich noch eine andere Idee vertreten können. Die »Väter der Gemeinschaft«, Franzosen und Deutsche, blieben Gefangene, erstere des Gedankens, nach dem zuerst das Europa der Zwölf gestärkt werden müsse, bevor man die Tür für andere öffnen könne, und letztere der unausgesprochenen Verpflichtung, den Bau der Gemeinschaft nach klassischem Muster voranzutreiben, die sie eingegangen waren, als sie im Gegenzug die Unterstützung der Europäer für die Wiedervereinigung erhielten. Da die einen wie die anderen Gefangene ihrer kleinkrämerischen Gewohnheiten und Interessen sind, haben die Zwölf ihre traditionelle Hausmannskost auf dem Herd stehen, ohne an einer Geschichte Interesse zu zeigen, die sich vor ihren Toren wieder in Gang gesetzt hat.

Ist es schon zu spät, um heute eine neue Union zu entwerfen? Seit Maastricht haben sich die Gewichte verschoben, und auf Anregung Deutschlands ist die Perspektive nähergerückt, daß die fortgeschrittensten Staaten des Ostens, Polen, Ungarn und die tschechische Republik, auf eine weitaus klassischere Art beitreten. Dies könnte sich tatsächlich nach dem Muster abspielen, wie die Vereinigten Staaten Mexiko gegenüber gehandelt haben: Deutschland möchte den einen Markt lieber mit den besten Staaten Mitteleuropas teilen, als die Einwandererströme aufnehmen. Das hat einen doppelten Nachteil: Ein Teil des alten Ostblocks wird sich selbst überlassen, und in den Ländern, die in ihren demokratischen Anstrengungen und in ihrer friedlichen Haltung unsere Unterstützung benötigen, wird der Beitritt nicht als Hebel angesetzt, um Gegenleistungen zu bekommen … Die europäischen Staatsmänner strampeln heftig auf der Suche nach neuen Spielregeln, aber sie wagen es nicht, die einzige Institution zu nutzen, deren Mythos so mächtig war, zumindest noch vor einigen Jahren, daß er von allein ein friedenssichernder Faktor war. Hat man die kommenden Gefahren unterschätzt? Läßt uns der Gedanke frösteln, eine komplexe Organisation umzuwälzen? Kurz gesagt, scheut man das Risiko? Zweifellos hat all das eine Rolle gespielt, mit der Folge, daß es heute schwieriger geworden ist zu handeln. Es ist sicher noch Zeit, aber wir müssen uns beeilen: Es muß gehandelt werden, bevor der Traum von Europa so schwer beschädigt wird, daß er jede Anziehungskraft verliert; die Gemeinschaft muß erneuert werden, bevor das Beitrittsverfahren unserer drei mitteleuropäischen Musketiere in Gang kommt, denn danach sähe jeder Schrittwechsel ihnen gegenüber aus wie eine Schikane. Wenn die Franzosen beizeiten verstanden hätten, welche Art von Reich die Deutschen wieder bilden, wäre zweifellos ihr Interesse geweckt worden, es in eine weit größere Gemeinschaft einzubetten, in eine im wesentlichen politische Europäische Union, zu der sie, zumindest gleichberechtigt, den Schlüssel in ihren Händen gehalten hätten.

Diese Gemeinschaft hätte eine der Formen des unmöglichen »demokratischen Reichs« dargestellt oder – warum sollten wir auch pessimistisch sein? – könnte eine solche darstellen. Dieses Reich müßte heute errichtet werden. Es bleibt die einzige Struktur, die sich für verschwommene staatliche Gebilde in der Geschichte gefunden hat. Seinen Höhepunkt hatte es also im Mittelalter. Das neue Mittelalter muß es nur wiederentdecken. Das deutsche Reich mit seinen Großen Kurfürsten war keineswegs so archaisch: Es ähnelte einer Gemeinschaft, die weniger hochgezüchtet ist als die Brüsseler ... Wenn diese ihre ausschließlich wirtschaftliche Orientierung aufgäbe, sich erweiterte und politisch würde, müßte sie innerlich auf eine recht verwandte Art funktionieren: Der Ministerrat würde soweit gebracht, einen Teil seiner Macht an einen Primus inter pares abzugeben, wie es einst die wahlberechtigten Fürsten an den gewählten Kaiser taten. Es gibt also eine erstaunliche Alternative: Sollte der Gemeinschaft dieser Wandel nicht gelingen, würde sich innerhalb der Grenzen der beiden alten deutschen Reiche, aber ohne ein mächtiges politisches Zentrum, ein neues Reich bilden, das im wesentlichen wirtschaftlicher und kultureller Natur wäre; oder die Gemeinschaft erweiterte sich selbst auf eine Weise, die dem einstigen Deutschen Reich gleicht, und in diesem Fall würde das neue, das im Wiederentstehen begriffen ist, in einem noch größeren und rechtlich besser strukturierten aufgehen.

Es wäre absurd, die Gemeinschaft alten Modells unter dem Vorwand, sie sei dem postkommunistischen Europa nicht mehr angemessen, der Schmach preiszugeben. Zwar ist ihr der Weg zur Bundesstaatlichkeit nunmehr verschlossen, doch sie kann unter der Bedingung, daß sie es hinnimmt, sich institutionell und ideologisch umfrisieren zu lassen, ein hervorragendes »demokratisches Reich« bilden. Es ist die einzige Möglichkeit, die in unserer Reichweite liegt, solange die neuen Zeiten uns drängen, diese gute alte Struktur neu zu erfinden, die schon so oft die Völker zu einem Miteinander verpflichtet hat. Die Kluft zwischen Franzosen und Deutschen einerseits und Engländern andererseits bildet in gewisser Weise die unterschiedlichen Ansichten ab, die sie bereits über das Konzept zu einem solchen Reich haben. Für Deutsche und Franzosen macht das kontinentale Reich einen Sinn: Hat es nicht jeder von ihnen in einer imperialistischen Phase gewollt? In ihren Augen stellt es eine natürliche Antwort auf die Schwierigkeiten des Kontinents dar. Für die Briten kommt es einer Häresie gleich: Für ihre Interessen ist die Vorstellung eines ab Brest geeinten Europas unerträglich. Sie haben seit Jahrhunderten zu jedem Zeitpunkt eine Kippschaukel-Politik gegen die auf dem Kontinent vorherrschende Macht betrieben, um das zu verhindern. Für sie, die ewigen Adepten des freien Handels, ist Europa ein Markt und kein politisch handelndes Subjekt. Doch Franzosen und Deutsche haben seit langer Zeit unterschiedliche Ansichten über die Grenzen und die Natur des kontinentalen Reichs: Auf der einen Seite neigt man mehr dem römischen Charakter zu, auf der anderen mehr dem östlichen; für erstere sieht es zentralistischer und straffer aus, für letztere nachgiebiger und beweglicher; in den Augen von Paris hat es einen starken rechtlichen Zusammenhalt, die Berliner oder Bonner wollen den Machtverhältnissen mehr Raum lassen. Aber wenigstens sind sie sich einig, daß der Kontinent berufen ist, organisiert zu werden. Im übrigen schlummert westlich wie östlich des Rheins der Mythos vom Karolingischen Reich. Bildet er nicht, nach modernen Anforderungen gestaltet, Herz und Seele dieses demokratischen Reichs, daß wir neu erfinden sollten?

Könnte das karolingische Reich im Jahr 2000 etwas anderes sein als eine unlösbare Verbindung zwischen Frankreich und Deutschland? In einer Welt voller Unwägbarkeiten ist nichts dringender gefordert als eine Stärkung der stabilisierenden Faktoren. Im gesamten amerikanischen Raum gibt es keinen Zweifel: Dies ist die historische Mission der Vereinigten Staaten. In Asien wird das Spiel, wie wir wissen, in den zugleich von Haß und Konkurrenz geprägten Beziehungen zwischen China und Japan entschieden. In Europa ist Deutschland allein mit dieser Aufgabe überfordert; sollte es aus der schwierigen Wiedervereinigung eines Tages gestärkt hervorgehen, verfügte es vielleicht über die ökonomischen Mittel dazu, aber auf keinen Fall über die politischen, militärischen, strategischen oder gar moralischen Mittel. Es kann keinen anderen stabilisierenden Faktor geben als den deutsch-französischen. Selbst zu Zeiten der Annäherung an ein bundesstaatliches Europa stellten Frankreich und Deutschland den einzig möglichen Motor dar; sie bilden das unentbehrliche – in gewisser Weise karolingische – Herz einer Europäischen Gemeinschaft auf dem Weg zu einem demokratischen Reich.

Dies wird keineswegs wie von selbst aus den Ereignissen hervorgehen: Die Richtung mit dem größten Gefälle führt im Gegenteil zu einer allmählichen Distanzierung, mit einem Deutschland, das von Westen nach Mitteleuropa driftet, und einem Frankreich, das sich enttäuscht in sein fest umzäuntes romanisches Feld einschließt. Wie viele Gelegenheiten sind schon ungenutzt geblieben, um dieses Tandem unzertrennlich zu machen! Die Franzosen hielten die Karten zu einer gemeinsamen Sicherheitspolitik in den Händen. Sie haben sie nie ausgespielt. Sie besaßen politische Trümpfe. Sie hätten Deutschland anbieten können, die Rolle zu teilen, die sie ansatzweise weltweit spielen; sie haben nie daran gedacht. Die Deutschen hätten ihrerseits die währungspolitische Souveränität mit einem Franc teilen können, der wirtschaftlich tugendhafter geworden ist als ihre Mark. Es ist ihnen nicht einmal in den Sinn gekommen; sie ließen lieber das gesamte Währungssystem schwanken, als das Risiko einzugehen, ihre Zinsen um ein Prozent zu senken.

Krämergeist und Mangel an Vorstellungsvermögen haben die verpaßten Gelegenheiten vervielfacht: Nie wieder hat Helmut Kohl auf diesem Gebiet dieselbe Kühnheit gezeigt wie anläßlich der Wiedervereinigung; nie hat François Mitterand es gewagt, Poker zu spielen, er hat sich auf lauter intelligente Vorgeplänkel beschränkt, in einem Rhythmus, der vollkommen gewesen wäre, wenn die Sowjetunion weiter bestanden hätte. Nach der Pershing-Phase im Jahr 1983 hätten Franzosen und Deutsche dem Schicksal durch die Bildung einer Verteidigungsgemeinschaft trotzen können, sie haben nichts unternommen; nach dem Fall der Mauer wäre es im Interesse beider gelegen, diese Umwälzung gemeinsam zu bewältigen, doch es gab kein Interesse daran; im Laufe der so schwierigen französischen Volksabstimmung über Maastricht verfügten sie über eine Frist von einigen Wochen, um mit den Benelux-Ländern die künftige Wirtschafts- und Währungsunion vorwegzunehmen: ausgeschlossen! »Die Geschichte tischt dieselbe Mahlzeit nie zweimal auf.« Wie viele verpaßte Gelegenheiten brauchen unsere Staatsmänner eigentlich, damit sie diese erste Lektion öffentlichen Handelns wieder lernen? Jedesmal wurde die Sache, um die es ging, bedeutender und die Entscheidung schwerwiegender. Das Geschehen folgt so gesehen rückläufigen Erträgen: Die Gelegenheiten erfordern von Mal zu Mal eine immer größere politische Anstrengung, um ein von Mal zu Mal unsichereres Ziel zu erreichen. Wagemut und Vorstellungskraft fallen schließlich immer leichter ...

Im Juni 1940 hatte Churchill eine britisch-französische Union vorgeschlagen, eine unglaubliche Geste, die von Frankreich keine andere Antwort erhalten hatte als die Bitte um Waffenstillstand an die Deutschen. Zweifellos war die theatralische und psychologische Wirkung ausschlaggebend für diese Initiative, aber wenigstens befand sie sich auf der Höhe der Ereignisse. Als Robert Schuman und Jean Monnet keine zehn Jahre nach Kriegsende die Idee einer europäischen Verteidigungsgemeinschaft verkündeten, das heißt einer gemeinsamen Armee von Franzosen und Deutschen, brachten sie die starren Fronten in Bewegung. Als General de Gaulle und Konrad Adenauer den Élysée-Vertrag unterzeichneten, versuchten sie eine unumkehrbare Errungenschaft zu besiegeln. Und seither? Weil sie während der Jahre unter der sowjetischen Eiszeit gezwungen waren, wie gewandte Notare zu handeln, haben die verantwortlichen Politiker jedes Talent verloren, die Dinge auf den Kopf zu stellen ...

Der 30. Jahrestag des deutsch-französischen Vertrags ist mit zuviel Konformismus gefeiert worden. Konformismus im Entzücken über eine solche Freundschaft, die nicht immer so herzlich war. Für die Jungen, die alle unter Gedächtnisschwund leiden, ist daran weder etwas geheimnisvoll noch wunderbar, es ist einfach nur Realität: Deutschland und Frankreich stehen sich nahe, nicht mehr und nicht weniger. Konformismus im Willen beider Länder, zugleich die Besonderheit ihrer Beziehungen hervorzuheben, ohne den anderen Mitgliedsstaaten der Gemeinschaft wehzutun. Konformismus auf dem weiten Feld der Zusammenarbeit: ein paar parlamentarische Verbindungen mehr, ein bißchen mehr militärische Kooperation im konventionellen Bereich. Dabei war die Zeit längst reif, einen neuen Élysée-Vertrag abzuschließen. Die beiden Unterzeichner hätten sich gemeinsam verpflichten können, sich gegenseitig zu verkoppeln, um mehr zur Stabilität des Kontinents beizutragen. Sie hätten dies einer entsprechenden Einrichtung übertragen können: Militärisch durch eine Ausweitung der französischen Nukleargarantie auf deutsches Gebiet, durch eine beschleunigte Integration ihrer konventionellen Streitkräfte, durch die Umwälzung des Eurokorps in eine schnelle Eingreiftruppe für die schlimmsten Krisengebiete. Politisch durch eine ständige Absprache auf Regierungsebene, durch ständigen Austausch von je einem Minister in der Hauptstadt des anderen, durch gemeinsame Sitzungen beider Parlamente zur Fragen der internationalen Politik, durch Einrichtung gemeinsamer Botschaften. Und schließlich finanzpolitisch durch das Überspringen einer Etappe auf dem Weg zur europäischen Wirtschafts- und Währungsunion und durch die Einführung einer gemeinsamen Währung ab 1995 zu Fünft.

Hat dieses Anfang 1993 schon sehr ehrgeizige Projekt ein Jahr später noch einen Sinn? Nach den Stürmen im Währungssystem, der Uneinigkeit im Rahmen des GATT, den Gräben in der Frage der Aufhebung des Waffenembargos gegenüber den moslemischen Bosniern? Zu einem Zeitpunkt, da beide Seiten nur noch automatische Glaubensbekenntnisse von sich geben, ohne wirklich daran zu glauben?

Das Räderwerk der Scheidungen im Guten muß gestoppt werden: Erst trennt man sich in Geldfragen, dann eines Tages in anderen Dingen und schleichend löst die ganze Beziehung sich auf, jeder geht seinen eigenen Angelegenheiten nach, und Europa segelt noch schneller in ein neues Mittelalter, dem Synonym für Zersplitterung und Unordnung. Das Stopsignal kann keine vage Verpflichtung sein, es künftig besser zu machen oder die Fehler der Vergangenheit zu vermeiden. Es kann nur von einem Gründungsakt ausgehen.

Ich höre die Kohorte der Skeptiker und Realisten. Es sei unmöglich: Die Zeit sei nicht reif, weder auf strategischer noch auf währungspolitischer Ebene. Auch unbegreiflich: Die Öffentlichkeit in beiden Ländern sei nicht bereit für eine solche Annäherung. Und unzulässig: Zu zweit voranzugehen hieße, unsere Partner zu beleidigen und Großbritannien zu mißachten. Unannehmbar: Die französische Souveränität sei unteilbar ... Sie alle sollten erst einmal gründlich über die neuen Realitäten nachdenken. Durch ihre Weigerung vor ein paar Jahren, ihren nuklearen Trumpf auszuspielen, müssen die Franzosen jetzt hinnehmen, daß er täglich an Wert verliert. Weil sie den Augenblick verpaßt haben, in dem eine Wirtschafts- und Währungsunion zu Fünft hätte verwirklicht werden können, haben die Europäer zusehen müssen, wie ihre gemeinsame Währung um mehrere Punkte zurückgefallen ist. Da sie sich Serbien und Kroatien gegenüber zu historischen Reminiszenzen haben hinreißen lassen, werden Franzosen und Deutsche kaum noch zum Friedensstifter taugen ... Und die Zukunft könnte uns noch bedeutendere Uneinigkeiten bereithalten: im Falle von Spannungen zwischen Ungarn und Rumänien, in den russisch-ukrainischen Beziehungen und in den übrigen Balkanländern. Es ist eine historische Entwicklung in Gange, deren Endpunkt niemand kennt. Deshalb ist es im doppelten Sinn ein Gebot der Stunde, das »karolingische Herz« in Europa wieder zu stärken: um eine bilaterale Beziehung wiederzubeleben, die verkümmert, und um aus ihr den hauptsächlichen Stabilitätsfaktor des Kontinents zu machen.

Das neue Mittelalter wird jedoch kein »demokratisches Reich« einschließlich seiner »karolingischen« Dimension errichten können, wenn den einzelnen Staaten nicht ein Minimum an Fortbestand und eigener Identität gewährt wird. Wenn die Zersplitterung, das Verstreutsein, die lokalen Spannungen kaum noch zu bremsen sind und wenn es den Staaten nicht gelingt, ihnen einen gewissen Widerstand entgegenzusetzen, braucht man gar nicht erst lauthals nach politischer Kühnheit und Vorstellungsvermögen zu schreien. Diese setzen nämlich noch handlungsfähige Spieler und einen ideologischen Korpus voraus, der in der Lage ist, sie zu stützen: Gibt es ihn noch zu einem Zeitpunkt, wo wir intellektuell den Eindruck haben, das Ende der Moderne zu erleben?

DAS ENDE DER MODERNE

Zweifellos haben wir seit Jahrhunderten keine solche ideologische Leere mehr erlebt: wahrscheinlich, einmal mehr, seit dem Mittelalter nicht. Wenn seit jenem Zeitalter eine Weltsicht in sich zusammenstürzte, ersetzte eine andere sie, und häufig wurde die eine, die vergehende, von der anderen, der kommenden, bekämpft. Mit dem Zusammenbruch des Kommunismus nähern wir uns dagegen dem Nullpunkt der Ideologie. Nie gab es so viele Intellektuelle, nie waren die Soziologen so einflußreich, nie haben sich die Wissenschaftler so angestrengt, der Zwangsjacke ihrer Fachgebiete zu entschlüpfen, nie haben die Historiker sich so offenkundig als Zukunftsgurus gebärdet. Aber es wird keiner zuviel sein, wenn es darum geht, uns eine neue »Weltanschauung« zu bieten. Unser ganzes traditionelles Denken verblaßt, das den Fortschritt, das Bestmögliche für alle und folglich die Herrschaft der Ordnung behauptet hat. Im selben Augenblick entdecken wir, daß die Welt der Physik, der Biologie, daß der Kosmos und der Einzelne sich gemäß der Dialektik von Ordnung und Unordnung, Ungewißheit, Unbestimmtheit entwickeln. Physik und Biologie haben die traditionellen linearen und eindeutigen Sichtweisen abgestreift; die Humanwissenschaften versuchen mit ihren noch gestammelten Chaos- und Zufallstheorien auf ungeschickte Weise dorthin zu gelangen; mit Ideologie hat das nichts zu tun. Der Sozialismus hat – was man viel zu oft vergißt – die Newtonsche Physik lange Zeit überlebt.

Der Tod des Sozialismus verkörpert unter diesem Gesichtspunkt das Ende aller Ordnungsphilosophien. Der Tod des Sozialismus und nicht nur der des Kommunismus. Hier bricht nicht nur ein versteinertes und widernatürliches System zusammen, sondern auch die Idee, die Gesellschaften könnten im Namen einer Hoffnung Fortschritte erzielen. Das Verschwinden des archaischsten Marxismus, das heißt einer plumpen und ausschließlich materialistischen Vorstellung, vollzieht sich nicht ohne Nebenschäden, wie die Versicherer sagen. Mit dem alten Schema – die Ökonomie allein bildet den Unterbau, der Rest, Ideen, Nationen, Kulturen, Kräfteverhältnisse, ist bloßer Überbau – versinkt auch die politische Ökonomie von Marx, immerhin eine der besten Theorien der Marktwirtschaft überhaupt, und das gesamte sozialistische Gedankengut, das heißt alles Denken, das davon ausgeht, die Gesellschaft könne sich selbst organisieren.

Der Zusammenbruch reißt sogar den Mythos einer kollektiven Hoffnung mit sich. Selbst die mächtigsten Sozialdemokraten sind nunmehr jeder theoretischen Grundlage beraubt, denn ihre Vision lehnte sich, durchs Sieb der demokratischen Freiheiten passiert, noch immer an eine Utopie an. Weder Hoffnung noch Utopie, noch Fortschritt, Tabula rasa: Es ist endgültig reiner Tisch gemacht. Es wird nicht genügen, ein paar halb humanitäre, halb religiöse Gebote zusammenzubasteln. Die Christdemokraten – die Erben Monniers und die Eiferer des Personalismus mögen mir verzeihen! – haben keine Philosophie, und eine ausgeklügelte Dosierung aus religiös motiviertem Altruismus, laizistischer Großzügigkeit und flauer Menschenrechtskultur kann keine sozialistische Heilslehre ersetzen. Die Linke wird nirgendwo mehr eine ideologische Revolution in petto haben: weder in Frankreich, wo die sozialistische Partei sich mit 35 Jahren Verspätung auf die Ebene des Bad Godesberger Programms gehievt hat, noch in Großbritannien, wo es der Labour Party nicht gelingt, sich vom alten Mythos staatlicher Lenkung zu verabschieden, noch selbst in Deutschland, wenn die Sozialdemokraten sich weiterhin darauf beschränken wollen, alle drei Jahre eine Stunde Arbeit weniger zu verlangen. Welche sozialen Kräfte repräsentiert die Linke? Und wir haben es wirklich mit sozialen Kräften zu tun, denn die letzten Atemzüge des Marxismus münden nicht in die klassenlose Gesellschaft; es ist vielmehr so, daß sich niemand mehr der Analyse sozialer Schichten widmet. Welcher Teil des gesellschaftlichen Lebens ist durch staatliche Initiativen reformierbar? Welches Denken kann zukünftig öffentliches Handeln bestimmen?

Auch der Liberalismus hat kaum einen Grund, nach dem Verschwinden des Kommunismus unverzagt zu sein, der ihm doch als Sündenbock diente und es ihm ermöglichte, sich in Reaktion auf ihn neu zu bilden, auf dieselbe Weise, wie der Stalinismus die Integration der europäischen Gemeinschaft vorangetrieben hat. Mit einem völlig wertlosen Marxismus als Gegner erlagen die Liberalen der Versuchung, ihr Modell bis zum Äußersten zu treiben: daher der Kult eines reinen und absolut freien Markts, der in jedem Bereich zum Bestmöglichen führen würde, sobald man ihn dort verwirklichte. Die Wahnvorstellung einer höheren Ordnung, einer äußersten Rationalität hatte sich als Kontrapunkt zum Sozialismus aufgedrängt: Sie bildete seine absolute Umkehrung. Dieser Liberalismus hat paradoxerweise niemals mit soviel Stärke das Verhalten gewisser Regierungen beeinflußt als zu einer Zeit, in der sein siamesischer Zwilling, der dogmatische Marxismus, zu schwanken begann. Die Logik der Gegensätze hätte es eigentlich erfordert, daß die Politik Reagans und der Thatcherismus als Mittel gegen den Stalinismus ins Feld geführt worden wären; sie sind jedoch erst zum Zuge gekommen, als der Sozialismus schon tödlich verwundet war. Zu Zeiten von dessen Größe waren die liberalen Länder seltsamerweise nur in der Lage, ihm eine »wet«* Philosophie entgegenzusetzen. Was wollte man uns nach 1989 nicht alles verkaufen? Das Ende der Geschichte, den absoluten Sieg des Liberalismus, den Markt als Endzweck der Gesellschaften, das Verschwinden aller Bezugspunkte für konkurrierende Ideologien ...

Statt dessen hat der Liberalismus mit seinem traditionellen Gegner seine beste Stütze verloren. Zwar gibt die Marktwirtschaft tatsächlich, wie jeder weiß, die absolute Wirklichkeit der Gesellschaften wieder: Der Markt ist keine Hervorbringung der Kultur – kein Ergebnis einer Wahl –, sondern ein Naturzustand. Es waren viele Jahrzehnte, Massaker und Dramen notwendig, um diese offenkundige Tatsache anzuerkennen. Doch abgesehen davon ist es um den Liberalismus schlecht bestellt. Seitdem er ein ideologisches Monopol hält, wird er für alle Abweichungen vom Idealzustand verantwortlich gemacht. Für das Erscheinen von Armutsflecken, die ein Ausmaß angenommen haben, daß sie den ganzen sozialen Körper bedrohen. Für die Unfähigkeit, auf bestimmte, unlösbare Probleme wie die Arbeitslosigkeit spontan zu reagieren. Für seine Untauglichkeit, sich um die Belange der Gemeinschaft zu kümmern, die man letztlich wiederentdeckt. Für die Weltwirtschaft, die gerade den absoluten Sieg des Markts gefeiert hat, der nunmehr Herr über 90 Prozent der Fläche des Erdballs ist, und die durch die schlimmste Rezession seit Kriegsende ins Schleudern geraten ist. Und, noch schlimmer vielleicht, für den arroganten Triumph der internationalen Finanzmärkte.

Die weltweite Deregulierung – in keinem anderen Bereich hat es je eine Erscheinung von solcher Ausbreitung gegeben – hat zu einem Markt geführt, wie ihn seine extremsten Beweihräucherer sich erträumten.

* Ein Ausdruck, der in Großbritannien gebraucht wird, um die gemäßigten Konservativen zu bezeichnen.

Fast unendlich: Kein Land auf der Welt entgeht ihm. Die Preise spiegeln zu jedem Zeitpunkt das sich unaufhörlich anpassende Gleichgewicht von Angebot und Nachfrage wider. Der reine und absolut freie Markt, da kein Beteiligter über eine besondere Vorherrschaft verfügt und er allen offensteht, die an ihm teilhaben wollen. Aber das Ergebnis entspricht nicht den Grundsätzen der Theorie: Nicht Ordnung herrscht vor, sondern Unordnung. Anstatt, wie es die Doktrin vorsieht, den Idealzustand zu schaffen, erzeugen die »Märkte« – um der geheiligten Ausdrucksweise zu folgen – manchmal eine entgegengesetzte Dynamik.

Jahrelang bewerteten die »Operatoren«, und in diesem Fall sind das die dezentralisierten Akteure, die von der Theorie vorgesehen sind, die Währungen der Länder nicht in Abhängigkeit von deren Arbeitslosenquote; im Gegenteil, eine gewisse Arbeitslosigkeit gab ihnen Sicherheit, da sie den Ausgleich einer umsichtigen notariellen Geschäftsführung wie zu Zeiten Poincarés darstellten. Und plötzlich richten dieselben anfängerhaften Führungskräfte in den Banken, den Blick starr auf den Bildschirm gerichtet, ihr Augenmerk in geradezu obsessiver Weise auf die Arbeitslosenzahlen und vermittels dieser auf den sozialen Zusammenhalt eines jeden Landes! Wenn in einem Land die Leitzinsen erhöht wurden, ließen sie gestern den Kurs einer Währung steigen. Ihre kollektive Stimmung hat sich geändert: In gewissen Zeiträumen machen sie genau das Gegenteil. Und wir müssen diese Kehrtwendung ertragen! Völlig losgelöst von der Realität, weil nur noch fünf Prozent des Devisenhandels durch den Austausch von Gütern oder Dienstleistungen gedeckt sind, ganz auf ihr eigenes Spiel konzentriert, werden die Finanzmärkte nur noch von der Gewinnsucht belebt, was in einer Marktwirtschaft durchaus normal ist. Aber der Gewinn ist ganz besonderer Art: Es gibt keinerlei wirtschaftliche Gegenleistung mehr für ihn, Gewinn oder Verlust erwachsen allein aus der Kluft zwischen der Meinung eines jeden Finanzmaklers und dem unumstößlichen Eindruck, den sie in ihrer Gesamtheit hervorbringen.

Daher der schmerzliche Mythos der Spekulation, wie ihn die medienwirksamen Psalmodien von George Soros inszenieren: Die Spekulanten setzen auf die Vorwegnahme von Ereignissen, die sie den Regierungen als Absichten unterstellen, und machen damit ihr Vermögen! Mit dem Risiko, ganze Volkswirtschaften zu destabilisieren, die gar nichts dafür können! Komischerweise wollen die Angelsachsen für die Finanzmärkte nicht zugeben, was in ihren Augen für gewöhnlich ein unabdingbares Element des Liberalismus bildet: Markt und rechtsverbindliche Regeln sind untrennbar, ersterer funktioniert nur wirksam, wenn er von letzteren kontrolliert wird. Doch wenn es um Geld geht, weigern sie sich, die geringste Reglementierung auf Weltebene in Betracht zu ziehen. Die Auswirkungen können verheerend für den Liberalismus sein. Stellen die Finanzmärkte für den Liberalismus dasselbe dar, was der Stalinismus für die sozialistische Idee bedeutet hat? Eine bis an ihren extremsten Rand getriebene Logik, eine absolute Perversion, eine Wandlung zur Karikatur? Eines Tages wird der Liberalismus dafür aufkommen müssen. Wir alle sind, und jeder weiß es, der Willkür eines GAUs auf den internationalen Finanzmärkten ausgeliefert, neben dem der Börsenkrach von 1987 wie ein kleiner Unfall und die Währungsturbulenzen vom Sommer 1993 wie ein winziger Funken erscheinen werden. Wenn die Katastrophe sich mit ihrem Gefolge von Rezessionen in jedem Land, ihren zahllosen Firmenzusammenbrüchen, dem schlagartigen Vertrauensverlust der Sparer und der riesigen Arbeitslosigkeit ereignet, werden die liberalen Grundsätze die ersten Opfer sein: Sie werden die Exzesse des freien Markts nicht überleben.

Aber auch jenseits des GAUs ist der Liberalismus von

Ernüchterungen bedroht. Täglich werden seine Grenzen sichtbarer. Da er den Fehler begangen hat zu behaupten, er sei wie der Kommunismus ein globales System, wird er jetzt für alle Vorkommnisse verantwortlich gemacht. Die Entropie des europäischen Kontinents geht auf sein Konto. Die Erscheinungen an den Rändern der Gesellschaft sind seine Schuld. Die internationale Unordnung verdankt sich seiner Nachlässigkeit. Und die Rezession entspringt natürlich seinem Unvermögen. Hätte sich der Liberalismus treu seinen ursprünglichen Grundsätzen als das Welterklärungssystem ausgegeben, das unter all den schlechten noch das beste ist, wäre er vor diesen Prozessen sicher gewesen. Sein Ehrgeiz führte ihn in die Irre: Da er unbedingt der Gegenspieler des Kommunismus werden wollte, hat er sich in eine Position der Schwäche begeben. Die Werkzeugtasche Adam Smiths oder Ricardos taugt nicht dazu, die Welt mit ihren Kräfteverhältnissen, ihren historischen Gewichten und ihren Konflikten zu erklären. Aus dieser unvorsichtigen Maßlosigkeit entsteht heute die Enttäuschung. Wie viele kluge Köpfe sind inzwischen zu der Annahme gekommen, beide, Kommunismus und Liberalismus, seien tot! Es sind oft dieselben, die 1990 mit gleicher Überzeugung den endgültigen Triumph des Kapitalismus und des freien Markts verkündeten ... In Wirklichkeit ist der Liberalismus als ein System globaler Analyse schon immer invalide gewesen: Niemals kann er die Tiefe der Geschichte ausloten; als Philosophie innergesellschaftlicher Prozesse steht ihm seine Zukunft noch bevor; als Ideologie des freien Markts wird er auf Realitäten stoßen, die ihm widerstehen. Wenn der Markt den Naturzustand der Gesellschaft bildet, kann er auf sehr unterschiedliche Weise funktionieren, besonnen unter der Herrschaft liberaler Grundsätze, völlig ungezügelt, wie es der Fall Rußlands zeigt, und dazwischen gibt es viele Varianten: mehr oder weniger staatlich gelenkt oder autoritär.

Der technokratische Rationalismus ist eine andere Ideologie, um die es schlecht bestellt ist. Er hat nie offiziell den Status einer Ideologie beansprucht, aber hinter dieser offenkundigen Bescheidenheit hat er die westlichen Gesellschaften mindestens ebenso durchdrungen wie der Liberalismus. Die Welt ist rational; es gibt für alle Probleme eine Lösung; gut ausgebildete Experten können immer eine finden; mit einem solchem Wissen ausgestattet, sind sie berufen, die Gesellschaft zu führen ... Solche Weisheiten regieren seit Jahrzehnten im Westen. Die Technokraten sind kein rein französisches Produkt. Sollen wir McNamara und seine Rand-Corporation-Ausbildung vergessen haben, der die Vereinigten Staaten mit seiner Domino-Theorie in den Vietnamkrieg geführt hat? Haben wir Helmut Schmidt mit seinen begrifflichen und mechanistischen Gewißheiten die Gewinne und Verluste aufgerechnet, der wie sein Freund Giscard d'Estaing glaubte, Verstand allein genüge, um das Unternehmen Welt zu führen? Werden wir den riesigen bürokratischen und technisierten sozialen Körper übergehen, der die Großunternehmen beherrscht? Es wird schon ein Orkan vonnöten sein, bis die IBM sich von dieser Unternehmenskultur verabschiedet.

Auf diesem Gelände kennt sich Frankreich natürlich gut aus mit seinem Heer von Spitzenbeamten, die alle überzeugt sind, daß es zugleich eine überlegene Vernunft und ein gemeinsames Interesse aller gibt, was ihre Macht doppelt legitimiert, nämlich durch ihr Wissen und durch ihren Status. Doch auch diese Quasi-Ideologie bricht in sich zusammen. Unter den Angriffen des Marktes, der die natürliche Unordnung vorherrschen und den Raum für allzu ausgeprägte Strukturen eng werden läßt. Und unter der Erschütterung, die das Verschwinden des Kommunismus auch hier ausgelöst hat, dessen Entwicklung im technischen Bereich das Spiegelbild zu der des Westens geworden war. Keineswegs zufällig sind die großen technokratischen Institutionen Frankreichs – Planungskommissionen, Prognose-Abteilung, INSEE –, die von Spitzenbeamten in die Welt gesetzt wurden, die einst Weggefährten der kommunistischen Partei waren: Zwar haben sie der marxistischen Heilslehre unterwegs abgeschworen, aber den Fortschrittssinn, die Organisationslust und den Vernunftkult haben sie behalten. Weitere Lektionen, die der technokratische Rationalismus, vor allem durch die Niederlagen, unaufhörlich hinnehmen mußte, sind die Konfrontationen mit der Geschichte: Sie gehen immer schlechter für ihn aus. Er ist nicht in der Lage, mit der Vorstellung zu leben, daß es immer Konflikte geben wird, die ohne Lösung bleiben, daß unvermutete Kräfte auftauchen können und daß es einen Mitspieler gibt, der sich nicht an die Regeln hält: das Irrationale.

Vor solchen Problemen, wie sie im Mittleren Osten herrschen, hat der technokratische Rationalismus schon seit langem die Waffen gestreckt. Er wird lernen, auch auf anderen Gebieten zu kapitulieren: im Ringen mit dem unerwarteten Aufheulen der öffentlichen Meinung, mit den gewalttätigen Reaktionen, mit dem Wiedererwachen ethnischer Wahnvorstellungen und mit vielen anderen Realitäten, die ihm unerträglich sind. Und er hat mit der Zeit seine Glaubwürdigkeit eingebüßt. Wer wagte es noch, Prophezeiungen über das Nahen einer technisierten und rationalen Gesellschaft von sich zu geben, die mit Vernunft allein geregelt und geordnet werden kann? Der Gedanke ist dualistisch und schon deshalb unbrauchbar. Das neue Mittelalter erfordert eine vielschichtige Ideologie mit historischer Tiefe, die in der Lage ist, sehr komplexe Zusammenhänge zu umfassen. Ohne sie droht Übles von der Ernüchterung der Welt!

Um unsere traditionellen Ideologien gebracht, glauben wir uns schnell zu einer neuen Barbarei verurteilt. Sie erscheint uns als natürliche Folge der Unordnung.

Die Bedrohung ist da, und das neue Mittelalter schleicht sich, unter diesem Blickpunkt betrachtet, in die Gänge des alten. Nicht nur die althergebrachtesten Barbareien treten wieder zutage, auch neue treten auf: die Fehlleistungen der Biologie, die Ausrutscher in der Wissenschaft, die schweren Verletzungen der Umwelt, die unerträgliche Lebensweise in den Städten, mit einer auf die Gipfel von São Paulo und Mexiko Stadt getriebenen neuen Armut.

Für Pessimismus ist das Feld grenzenlos. Dies wäre weder schlimm noch erstaunlich, wenn wir auf anderem Gebiet über ein echtes intellektuelles und ideologisches Rüstzeug verfügten. Aber Fortschrittsglaube, die Überzeugung, der Idealzustand sei erreichbar, die Sicherheit, unfehlbar auf eine gerechtere Gesellschaft zuzugehen, all diese Gegenmittel fehlen uns heute. Das erste Mittelalter besaß den Glauben; es fand darin seinen letzten Zusammenhalt. Das zweite wird nicht durch einen solchen Schlußstein gestützt; sich selbst überlassen, droht es aus ideologischen Enttäuschungen in neue Barbareien zu verfallen, und aus neuen Barbareien in schädliche Doktrinen. Als Edgar Morin* bemerkte, daß Solidarität und Barbarei sich einen Kampf mit ungewissem Ausgang lieferten, und daß aus diesem eine Unbeständigkeit der Geschichte folge, beschwichtigte er sich selbst, indem er auf das Unwahrscheinliche setzte. Da alle wesentlichen Prozesse in den Rückschritt zu führen scheinen, bleibt seiner Ansicht nach nur die Überzeugung, diese seien bloß wahrscheinlich und »die Hoffnung« ruhe folglich auf dem Unwahrscheinlichen. Und zur Unterstreichung seiner Worte verwies er auf den Sieg der Athener über die Perser, das Überleben Frankreichs unter Karl VII., den Zusammenbruch des Reichs der Lutheraner, das Verschwinden des Stalinismus! Ein seltsamer Gedanke, der bei diesem hyperrationalen In-

* In *Le Monde* vom 21. April 1993.

tellektuellen von einer uneingestandenen Gottessuche zeugt. Was sonst könnte diese überraschende »Hoffnung« darstellen, auf die alle Eigenschaften der Vorsehung übertragen werden? Gibt es eine bessere Bestätigung der Tatsache, daß ein neues Mittelalter ohne Gott völlig zusammenhanglos ist?

Das Wiedererwachen des Nationalismus, und sei es in seiner respektierlichsten Gestalt, wird nicht genügen, um diese Leere auszufüllen. Selbst wenn er nicht nur von einer Vernunft zeugt, die an ihrem Tiefpunkt angelangt ist*, kann es ihm nicht gelingen, so viele Fragen ohne Antwort zu lösen ... Vom optimistischen Internationalismus zum Traum von der Beschützernation überzugehen, ist eine bequeme Ausflucht. Tragen die Nationen, da sie dem Kommunismus widerstehen konnten, nicht die meisten Tugenden in sich? Und warum sollte man dann nicht in ihnen die Basisgemeinschaft, den letzten Bezugspunkt, die natürliche Antwort sehen? Auch auf die Gefahr hin, daß man außer acht läßt, wie man die familiären, regionalen, nationalen, europäischen Vaterländer verbinden könnte. Bei den Reaktionsweisen der Vergangenheit nach Hilfen zu suchen, wäre nicht sehr zweckmäßig. Heute gibt es für ein Individuum so viele Vaterländer wie Zugehörigkeiten und so viele Zugehörigkeiten, wie es gesellschaftliche Gruppen und Bereiche gibt. Das ist vielleicht der am wenigsten sichtbare und dennoch der wesentlichste Unterschied zwischen dem einen Mittelalter und dem anderen. Mit der Basisgemeinschaft und Gott war das Individuum früher für die Konfrontation mit einer Welt ohne Fortschrittsperspektive gerüstet. Als diese Bezugspunkte verschwunden waren, hat der Fortschrittsmythos sie ersetzt. Ist er seinerseits verdammt – und das ist gleichzeitig das Totengeläut für die Moderne –, gibt es keine Möglichkeit mehr, den Weg rückwärts zu gehen. Gott

* Vgl. oben das Kapitel: Der Niedergang der Vernunft.

kehrt in Form von Fanatismen und Irrationalem zurück: er verdiente Besseres ... Die Basisgemeinschaft hält sich für den einzig möglichen Grund, in dem das Individuum sich verankern könnte, in Wirklichkeit kann sie es in seiner Vielfalt nicht mehr fassen. Es ist also unnütz, in dieser Richtung nach neuen Ursprungsmythen zu suchen, man triebe die Idee der Nation auf die Spitze, ginge von einem vernünftigen zu einem kämpferischen Nationalismus über und gäbe der drohenden Unordnung neuen Zündstoff.

Es bringt auch nichts, hinter den »Gesetzen« der Geschichte Zuflucht zu nehmen. Die Versuchung liegt aber auf der Hand: Wenn die Welt nicht von der Idee des Fortschritts beherrscht wird, und da sie – und davon gehen wir ja aus! – nicht unerklärlich sein kann, muß es mehr oder weniger versteckte Gesetzmäßigkeiten in der Geschichte geben. Mit mehreren Varianten. Die erste, deterministische nimmt an, daß die Geschichte auf eher positive Weise voranschreite: Kaum zur Tür hinausgejagt, klettere der Fortschritt durchs Fenster wieder herein. Die zweite, stark vom Skeptizismus geprägte, stellt das Wiederholungsprinzip auf: Die menschliche Natur ändere sich nie, dieselben Situationen kehrten unaufhörlich wieder und die Geschichte begnüge sich damit, diesen Zustand hinzunehmen und ihn zu verschleiern, indem sie nähere Umstände und Personen auswechselt. Die dritte, die das Erbe des Indeterminismus antreten will, der nunmehr in allen Naturwissenschaften triumphiert, behauptet, die Geschichte verlaufe im wesentlichen zufällig, es gebe weniger Konstanten als Abweichungen, es herrsche Ungewißheit, und die Menschen hätten kaum einen Einfluß auf sie. Das ist, in einer von der Sprache der Naturwissenschaften bestimmten intellektuellen Welt, die Wiederauferstehung des guten alten Fatalisums.

Um nicht allzu negativ zu erscheinen, schmückt diese Variante sich mit dem Lob der Krise: In der Tat sind es

Krisen, die neue Wege auftun, die Handeln erlauben, die das Spiel eröffnen. Hört man jetzt nicht von Leuten, die im Rampenlicht der Öffentlichkeit stehen, schöne Reden über die Krisen? Sie rühmen die Vorzüge des Reinen-Tisch-Machens und, statt sich wie ihre Vorgänger über die Krisen zu beunruhigen, sehen sie in ihnen eine Gelegenheit, gesellschaftliche Blockaden und Hemmnisse des Handelns zu überwinden. Eine seltsame Art, ihre tägliche Ohnmacht einzugestehen, indem sie sich auf den Zufall verlassen! Und nötigenfalls rufen sie alle Theorien zur Hilfe, die am meisten Sicherheiten bieten: die Kybernetik, die Chaostheorie und andere, die für das Spiel der Elektronen und der Atome aufgestellt und bewiesen wurden und die jetzt mit einer Art Zauberstab in ein Denken über die Gesellschaft verwandelt werden, in Doktrinen zur Erklärung der Welt, in eine kosmologische Philosophie! Auch mit dieser ideologischen Wegzehrung werden wir nicht durch das Mittelalter kommen. Die Rückkehr der Geschichte zu verkünden, heißt nicht, ihr wundervollbringende Eigenschaften anzudichten, wie Automatismus, Wiederholung, Erneuerung, Vernunft.

Die zeitgenössischen Gesellschaften machen es denjenigen nicht leicht, die nach einer neuen Ideologie suchen. Tatsächlich entgehen sie einem Rätsel nicht, das mit dem Umstand zusammenhängt, daß sie sich selbst Ziel und Zweck sind. Zu jener Zeit, als sie noch hierarchisch strukturiert waren, ließen sich die Ordnungen durch dieses Prinzip mühelos darstellen. Als die gesellschaftlichen Klassen aufkamen, konnte eine Philosophie des Kampfes darauf bauen, sie hinreichend zu erklären: Diese Rolle erfüllte der Marxismus. Wer könnte heute behaupten, die entscheidende Triebkraft zu kennen? In dieser Hinsicht ist der Aufstieg der öffentlichen Meinung aufschlußreich: Der stillschweigende Übergang von der Arbeiterklasse zur Öffentlichkeit als Antriebskraft der Gesellschaft ist nicht bedeutungslos. Erstere sollte eine Heilslehre verkörpern, und jeder ihrer Siege bildete einen Schritt hin zum eschatalogischen Reich der Humanität. Doch welche Erfolge können letzterer winken? Ist sie Bestandteil einer Utopie? Welchem Ziel strebt sie zu? Sie existiert nur für sich selbst. Und gibt es sie überhaupt? Was bliebe von der öffentlichen Meinung übrig, wenn die Meinungsumfragen mit einem Mal verschwinden würden? Sie behaupten ihre Existenz, und ist diese erst vorausgesetzt, wird sie durch die Umfragen bestätigt. Ohne sie wäre die öffentliche Meinung unfaßbar und hinge von den Spaziergängen der Abgeordneten auf dem Marktplatz ab wie in der Dritten Republik. Zweifellos geben die Medien vor, einem alten Taschenspielertrick treu, der ihnen jahrzehntelang gelungen ist, die öffentliche Meinung zu verkörpern, was freilich viel bequemer ist, als ihren Wunsch zuzugeben, diese zu beeinflussen. Doch könnten sie sich diesem Spiel längst nicht so leicht hingeben, wenn sie nicht regelmäßig ungeheure Zahlenreihen erhielten, die ihnen Auskunft über Spannung, Puls und die vielen anderen Parameter lieferten, die den Zustand des Patienten beschreiben.

Selbstverständlich hat die Öffentlichkeit ihre Gurus, Orakel und Priester abgesondert, die ihre Existenz um so ernsthafter versichern, als sie ihren Broterwerb bildet: Die besten unter ihnen machen aus ihr sogar eine überirdische Gestalt nach dem Muster des reinen und absolut freien Markts der liberalen Theoretiker. Ist der Mythos erst einmal errichtet, können die Führenden nur noch kapitulieren. Sie müssen ausführen, was die öffentliche Meinung wünscht. Es nützt nichts, ihr vorzugreifen: Sie wird sich rächen. Es nützt auch nichts, sie zu beeinflussen: Sie wird widerstehen. An ihr teilzuhaben, ist nunmehr die Maxime allen Handelns. Auf die Spitze getrieben, endet dieser Gedanke bei der Rede, die Michel Rocard in Joué-les-Tours gehalten hat, wo er behauptete, daß nur noch jene Reformen in Reichweite des öffentlich Handelnden lägen, die schon im voraus von der Öffentlichkeit angenommen wurden! Das ist eine andere Art, den Nullpunkt der Politik zu bestimmen. Nach Maßgabe dieser Philosophie haben weder Pädagogen noch Staatsmänner, noch einflußreiche Leute Platz unter uns.

Es gibt eine öffentliche Meinung. Wann wurde eine Annahme zum letzten Mal mit einer solchen Gewißheit verkündet? Weder die Ökonomie noch das philosophische Denken, noch die modernsten Theologien treten mit einer solchen Arroganz auf. Wenn es die öffentliche Meinung gibt, bleibt keine andere Alternative, als sich ihr zu unterwerfen. Man könnte meinen, die Liberalen des 19. Jahrhunderts wollten die Art und Weise der Preisfestsetzung in einem reinen und absolut freien Markt ein für allemal bestimmen. Ein solcherart gesellschaftsbildendes Tier wie die öffentliche Meinung bringt keine Neigung zur ideologischen Erneuerung mit sich. Sollte man aber nicht wissen, woher es kommt, wohin es geht, was es träumt, was es toleriert? Seine Schwingungen zu messen, sagt uns weder etwas über seine Absichten noch über seine inneren Konflikte, noch über seine Dynamik, obwohl es diesen Anschein erweckt. Durch die Öffentlichkeit wird die Gesellschaft selbst ungreifbar: Was sind ihre Antriebskräfte, ihre Begehren, ihre Spannungen? SOFRES oder INFAS werden sie uns kaum mitteilen.

Eine solche Gesellschaft erleichtert das ideologische Aggiornamento also nicht: Wenn sie sich mit dieser Pseudo-Öffentlickeit stark in Deckung bringt, wird sie ein lebloses Wesen. Dann wird sie nicht durch ihre eigenen Bewegungen eine neue Weltsicht hervorbringen. Mit ihrer Tendenz, alles auf den kleinsten gemeinsamen Nenner zu bringen, fördert sie ausweichendes Denken, abgesicherte Vorstellungen, Gleichmut und Status quo. Aber nur die agilen Minderheiten, die prophetischen Visionen, die Paschs im politischen Würfelspiel bewegen die Welt, nicht die Batterien der Meinungsumfragen. Aufgrund ihres Bauprinzips bringen sie stets ein Gleichgewicht zum Ausdruck. Durch das ständige Ausüben dieser kollektiven Form von Narzißmus, und nichts anderes ist der Kult der öffentlichen Meinung, verbannen die zeitgenössischen Gesellschaften die Abweichung, die Originalität und das Schöpfertum. Sie haben weder Götter noch Mythen, noch Symbole, sondern bestenfalls verschlüsselte Begierden. Und die bringen nicht das dynamischste aller Lebewesen hervor.

Aber jede Medaille hat zwei Seiten, und demnach bieten solche Gesellschaften eine hervorragende Fähigkeit, alles aufzusaugen. Mit ihren unglaublichen Veranlagungen schlucken sie historische Verletzungen, Umwälzungen, Erdstöße, Spannungen. Phänomene der Zurückweisung, der Ablehnung sind alle verschwunden. Im äußersten Fall gibt es keine Opposition mehr. Auf Dauer wird alles wieder eingeholt, wieder eingegliedert, wiederverwendet ... Selbst wenn sie Revolution macht, wie in Italien, bleibt die öffentliche Meinung unfaßbar und die Gesellschaft rätselhaft. Wenn die Intellektuellen sich aus der öffentlichen Debatte verabschiedet haben, so weder aus dem Wunsch, ihre in der Vergangenheit begangenen Irrtümer zu sühnen, noch aus plötzlichem Desinteresse für öffentliche Angelegenheiten, sondern vielleicht, weil die Gesellschaft nicht mehr »denkbar« ist, was die Intellektuellen ihrer traditionellen Handelsware beraubt. Eine Zeiterscheinung, die einmal mehr für das Ende der Moderne spricht: Was hat der Intellektuelle seit drei Jahrhunderten anderes getan, als über die bestehenden Verhältnisse in der Gesellschaft nachzudenken, damit wir uns die wünschenswerten Verhältnisse vorstellen können? Unter diesem Gesichtspunkt ist das Stück zu Ende. Der Vorhang fällt.

Nichts ist beim derzeitigen Stand der Dinge trügerischer, als ein Leistungsverzeichnis für eine künftige

Theorie aufzustellen und von dem ausgehend eine neue Ideologie zu bilden. Es muß ein komplexes Gedankengebäude sein. Schön und gut! Aber wozu werden unter diesem Gesichtspunkt die ehrgeizigsten Versuche unternommen, wie »die Methode der Methode« von Edgar Morin, wenn sie am Ende von 2000 außergewöhnlich intelligenten und ausgefeilten Seiten in die Überzeugung münden, daß alles in allem enthalten ist, und umgekehrt? Es muß ein vielschichtiges Gedankengebäude sein. Sicher! Aber was wird man nach der verkündeten Dringlichkeit, Ökonomie, Soziologie, Ethnographie, Politik und Geschichte zu verknüpfen, an Konkretem verwirklichen können, außer von intellektuellen Riesen zu träumen, die es nicht gibt? Ihr Fehlen ist vielleicht kein Zufall: Diese Art von Addition solch verschiedener Wissensgebiete entspricht zweifellos dem, was die Mathematiker eine leere Menge nennen. Es muß eine handlungsorientierte Philosophie sein. Natürlich! Aber mit welchem Ziel, da die alten Ziele alle verschwunden sind? Diese Art von Ideologie kann nie ohne die Vorstellung des Fortschritts auskommen. Ist diese erloschen, wie könnte der Mangel behoben werden? Es muß eine Theorie sein, die so spitzfindig ist, wie der Marxismus umfassend war, die das Geistige ebenso wie das Materielle berücksichtigt, die so offen ist, wie der Kommunismus totalitär war, aber genauso weltumspannend wie dieser, jedoch auf der Grundlage des Rechts und in Übereinstimmung mit den moralischen Werten, die uns bestimmen ... Viel Glück, meine Herren Rezepteschreiber!

Das Ende der Moderne stellt keine sich fortsetzende intellektuelle Ahnenreihe auf wie die Aufklärung. Nirgendwo zeigen sich Symptome für eine ideologische Revolution: Neue Ideen, die gleichzeitig an mehreren Orten geboren werden, Bewegungen in der Kultur, streitbare Auseinandersetzungen, die sich plötzlich zu einer Weltsicht verdichten. Zersplittert, wie das neue

Mittelalter ist, wird es sich auch an zersplitterte Ideologien gewöhnen müssen. Kein weltumspannendes System wird ihm Zusammenhalt geben. Wir müssen uns den Inhalt unserer konzeptionellen Werkzeugkiste von überallher zusammenklauben, die es uns ermöglichen soll, die Perioden mit den größten Turbulenzen zu überstehen. Diese Flickschusterei beginnt mit einigen Grundregeln.

Erste Grundregel: Der Markt ist ein Naturzustand der Gesellschaft. Es ist aber die Pflicht der Führungsschicht, ihn in einen Kulturzustand zu überführen. Mangels gesetzlicher Vorschriften – in den entwickelten Gesellschaften ebenso wie auch in den anderen – verkehrt er sich in einen Dschungel, gleicht sich dem Gesetz des Stärkeren an und erzeugt Aussonderung und Gewalt. Da er zu den ursprünglichsten gesellschaftlichen Prozessen gehört, ist es widernatürlich, ihn außer Kraft setzen zu wollen: Das hat der Kommunismus reichlich bewiesen. Umgekehrt sollte man aber immer bedenken, daß er seine eigenen Exzesse auf die Spitze treibt, wenn er sich selbst überlassen wird.

Zweite Grundregel: Die Geschichte wiederholt sich nicht auf mechanische Weise, aber sie bringt Konstanten hervor, wie die Physiker sagen. Konstanten im Verhalten, in den Gefahren, in Haltungen. Sie zu kennen ist eines der wenigen Mittel, nicht um Unwägbarkeiten auszuschließen, sondern um sich auf sie vorzubereiten: Krisen lassen sich nicht voraussehen, aber diejenigen zu verstehen, die sich schon ereignet haben, bildet das bestmögliche Training.

Dritte Grundregel: Ein immer größerer Teil der Wirklichkeit entzieht sich dem Zugriff der traditionellen Institutionen und des Staates; dies zu wissen bedeutet nicht, es hinzunehmen, sondern zeigt die Verpflichtung für die verantwortlichen Führungsschichten, sich der Grenzen ihrer Handlungsspielräume bewußt zu sein; ein ständig zunehmender Raum entgeht ihnen, innerhalb wie außerhalb der Staatsgrenzen.

Vierte Grundregel: Unbeständige Situationen haben eine natürliche Neigung, sich zu verschlimmern. Die Entropie ist nicht immer ein unabwendbares Verhängnis gewesen. Wenn es feste Machtsysteme und siegreiche Ideologien gibt, kann sie sogar verschwinden. Sind diese Schutzgeländer hingegen eingestürzt, wird sie wieder zu einem Naturgesetz. Die Unsicherheit nimmt zu, besonders in den internationalen Beziehungen. Daher können hellsichtige Verantwortliche unmöglich auf den Status quo und Untätigkeit setzen. Im Gegenteil, man muß eine ungeheure Energie und Vorstellungskraft an den Tag legen, um zu verhindern, daß eine verhängnisvolle Kettenreaktion in Gang kommt.

Fünfte und letzte Grundregel: Wir treten in eine Welt, die uns keine festen Grundsätze des Zusammenhalts mehr schenken wird. Keine religiösen Grundsätze: Unter diesem Gesichtspunkt lebte man im alten Mittelalter bequemer. Keine machtpolitischen Grundsätze: Es gibt keine Macht, die allein in der Lage ist, dem übrigen Planeten das Tempo vorzugeben und ihn soweit zu bringen, sich seinem Modell anzuschließen. Keine ideologischen Grundsätze: Die Idee des Fortschritts als Ultima ratio wird keine Erben haben; der Fortschritt ist sicher nicht verschwunden, auch nicht der Glaube an ihn, aber er ist nunmehr eine Überzeugung unter vielen, die auf dem Markt der Ideologien angeboten werden. Keine kulturellen Grundsätze: Das amerikanische Modell geht mit den Symbolen um, als würde es sie beherrschen; aber ganzen Ecken und Teile der Welt widerstehen ihm, vor allem in Asien. Und keine ökonomischen Grundsätze: Die Industrie und die Finanzwelt müssen erneut mit historischen Realitäten und strategischen Interessen zurechtkommen, die ihnen den Einfluß auf die Funktionsweisen der Gesellschaften streitig machen.

Wie soll man mit so ungenauen Grundregeln im Gepäck handeln? Was tun, gemäß einer alten Frage, die Lenin uns vererbt hat? Wenigstens erlauben uns diese zusammengeklaubten Grundsätze ein Handeln unter Ausnutzung aller denkbaren geistigen Kräfte. Sie schließen die Hoffnung und den Glauben an den Fortschritt in der Gesellschaft ein, aber auch den Egoismus und einen aktiven Pessimismus. Wenn es eines Adelsbriefes für diese Art von Vademekum bedarf, hat Camus sie uns geliefert, als er im Namen eines »relativen Optimismus«, der auf seine Weise unserem aktiven Pessimismus ähnelt, »ein bescheidenes politisches Denken, frei von jedem Messianismus und ohne jede Sehnsucht nach einem irdischen Paradies« verlangte. Nur unverbesserliche Optimisten werden dabei nicht auf ihre Kosten kommen, denn sie glauben ja, Konflikte beruhigten sich auf natürliche Weise von selbst. Sie lassen weder den tragischen Fall in der Geschichte gelten, noch sind sie bereit, wenigstens als intellektuelle Übung, sie so zu betrachten, als ob sie tragisch wäre.

Die Handlungsweisen selbst werden im Laufe der Zeit ebenso Veränderungen erfahren wie unsere Weltsicht. Am Ausgang der Ordnungsphilosophien, wie Sozialismus, Liberalismus, Dogmatismus, technokratischer Rationalismus, zeichnete sich für Staatsmänner, aber auch für die Gesamtheit aller, die Befehlsgewalt ausüben, eine bestimmte Methode des Regierens ab: Sie gründete auf einer natürlichen Autorität und auf deren Ausübung im Namen einer höheren Legitimität: eine glückliche Zukunft, eine florierende Wirtschaft, Sachkompetenz. Innerhalb eines leistungsfähigen Staatswesens fühlten sich die Franzosen mit diesem System politischer Führung immer wohl. Am Beginn eines neuen Mittelalters gestattet nichts, auf diese Weise weiter zu handeln, denn die bisher gültigen Grundsätze haben sich alle verflüchtigt. Es wäre sogar kontraproduktiv. Es geht nicht mehr darum, den Fortschritt zu zimmern, sondern darum, die Gesellschaft nicht ins Schleudern geraten zu lassen und ihre Stabilität zu sichern. Hinter ihrer scheinbaren Bescheidenheit sind diese Ziele vielleicht ehrgeiziger, weil weniger illusorisch als der Aufbau des Sozialismus in einem Land allein oder der diffuse Wohlstand der Mittelklasse. Heute sind mehrschichtige Verhaltensweisen gefordert, was es schwieriger macht als früher, der Befehlsgewalt eine Richtung zu geben.

Regieren wird zunächst bedeuten, die Kunst des Steuermanns auszuüben, das heißt, weniger führen, als sich innerhalb einer Menge von Zwängen und indirekten Einwirkungen zurechtfinden. Da, wie wir heute wissen, mit dem Eintreffen unvorhergesehener Rückwirkungen jedes Handeln damit endet, den Absichten des Handelnden zu entgleiten, ist es nicht mehr möglich, auf die alten Methoden zu vertrauen: ein Ziel, ein Weg und die Mittel. Die kontraproduktiven Auswirkungen gewinnen mehr und mehr die Oberhand über die direkten, die Rückschläge über das anfängliche Handeln, die unerwarteten Zwischenfälle über die vorgesehenen Konfrontationen. Mit dem Unvorhergesehenen anstelle des Fortschritts als Hintergrund hat sich der politische Kompaß verändert.

Regierungsfähigkeit setzt voraus, die unterschiedlichen Rückwirkungen zu berücksichtigen, auf das geringste Alarmzeichen reagieren zu können, den Kurs bei den ersten Störungen zu verändern. Das hat nichts mehr mit der guten alten Konsenssuche von einst zu tun: Diese setzte bei jeder Etappe auf einen Kompromiß unter den streitenden Kräften, und war dieser gefunden, genügte es, sich daran zu halten, ohne andere Initiativen. Heute sind die gegnerischen Kräfte kaum noch unterscheidbar; eine Übereinkunft zwischen ihnen ist vom Zufall abhängig und zerbrechlich, und der Stillstand, der letzten Endes stets aus einem Konsens hervorgeht, ist unerklärlich. Ebensowenig ähnelt diese Führung am Steuerrad dem klassischen Empirismus oder dem traditionellen Opportunismus »Nicht die Fahnen drehen sich, sondern der Wind«, sagt ein ihm sicher fälschlicherweise zugeschriebenes Sprichwort von Edgar Faure. Künftig ist es nicht mehr möglich, sich an diese Grundregel zu halten: Sie setzt unausgesprochen voraus, daß nichts zu nichts gut ist, daß die Gesellschaft irgendwie vorankommt und daß ihr keine ernste Gefahr droht.

Der Opportunismus setzt ein System ohne Entropie voraus, und genau dort liegen seine Schwierigkeiten: Die Klippe ist nicht klar zu sehen; sie ändert oft während einer Fahrt den Standort, doch das Ziel bleibt dasselbe: eine Abtrift verhindern. Der althergebrachte Führungsstil bringt Nebenwirkungen mit sich, die für das Manöver auf dramatische Weise schädlich wären. Eine allzu ausgesprochene Neigung, die »feed-backs« zu integrieren, endete sehr schnell bei der Machtlosigkeit. Daraus folgt die Notwendigkeit einer seltsamen Kunst, die aus Festigkeit und Nachgeben, aus Strenge und Ausweichen besteht, eine fortwährende Beweglichkeit und doch Unverrückbarkeit in einigen Kardinalpunkten. Diese Kunst muß sich ein doppeltes Gebot zu eigen machen, das sich zu Zeiten des Ordnungsdenkens weniger aufdrängte: Vorstellungskraft und Risikofreude. Da die Instabilität Oberhand behält, ähnelt die Politik der kleinen Schritte letztlich oft dem »Hund, der mit dem Strom schwamm und unterging«.

Den verhängnisvollen Lauf der Ereignisse anhalten zu wollen, setzt zunächst voraus, daß man sich ihn vorstellen kann, dann, daß man seine möglichen Etappen vorwegnimmt, schließlich, daß man die Maßnahmen ergreift, die reinen Tisch machen und die Ordnung über den Haufen werfen, auf eine Weise, die bei kurzsichtiger Betrachtung unbedacht erscheinen mögen und deren Berechtigung erst im nachhinein erscheint. Hier liegt eine große Ungerechtigkeit: Wenn die Vorbeugung gelingt, bleibt sie im Hintergrund, denn niemand weiß, welche Initiative uns vor einem Drama bewahrte, das sich nicht ereignet hat. Wenn die westlichen Staatsmänner morgen mit dem Bewußtsein oder der Obsession einer möglichen Konfrontation zwischen Rußland und der Ukraine leben, könnten sie Anlaß zu Maßnahmen haben, die für den Augenblick nicht erklärbar sind – da ihre tiefere Begründung nicht eingestanden werden kann – und die es bleiben werden, wenn die Gefahr abnimmt, denn sollte diese verschwinden, wird niemals auch nur die geringste Beziehung zwischen den beiden Erscheinungen ersichtlich werden. Von dieser Struktur sind, wie wir gesehen haben, alle Maßnahmen abhängig, die das Ziel verfolgen, den Osten des Kontinents besser an den Westen zu binden und den deutsch-französischen Beziehungen einen Rahmen zu geben, der jeder Bewährungsprobe standhält. Es wird viel verlangt von den Führungsschichten: Sie sollen das Steuerrad führen auf eine Weise, die nichts mit der alten Konsenssuche gemein hat, und gleichzeitig sollen sie die Vorstellungskraft an die Macht bringen. Das alles mit den Grundsätzen aus dem aktiven Pessimismus als Wegzehrung.

Das neue Mittelalter entspringt einmal mehr einem Paradox. Das althergebrachte politische Handeln ist genauso wertlos wie die Philosophien, die sich auf den Fortschritt gründen. Und gleichzeitig muß der politische Führungswille noch entschiedener sein, um gegen die drohende Entropie anzukämpfen, auch wenn er keinerlei ideologische oder theoretische Untermauerung mehr findet, abgesehen von einigen Brocken gesunden Menschenverstands. Unter diesem Blickpunkt ist das Ende der Moderne eine schwierig zu nehmende Kurve. Intellektuell kommt es einem relativen Reinen-Tisch-Machen gleich, es läßt Illusionen und Ausflüchte sprießen, und es erfordert von den Verantwortlichen eine andauernde Askese, da es unmöglich geworden ist, sich auf eine optimistische »Weltanschauung« zu stützen. Eine Askese, die aus der Verpflichtung erwächst, in Namen einer wenig motivierenden Weltsicht zu handeln, dem aktiven Pessimismus. Eine Askese, die aus der moralischen Pflicht der Eliten entsteht, wenn diese Pflicht keine Begründung in einer Offenbarungsreligion mehr findet. Eine Askese, die von einem Bewußtsein hervorgekehrt wird, daß eine komplexe und unregierbare Welt nicht danach verlangt, daß man die Arme sinken läßt, sondern daß man noch mehr eingreift.

Angesichts der neuen Herausforderungen sind die westlichen Länder nicht alle in derselben Lage. Für einige wiegt das Ende der Moderne ideologisch schwerer. Das ist natürlich in Frankreich der Fall. Vom Kartesianismus zur Aufklärung, von der Aufklärung zur jakobinischen Heilslehre ist die französische Nation mehr als andere Nationen selbst Bestandteil einer Fortschrittsidee. Die Funktionsweise der Nation führte dorthin, mit einem paternalistischen Staat, mit den von der Mystik des allgemeinen Interesses durchdrungenen Eliten, mit in den Rang von laizistischen Priestern erhobenen Beamten, mit einem politischen System, das häufig mit der demokratischen Form des aufgeklärten Despotismus geflirtet hat, mit Intellektuellen, die überzeugte Missionare des Geistes waren, und mit dem Kult des technokratischen Rationalismus. So sieht folglich ein Land aus, das lange Zeit bequem mit den mechanischen Sichtweisen der Geschichte gelebt hat und selten dem komplexen Spiel der Unwägbarkeiten und der Unbestimmtheit ausgesetzt war. Aber trotz dieser offenkundigen ideologischen Unpäßlichkeit und entgegen dieses Eindrucks verfügt Frankreich über andere Trümpfe für diesen Zeitabschnitt, in dem die Unruhe den Takt schlägt und die Unsicherheit das tägliche Brot ist. Im äußersten Fall könnte es sogar eine Gnade für Frankreich geben.

FRANKREICHS GNADE

Frankreich scheint offensichtlich als Verlierer aus dem Kalten Krieg hervorgegangen zu sein. Durch Jalta begünstigt, hatte es ein Höchstmaß an Vorteilen aus dem Kriegsende gezogen: Unter dem nuklearen Schutzschirm der Amerikaner konnte Frankreich risikolos Großmacht spielen und sich auf einem durch den Eisernen Vorhang verkleinerten europäischen Kontinent als Riese behaupten, zu gleichen Teilen mit einem durch die Teilung und die Last der Vergangenheit eingeschränkten Deutschland. Nachdem es diese Politik eine Zeitlang mit dem Stolz eines unabhängig Handelnden geführt hat, ist Frankreich sich bewußt geworden, daß die Errichtung der Gemeinschaft ihm ein ausgezeichnetes Mittel zur Einflußnahme bieten könnte, und es hat sich zum Lehrer in der europäischen Schulklasse aufgeschwungen. Die französische Gesellschaft hat sich häufig in den Dienst dieser Politik des europäischen Anführers gestellt, ohne es zu wissen: Die Entscheidung von 1983 für einen finanzpolitischen Sparkurs zeugt auf seiten der Regierung weniger von einer plötzlichen Entdeckung der Regeln einer ausgeglichenen Haushaltsführung als von dem Bestreben, Frankreichs Position in Europa zu bewahren; die »Senkung der Inflationsrate« – so die geltende Ausdrucksweise – sollte sie stärken, während man gleichzeitig versuchte, den Akteuren der Wirtschaft ihre laxen Gewohnheiten auszutreiben.

Mit diesem Rentnerdasein nach Jalta ist es seit dem Tag des Mauerfalls am 9. November 1989 vorbei. In Paris äußerte man sofort Weltschmerz, der sich mit dem kollektiven Gefühl verband, eine bequeme Position zu verlieren. Daraus folgte der mangelnde Antrieb, dem Einigungsprozeß der Deutschen zuzustimmen: Dies bezeugte weniger die Fortdauer einer alten Angst – »Ich liebe Deutschland so sehr, daß mir zwei lieber sind«, sagte François Mauriac – als die Enttäuschung über den Verlust dieser Position. Wenn das Verschwinden des Kommunismus gemäß den Prophezeihungen der unverbesserlichen Optimisten einen Schritt voran zum universellen Frieden bedeutet hätte, wäre der Preis hoch gewesen, den die Franzosen dafür hätten bezahlen müssen: Verlust an Einfluß in Europa, Entwertung des Atomwaffentrumpfs, wirtschaftliche Einebnung in einen riesigen kontinentalen Markt, Auslöschung jeder Entscheidungsautonomie, Verringerung unserer Möglichkeiten zu politischen Initiativen.

Mit einer Verspätung von zwei oder drei Jahren gegenüber der Wirklichkeit ist die große Mehrheit der Franzosen von diesem Kräfteschwund überzeugt: Dieses Gefühl ist neben den wirtschaftlichen und sozialen Unsicherheiten ausschlaggebend für ihre augenblickliche Bedrücktheit. Wie viele Bücher, Artikel und Reden von den Meinungsführern gibt es zu diesem Thema: Das Ende der Ordnung von Jalta läutet die Totenglocke für die gaullistische Illusion und damit für den Glauben an Frankreichs ewige Größe, den der Zauber des Generals heraufbeschworen hatte. Wie viele Aufsätze und Beteuerungen bestätigen, daß die Spielräume enger werden für Frankreich, das eine mittlere Macht im Westen des Kontinents geworden ist. Wie viele Kommentare zum selben Thema gibt es in der angelsächsischen Presse, die überglücklich ist, dem französischen Sonderweg die Todesurkunde auszustellen! Die Öffentlichkeit hat bei uns ebensoviel Neigung zur Selbsterniedrigung wie zur Selbstverherrlichung: Seit der deutschen Einheit stößt sie wieder auf jene erste Ader, die sie seit der

Rückkehr von 1958 zum Mythos der »Grande Nation« – nach einer sarkastischen Formulierung deutscher Intellektueller des 19. Jahrhunderts – zugunsten der zweiten vergessen hatte.

Gemessen an den Erscheinungen des neuen Mittelalters gibt es keine französische Diminutio capitis. Ganz im Gegenteil! Es ist ein eigenartiges psychologisches Paradox: Jene, die sich zum Lauf der Welt optimistisch zeigen, können hinsichtlich Frankreich nur pessimistisch sein; die Pessimisten hingegen müßten im Vergleich dazu auf unser Land setzen und es optimistisch betrachten. Sind die Naivitäten über die Jahre 1989/90, über den Sieg des Friedens, die weltweite Vereinigung um die Werte der freien Marktwirtschaft, den endgültigen Erfolg des westlichen Systems erst einmal verflogen, dieses »Ende der Geschichte«, über das sich heute jeder ausschüttet vor Lachen, nachdem man eine Zeitlang selbst diese Idee vertreten hat, sind diese Trümmer also erst einmal beiseite geräumt, kehrt sich die Perspektive um. Vor dem Hintergrund der unscharfen Grenzen, der Erschütterungen und Unwägbarkeiten sind die stabilsten, die am besten organisierten und natürlich die am besten gegen die bevorstehenden Stöße geschützten Länder selbstverständlich im Vorteil. Unter diesem Gesichtspunkt und entgegen der landläufigen Meinung scheint Frankreich begnadet zu sein. Das liegt zu großen Teilen an der Langlebigkeit unseres Nationalstaats und seiner Fähigkeit, besser durch stürmische Zeiten zu kommen. In einer Welt der Konflikte und Spannungen ist das ein außergewöhnlicher Vorteil. Im Unterschied zu den rein wirtschaftlichen Errungenschaften läßt er sich nicht beziffern, aber er läßt sich am Einfluß, an der relativen Sicherheit und an der Macht bemessen.

So wird dieser ansonsten geschmähte Nationalstaat durch eine List der Ereignisse unser erster Trumpf. Die Nationalisten aller Lager können sich ihr Triumphgeheul ruhig sparen: Wir haben es schon immer gesagt!

Und die rechten wie die linken Anhänger von Charles Maurras brauchen in dieser Wendung nicht von neuem den Beweis ihrer strategischen Klugheit erblicken! Solange der Kommunismus geherrscht hat und die Einigung des Westens unter der Fuchtel der Marktwirtschaft voranschritt, war der Nationalstaatskult archaisch: ein reines Rückzugsgefecht. Als Breschnew in Moskau thronte, mußte man in Paris Girondist sein; seit Rußland ein schwarzes Loch geworden ist und das Jahr 2000 uns mutatis mutandis das Mittelalter zurückbringt, muß man in Paris wieder Jakobiner werden. Ist das Wankelmut? Es wäre absurd, die Verdienste des französischen Nationalstaats unter gegensätzlichen Umständen mit denselben Kriterien zu beurteilen. Wer überzeugt ist, daß wir eine Umwälzung in der Geschichte erleben, die so bedeutend wie die Renaissance ist, für den gibt es nur eine Pflicht: Alle Konzepte unter diesem Licht überprüfen. Und wenn die anderen überzeugt sind, daß uns ohnehin jeder Tag einen Haufen von Umschwüngen bringe, daß die Welt im wesentlichen jedoch in Richtung Stabilität und Ordnung fortschreite, können sie sich damit begnügen, ihr gewohntes althergebrachtes Denken zu bewahren.

Jetzt sind wir also, zumindest einige von uns, durch die Gnade des sterbenden Kommunismus Jakobiner, nachdem wir zuvor Girondisten waren, um einer Zentralisierung etwas entgegenzusetzen, die zahlreiche Ähnlichkeiten mit dem siegreichen Kommunismus aufwies! Über einen einheitlichen Nationalstaat mit 58 Millionen Einwohnern zu verfügen, ist eine einzigartige Chance in einem Europa, das zum Kontinent des Chaos wird, und in einer Zeit, in der die meisten anderen Staaten, von der Flut der Grauzonen überschwemmt, in die Defensive gedrängt sind! Hier zeigt sich einmal mehr eine erstaunliche Parallele zwischen den beiden Mittelaltern: Seit dem ersten Mittelalter hat Frankreich nicht mehr von einer solch begünstigten Situation profitiert, als es institutionell am gefestigsten, am dichtbesiedeltsten und am ausgedehntesten war. Die Zersplitterung der anderen läßt uns größer werden. Provokativ ausgedrückt: Ist ein »Land« mit 58 Millionen Einwohnern nicht übermächtig in einem Europa, das einem nach Westen ausgedehnten Heiligen Römischen Reich Deutscher Nation gleicht? Bei dem Wort »Land« wird jeder gleich blaß ... Aber es handelt sich natürlich nicht um einen »Anschluß«. Deutschland entfernt sich von Tag zu Tag mehr vom einheitlichen Modell: Die Unterschiede zwischen den Ländern des Westens werden immer deutlicher, und ganz offensichtlich spitzen sie sich zwischen ihnen und den östlichen zu; bezieht man Mitteleuropa mit ein, kulminieren sie erst recht. Das Gewicht Frankreichs bemißt sich nicht im Verhältnis zu einem symbolischen und unwirklichen Großdeutschland, sondern vielmehr im Verhältnis zu jedem seiner Länder oder zu den unausgesprochenen Neugruppierungen der Länder, die auf diese Weise wieder die alten deutschen Fürstentümer errichten.

Je mehr Europa in der Gefangenschaft des freien Marktes, der es beherrscht, und der Minigemeinschaften, die sich emanzipieren, zersplittert, desto stärker erscheint das einheitliche und zentralisierte Frankreich. Im Zeitalter der Stadtstaaten, der nach Souveränität strebenden Regionen, der verschwommenen Reiche, eines Rußlands in tausend Stücken, wie während des ersten Mittelalters, scheint Frankreich ein fester Ankergrund in Europa zu sein. Auch der Vergleich innerhalb der Union fällt zu seinem Vorteil aus: Neben den kleinen Ländern mit starker Identität – Niederlande, Dänemark, Luxemburg – scheint der französische Nationalstaat beständiger zu sein als das gesamte Deutschland, weniger vom Separatismus durchwirkt als das Vereinigte Königreich oder Spanien. Ganz abgesehen von den Staaten, denen ein Auseinanderbrechen droht, Italien und Belgien.

Ist der Separatismus wirklich eine Gefahr? Für die anderen Länder ist er eine Versuchung. Außer den unaufhörlich gewachsenen Schwierigkeiten mit Korsika, die

die Insel vom Rang eines Mutterland-Departements in den eines Übersee-Departements versetzen, hat unser Staat tatsächlich nur mit einer Form von Separatismus zu kämpfen: der Übernahme des Südostens durch die rechtsfreie Gesellschaft. Aber das ist ein Unabhängigkeitsstreben, mit dem wir besser fertig werden, als es die anderen, weniger stukturierten und noch stärker angefochtenen Mitglieder der Union tun könnten.

Und der Regionalismus? Die Dezentralisierung wird in Hinblick auf unsere Traditionen, nach denen bis heute alles von den Präfekten ausging, sicher einige lokale Machthaber hervorgebracht haben, aber verglichen mit den Ministerpräsidenten der Bundesländer, den Präsidenten der spanischen Generalitäten, den Präsidenten der italienischen Provinzen sind sie Zwerge. Sollte man deshalb die Politik der Dezentralisierung fortsetzen, als wäre nichts gewesen? An diesem Punkt wird der Girondist aus der Ära Breschnew zum vorsichtigen Jakobiner. Sofern diese Politik funktionale Zwecke verfolgt, beispielsweise die, eine höhere Leistungsfähigkeit des riesigen Apparates von Schul- und Berufsausbildung zu garantieren, gibt es keinen Grund, sie abzubrechen. Vorsicht jedoch, wenn sie durch die Neugruppierung der Regionen Einheiten von europäischen Rang zu errichten vorgibt! Die größte Region Europas ist Frankreich; wozu sollte man sie in Pseudo-Länder teilen? Wir haben der bundesstaatlichen Versuchung widerstanden, als wir ihr ohne Gefahr hätten nachgeben können. Demnach ist es unnütz, mit ihr zu flirten, wenn wir die Chance haben, die einzigen in Europa zu sein, die keinem Druck von seiten der Öffentlichkeit in dieser Richtung ausgesetzt sind.

Wie steht es mit der Staatsbürgerschaft? Die französische Anpassungsmaschinerie läuft trotz ihrer Fehler noch immer am besten in Europa: Sie ist besser gerüstet, die bevorstehenden Wanderungsbewegungen in geordnete Bahnen zu lenken, als die anderen Länder. Deshalb müssen wir der Versuchung widerstehen, die sich häufig bemerkbar macht, im Innern unserer Nation die Existenz ethnisch unterschiedlicher Gemeinschaften anzuerkennen. Das Problem stellt sich im selben Zeitrahmen wie das der Dezentralisierung. Solange der Kommunismus den Zusammenhalt der westlichen Welt garantierte, war es gerechtfertigt, eine allzu strenge Organisation zu lockern: Von der Lockerung ging keine wesentliche Bedrohung aus, und das Land konnte in ihr sogar eine größere Geschmeidigkeit in seiner Funktionsweise finden. Das galt offenkundig für die Stärkung der Regionen; das konnte auch für Gemeinschaften ausländischer Herkunft gelten, als man ihnen half, ihre Identität zu behaupten. Ohne soweit zu gehen wie das amerikanische Integrationsmodell, war es nützlich, ihnen einige Scheiben Autonomie zuzugestehen. Heute wäre das der reine Wahnsinn. Das Abstammungsrecht, die integrierte Schule, die sozialen Strukturen drängen auf eine beschleunigte Integration: ein reiner Glücksfall!

Und was ist mit unserer Präsidentschaftsmonarchie? Sie schien in einer unglaublich stabilen Welt gleichfalls zu bevormundend und allmächtig. Sie erstickte die Auseinandersetzung in der nationalen Politik, und das System hatte nicht genug Spiel, wie die Handwerker sagen. In einem von Zufällen bestimmten Zusammenhang, der noch dadurch verschlimmert wird, daß die Institutionen den meisten Verantwortlichen kaum Bewegungsfreiheiten zugestehen, entgeht Frankreich diesem Verhängnis. Wenn es sich in der Außenpolitik nicht äußert, ist das keine Folge unbeweglicher Institutionen. Man kann ihm nicht gleichzeitig eine wachsende Rolle im neuen Mittelalter wünschen und ihm die Mittel dazu wegnehmen, in diesem Fall einen für sieben Jahre eingesetzten Präsidenten, der die Merkmale eines republikanischen Monarchen trägt. Sehen wir doch unter diesem Gesichtspunkt, wie sehr uns die anderen Länder beneiden, die in ein ausgeklügeltes Gleichgewicht von Kräften und Gegenkräften verstrickt sind.

In einem unbeweglichen Universum läßt sich eine ohnmächtige Regierung äußerstenfalls noch verteidigen; im politischen Spiel, das nun beginnt, aber keinesfalls! Während der Präsident der Vereinigten Staaten gezwungen ist, immer mehr Kompromisse mit dem Kongreß zu schließen, während der deutsche Kanzler nur vorankommt, wenn er ständig die bundesstaatlichen Zusammenhänge im Kopf hat, ist der französische Staatspräsident in seinem Handeln völlig frei, sieht man von den Phasen der Kohabitation ab. Im Krisenfall verfügt er über einen unschätzbaren Vorteil: Er kann sich als erster äußern, die Initiative ergreifen und auf diese Weise die Spielregeln festlegen. Diese Vorgehensweise im Geiste des Zentralismus bevorteilt die Handlungsfähigkeit des Staates auf Kosten einer allzu vollkommenen Demokratie: Innenpolitisch fehlen in Frankreich die Gegenkräfte. Zweifellos wird Frankreich zu einem Ausgleich finden müssen zwischen der Notwendigkeit, diese zu stärken – durch die direkte Anrufung des Verfassungsrats zum Beispiel oder eine Begrenzung des Gebrauchs von Artikel 49.3 der Verfassung –, und der Bewahrung der internationalen Handlungsspielräume eines glücklicherweise frei beweglichen Staatschefs. In der sich herausbildenden Welt wird der Nationalstaat eine statistische Anomalie, er ist also ein Vorteil.

Ein relativer Trumpf ist auch Frankreichs Situation bei der Einwanderung. Das ist paradox in einem Moment, in dem die Öffentlichkeit sich von Wanderungsbewegungen angegriffen fühlt und sich bisweilen zu ausländerfeindlichen Reaktionen hinreißen läßt. Aber in diesem Bereich ist alles eine Frage des Vergleichs, denn die Beschleunigung der Wanderungsbewegungen gehört zum neuen Mittelalter. Vergleichen muß man mit Deutschland, das gleichzeitig, wie wir wissen, 17 Millionen Einwanderer im Innern integrieren muß – die Einwohner Ostdeutschlands – und Hunderttausende von »Auslandsdeutschen«, die nach dem deutschen Abstammungsrecht automatisch zu deutschen Staatsbürgern werden, sobald sie den Boden der Bundesrepublik betreten haben, dazu noch eine weitaus größere Zahl von Flüchtlingen, denen das auch nach einigen Änderungen noch großzügigste Asylrecht in Europa zuteil wird, ganz zu schweigen von der Vielzahl illegaler Zuwanderer aus dem Osten, die über eine Grenze zu Mitteleuropa hineingelangen, die genauso löchrig ist wie die zwischen den Vereinigten Staaten und Mexiko.

Vergleichen muß man auch mit den romanischen Ländern, Italien und Spanien, eigentlich klassische Auswanderungsgebiete, die urplötzlich einer neuen und größeren Einwanderungswelle unterworfen sind, da sie die naheste Grenze zum Maghreb und zu Afrika bilden: Ohne Erfahrungen, ohne Traditionen, ohne Integrationsstrukturen, ohne sachkundige Verwaltung werden diese Staaten immer mehr Erschütterungen ausgesetzt. Sie werden den Übergang nicht so einfach bewerkstelligen, der von einer Epoche, in der sie das Recht auf doppelte Staatsbürgerschaft regelten, damit ihre Auswanderer die Bindung zum Heimatland bewahrten, zu einer anderen führt, in der sie dem Zugang zu ihrer Staatsbürgerschaft einen gesetzlichen Rahmen geben und, das ist die wichtigste Entscheidung, zwischen einer Staatsangehörigkeit nach Abstammung oder Geburtsort wählen müssen.

Und vergleichen muß man mit den neuen Demokratien im Osten, von denen die am wenigsten armen zu einem Zufluchtsort für die illegalen Einwanderer aus den allerärmsten Ländern werden; hinzu kommt noch die Notwendigkeit, die Kriegsflüchtlinge aufzunehmen, heute die vom Balkan, morgen andere. Durch ihre von den Schlachtfelder weit entfernten Grenzen geschützt, nehmen die Franzosen gar nicht zur Kenntnis, daß seit Beginn des Jugoslawien-Konflikts Millionen Menschen gezwungen waren, ihre Heimat zu verlassen. Vergleichen muß man schließlich mit Großbritannien, dessen

Staatsgebiet aus der Verpflichtung des Commonwealth für alle Bewohner ihrer ehemaligen Kolonien offen ist, was zu einer stetigen Zunahme der ethnischen Ghettos führt, und zu guter Letzt mit den Vereinigten Staaten, deren außergewöhnliche Integrationsfähigkeit mit dem Zustrom der Mexikaner an ihre Grenzen gekommen ist: Weder die Unterzeichnung des Vertrages über die Nordamerikanische Freihandelszone noch die Neufestsetzung der Einwanderungsquoten haben bislang das Konto der Neuankömmlinge ausgleichen können, vor allem nicht, wenn man die Illegalen mitrechnet.

Mit diesen Realitäten vor Augen erscheint die Lage Frankreichs beinahe behaglich. Dank eines als Stoßdämpfer dienenden Deutschlands von der gigantischen Ost-West-Wanderung bislang verschont geblieben, ist Frankreich nur mit der Süd-Nord-Wanderung konfrontiert. Diese hat sich trotz des demographischen Drucks in Afrika nicht verändert. Sie muß Hindernisse und Entfernungen überwinden, die zwar zu bewältigen, aber nicht so einfach zu überschreiten sind wie die tschechisch-deutsche Grenze. Sie wird von immer strengeren rechtlichen Regelungen kanalisiert: Die legale Zuwanderung wird von einem erfahrenen Verwaltungssystem aufgefangen, die illegale beschränkt sich auf ein paar zehntausend Ankömmlinge jährlich. Die Zuwanderung bleibt trotz aller psychologischen Wirbel beherrschbar. Wird dies immer so bleiben? Zweifellos droht der Druck zuzunehmen, aber Frankreich scheint weitaus besser in der Lage zu sein, seine Zuwanderung im Griff zu behalten, als Deutschland die aus dem Osten.

Die Integrationsmaschinerie läuft tatsächlich weiter. Selbst wenn die Zuwanderung der Muslime nicht so leicht in die Sitten und Gebräuche der Republik einfließt wie die der Italiener und Polen, endet sie mit der Integration, auch wenn sie länger dauert. Bürgerrecht, Schule, Bildungstradition: Die Werkzeuge der Eingliederung taugen weiterhin. Angesichts der umwälzenden Wanderungsbewegungen könnten sich die Franzosen täglich zu ihrem Abstammungsrecht beglückwünschen: Es erspart ihnen die Erdstöße, die Deutschland mit weitaus größeren Einwanderungsgemeinschaften auf seinem Staatsgebiet erleiden kann, die zu einem Status von Bürgern zweiter Klasse verurteilt sind. Durch ein seltsames Paradox bewirkt die Staatsbürgerschaft nach Geburtsort auf lange Sicht ein Frankreich, das einheitlicher ist und mehr Zusammenhalt hat als Deutschland, trotz seiner historisch verkündeten Ziele und mit seiner Staatsbürgerschaft nach Abstammung. Die Einwanderer oder zumindest ihre Kinder werden französisch; und sie werden mit Sicherheit französischer sein, als die Türken in Deutschland jemals deutsch sein werden. Der französische Nationalstaat bleibt ein hervorragendes Mittel, um Identitäten zu integrieren und zu schaffen.

Ein weiterer Trumpf ist der wirtschaftliche, soziale und politische Zusammenhalt Frankreichs. Auch das ist eine Sache des Vergleichs. In einem Europa, in dem konfliktreiche Zusammenarbeit und (derzeit noch friedlicher) Wettbewerb von Jahr zu Jahr zunehmen werden, gibt es keine anderen Kriterien zur Beurteilung als die Beziehung zu den anderen Staaten. Zweifellos ist das soziale Netz Frankreichs am Zerreißen. Der neuerliche Anstieg der Arbeitslosigkeit, das Erscheinen verbotener Viertel in den Vorstädten, der zunehmende Ausschluß aus der Gesellschaft, die Verwüstung ganzer Landstriche, der Druck der Unsicherheit, die Angst vor dem Fremden: Das alles gibt es unzweifelhaft. Sieht man jedoch anderswo hin, erscheint Frankreich als eine Oase. Im Vergleich zu England, das zweigeteilt ist in einen Wohlstandswesten, der sich nach London und in den Süden geflüchtet hat, und in eine Mitte und einen Norden, die sich auf dem Abstieg in die Dritte Welt befinden, denn verglichen mit Liverpool ist Roubaix ein Hafen des Friedens. Im Vergleich zu Italien, wo die zeitweise durch das Wunder des Wirtschaftswachstums verdeckte Kluft zwischen Norden und Süden zu einer Teilung führen kann. Im Vergleich zu Spanien, wo die Arbeitslosigkeit fast ein Viertel der aktiven Bevölkerung erfaßt hat und wo sich Andalusien, das noch immer von einer Latifundienwirtschaft bestimmt wird, gegen Katalonien stemmt, das sich an ein hochentwickeltes Europa klammern möchte. Sogar im Vergleich zu Deutschland, wo die Spannungen zwischen den westlichen und den östlichen Bundesländern fortdauern werden, auch wenn die Wirtschaftsvereinigung abgeschlossen ist, und die durch den Druck auf die Gesellschaft, der durch die unmittelbare Nachbarschaft zum ehemaligen kommunistischen Europa entsteht, zusätzliche Nahrung bekommen. Und im Vergleich zu den kleinen Ländern wie Belgien und Österreich, das eine vom Separatismus geschüttelt, das andere von den Nebenwirkungen des Malstroms auf dem Balkan und von der Unordnung, die sich in Mitteleuropa eines Tages ausbreiten wird.

»Glücklich wie Gott in Frankreich«: Der alte Spruch scheint kaum zu einem Land zu passen, das verängstigt ist und unter der Rezession leidet, das zeitweise einer kollektiven Depression erliegt. Aber in den anderen Ländern wird so gedacht, und zweifellos werden sie es in Zukunft noch stärker so empfinden. Selbst in unserem politischen Leben geht es bisweilen zivilisierter zu als bei unseren Nachbarn, was dem Bild von einem kalten Bürgerkrieg widerspricht, das wir ihnen so lange vermittelt haben. Machtwechsel vollziehen sich in einer schon beinahe britisch zivilisierten Atmosphäre; die Unterschiede zwischen den Regierungsparteien haben sich so sehr verwischt, daß sie der traditionellen Diskussion zwischen linker Mitte und rechter Mitte gewichen sind; die Außenpolitik erfreut sich einer nahezu maßlosen Einmütigkeit; das »spoil system« ist bei weitem nicht so brutal wie in den USA. Die Kohabitationen haben unsere Institutionen auf dieselbe Weise geschliffen wie die Zeit ein Möbelstück. Selbst außerhalb der politischen Bühne im engeren Sinn haben sich die Beziehungen zwischen den gegnerischen Sozialgruppen so weit normalisiert, daß sich ein Teil der Unternehmerschaft über die Schwäche der Gewerkschaften beklagt. Streiks sind aus dem sozialen Panorama praktisch verschwunden, und die extremistischen Minderheiten haben sich verflüchtigt. Der Aufstieg der extremen Rechten kann dieses nahezu idyllische Bild kaum trüben. Zweifellos sind wir auf der politischen Ebene nicht zivilisierter als die Briten, auf der sozialen Ebene nicht mehr als die Deutschen, berücksichtigt man aber alle Dimensionen des kollektiven Zusammenleben, zählen wir fortan zu den gereiftesten Ländern.

Unser letzter Trumpf ist schließlich eine strategische Lage, die uns weniger Gefahren aussetzt. Europa ist zweifellos so eng zusammengerückt, daß jeder Zwischenfall zu Kettenreaktionen auf dem ganzen Kontinent führt. Im Verhältnis zu anderen Ländern bleiben wir aber am besten geschützt. Zwar stehen wir den Unwägbarkeiten rund um das Mittelmeer gegenüber in vorderster Front: Fundamentalistische Regierungen in Algier oder Tunis können eine Flüchtlingswelle bei uns zur Folge haben; in dieser Region, in Libyen oder anderswo können Abschußrampen für Atomwaffen erscheinen, die in der Lage sind, Europa zu erreichen; überall herrscht eine chronische Unbeständigkeit. Die romanischen Länder sind alle im Visier, und Frankreich an erster Stelle als stärkste romanische Kraft und ehemalige Kolonialmacht. Aber auf der Richterskala der Unwägbarkeiten scheinen diese weit weniger bedrohlich zu sein als eine Welle von Unordnung in Europa. Der Gefahrenkatalog ist bekannt: Wir haben ihn durchgeblättert. Jedesmal erscheint Deutschland als das Land, dem die meisten Gefahren drohen. Wir haben keinen Konflikt vor unserer Haustür, wir haben keine Zunahme der Einwanderung, keine Angst vor Ansteckung und müssen nicht fürchten, zum Rückzugsgebiet der einen wie der anderen zu werden. Sicher ist uns nichts fremd, was den Deutschen passieren kann, sei es aus Solidarität oder aus Interesse. Aber sie bilden wirklich ein ausgezeichnetes Bollwerk für uns. Außer einem unwahrscheinlichen Konflikt, der das deutsche Staatsgebiet in ein Schlachtfeld verwandelte und uns automatisch in den Konflikt verwickelte, würden sich die anderen Unwägbarkeiten nur abgeschwächt durch den riesigen Stoßdämpfer der Bundesrepublik auf uns auswirken.

Unsere strategische Ruhe wird zudem noch von dem Gefühl verstärkt, daß unsere Atomstreitkraft keine nachteiligen Folgen für uns hat. Dreißig Jahre einer Doktrin des Nationalheiligtums haben uns in der Zeit, als es eine Bedrohung aus dem Osten gab, glauben lassen, wir seien die einzigen unter dem Schutzschirm. Dieser Eindruck von Ruhe setzt sich heute fort, aber in einem neuen Zusammenhang: Die Bedrohung von einst ist neuen Gefahren gewichen. Vielleicht leben wir deshalb künftig in einer trügerischen Ruhe. Unsere Atomwaffenpolitik schützt uns vor einem Rußland, das sich kriegerisch geben würde – nach dem Muster der Sowjetunion, diesmal jedoch, um ökonomische Vorteile zu erpressen. Hilft sie uns aber auch, uns gegen einen Atomwaffen-Terrorismus aus dem Süden zu verteidigen? Beim derzeitigen Stand unseres Waffenarsenals ist das nicht sehr wahrscheinlich. Und erlaubt sie uns, nachhaltig auf die Kriegsparteien in Mitteleuropa und auf dem Balkan einzuwirken, um sie zur Vernunft zu bringen? Das ist ganz und gar unwahrscheinlich. Unser atomarer Schutzschirm hat mit dem Verschwinden der Welt von Jalta seine Wirksamkeit eingebüßt. Trotzdem übt er weiterhin eine beruhigende Wirkung auf uns aus, die keinem anderen europäischen Land zugute kommt. Zuerst bleibt die Verfügung über Atomwaffen eine letzte Versicherung gegen alle zufälligen, bis heute nicht vorhersehbaren Gefahren; dann erlaubt es der Status einer Atommacht, eine unangemessene große Rolle in der internationalen Politik zu spielen, auch zu friedlichen Zwecken; und schließlich vermittelt er einer Öffentlichkeit, die über die Veränderung der Spielregeln kaum informiert ist, ein gesteigertes Gefühl von Sicherheit. Unter diesem Gesichtspunkt droht uns eher die gegenteilige Gefahr: Wir könnten einer solch trügerischen Ruhe erliegen, daß sie uns zu einer Haltung der Gleichgültigkeit und der Isolierung führt.

Die Gefahr der Indifferenz lebt zudem von einem historischen Bewußtsein, das sich von dem der Deutschen und dem der östlichen Länder stark unterscheidet. Eigenartiges Paradox für ein Land, in dem die Historiker Könige, die Gedenkfeiern unzählbar und die Hinweise auf die Vergangenheit so häufig zu finden sind: Trotzdem fällt die Geschichte hier weniger ins Gewicht als östlich des Rheins. Wer den Kontinent von West nach Ost durchquert, stellt fest, daß die Geschichte mit jedem Kilometer schwerer wiegt, den Menschen mehr im Bewußtsein ist: in Deutschland mehr als in Frankreich, in Polen oder Ungarn mehr als in Deutschland. In Warschau bleiben die Teilungen Polens eine schmerzliche Erinnerung, in Budapest der Trianon-Vertrag, in Prag die Schlacht am Weißen Berg und der Anschluß Böhmens an das österreichische Kaisertum. Die deutsche Geschichte ist äußerstenfalls so komplex, so vielfältig, daß die einen Erinnerungen die anderen aufheben, und die besten tragen dazu bei, die schlimmsten auszulöschen. Doch überall östlich von Straßburg schleicht sich die Wiedererinnerung ein, sie zeigt sich in den alltäglichsten Diskussionen, sie durchdringt sowohl die Führungsschichten als auch weite Teile der Bevölkerung. In Frankreich fällt die Erinnerung leichter, deshalb ist sie wechselhafter. Es ist das Zeugnis unseres ganz besonderen Vorrechts, mehr Geschichte gemacht als erlitten zu haben, daß wir nicht an unzähligen Verletzungen leiden. Nachdem der Sieg von 1918 die Niederlage von 1870 ausgelöscht hat, bleibt letztlich nur Vichy. Gemessen an den Schrecken, der

Schande und den Demütigungen, die andere Länder hinnehmen mußten, ist das ein bescheidenes Kreuz ... Deshalb ist bei uns auch die Furcht geringer und das Gefühl schwächer, die Geschichte mit all ihren Übeln könnte wiederkehren. So scheinen sich die Franzosen, trotz ihres augenblicklichen Durcheinanders, weniger als die anderen Europäer von der bevorstehenden Unordnung betroffen zu fühlen; und sie nehmen sie vielleicht kaum wahr, da sie an das Amulett ihres atomaren Schutzes glauben und ein weniger scharfes Gedächtnis für die Dramen der Vergangenheit haben. Das räumt ihnen, zu Recht oder zu Unrecht, einen Vorzug ein: In stürmischen Zeiten ist das Gefühl von Sicherheit ein außergewöhnlicher Vorteil.

Sicher wird dieses kartesianisch geprägte Land an einer Umgebung leiden, die dem Kartesianismus immer weniger Raum läßt. Intellektuell und ideologisch wird es sich nur sehr schwer an den neuen Zustand der Welt gewöhnen. Vielleicht wird es gar nicht merken, daß es im bevorstehenden Spiel über einen bevorzugten Platz verfügt und über Trümpfe, die es seit sehr langer Zeit nicht mehr besessen hat. Von Paris aus gesehen, tritt Frankreich mit Wehmut ins dritte Jahrtausend, von anderswo gesehen, ist es eine Oase. Eine Oase des Wohlstands, der Sicherheit und der Ausgeglichenheit. Es liegt an uns, diese Errungenschaften nicht zu vergeuden und sie vor allem für positive Zwecke einzusetzen. Sie nicht zu vergeuden heißt im wesentlichen, unseren Nationalstaat zu bewahren, seine Leistungsstärke zu retten. Unter diesem Gesichtspunkt wäre seine Verelendung ein Drama. Als die Welt sich noch »unter Arrest« befand, unter der Überwachung der beiden Großmächte, und als der freie Markt den ganzen Westen eroberte, konnte die Frage nach noch mehr Leistung bei einem auf Sparflamme gesetzten Staat zu Recht gestellt werden; es ging darum, daß er funktionierte, nicht mehr und nicht weniger.

Heute ist der Nationalstaat wieder ein zu großer

Trumpf geworden, um sich sein Rückgrat zersplittern zu lassen, den Staat. Hinsichtlich der Verteidigung und der dafür notwendigen Ausgaben werden alle Länder zu dieser Schlußfolgerung kommen; man kann die Prognose abgeben, daß die Verteidigungsetats überall wieder steigen werden, wenn die Rezession erst einmal vorüber ist. Doch die Chance der Franzosen beschränkt sich nicht auf den militärischen Aspekt. Sie stützt sich auf eine Machthoheit, die in der Lage ist, ohne Vermittler oder Kompromisse in jeder Ecke des Landes einzugreifen. Sie ergibt sich aus einem System von großem Zusammenhalt – Schule, Sozialversicherung, Unterstützungsleistungen für alle Bedürftigen –, das selbst leckgeschlagen noch manövrierfähig bleibt. Sie beruht auf einer staatsbürgerlichen Philosophie, die aus Frankreich das geeinteste Land Europas gemacht hat. Zu guter Letzt ist sie Ausdruck eines Wertesystems, das die Nation weiterhin – jedenfalls besser als die anderen Staaten – in eine Beitrittgsgemeinschaft verwandelt.

Doch über den Willen hinaus, die staatlichen Instrumente zu bewahren, sollte Frankreich seine unverhofft günstige Position nutzen, um innenpolitisch und außenpolitisch Initiativen zu ergreifen. Es sollte sich, mehr als die anderen es tun werden, dem wichtigsten sozialen Problem des 21. Jahrhunderts widmen, und das ist die Stadt: Die Frage der Städte ist am Ende dieses Jahrhunderts eine ebensogroße Belastung wie die Frage der Arbeiterschaft an seinem Beginn. Hier geht es um die Wiedereroberung jener Grauzonen, deren Geschwüre am weitesten in die institutionelle Gesellschaft hineingewachsen sind. Im Unterschied zur sozialen Frage, deren Entwicklung von einem Akteur beeinflußt wird, der Arbeiterklasse, bilden die Bewohner der Vorstädte niemals einen solchen. Sobald wir die ethnischen Gemeinschaften zu Recht als Vermittler zwischen der öffentlichen Hand und hilfsbedürftigen Individuen ablehnen, muß der Staat einspringen. Er kann diese neue Art von sozialer Krise nicht auf andere, auf kommunale Einrichtungen, Vereinigungen oder karitative Organisationen abwälzen. Genau darin besteht jedoch seine Versuchung: Da er es gewohnt ist, nur einzelne Gruppen – die Kranken, die Arbeitslosen, die Behinderten, die alleinerziehenden Mütter – vor dem sozialen Abstieg zu bewahren, ist er mittellos, wenn er sich um einzelne Gebiete kümmern sollte, er verfügt weder über die Erfahrung noch über die Instrumente, um einzugreifen.

Aber er wird um diese Eingriffe nicht herumkommen. Wenn der Staat den Schwarzen Peter nicht den Gemeinderäten zuschieben will, wie es Großbritannien macht, das seine ethnischen Ghettos genauso behandelt wie früher seine Kolonien, oder den halb religiösen, halb im Sozialbereich engagierten Organisationen, wie es die Niederlande machen, wird er sich dieser Territorien annehmen müssen. Es gibt verschiedene Möglichkeiten. Vielleicht schafft er für einen begrenzten Zeitraum eine Machtstruktur mit weitgehenden Befugnissen, die in jeder Grauzone, das heißt in jedem Stadtviertel, lokale Gemeinschaften und ein Netz der sozialen Aktion um sich versammelt. Vielleicht vereinigt er für die Bevölkerung in diesen Stadtteilen alle Ämter und Vorrichtungen für Eingriffe und Hilfsleistungen und unterstellt sie seiner Aufsicht. Vielleicht fügt er auch mehrere Behörden unter einem Dach zusammen, die für Strafverfolgung (die Polizei), die zur Vorbeugung (die Sozialämter), die für Schule, Ausbildung und für andere öffentliche Dienste wie die Post. Es gibt sicher kein Allheilmittel, aber alle Möglichkeiten gehen von derselben Voraussetzung aus: Der Staat muß selber und offensiv gegen die Grauzonen in den Vorstädten vorgehen. Ein Nationalstaat, der einheitlicher ist als die anderen, hat den wichtigen Vorteil, sich in der Lage zu fühlen, mit harten Maßnahmen auf Strukturen zu reagieren, die ihn allmählich verdrängen.

Im Sinne dieser staatlichen Pflicht ist Frankreich vielleicht mehr als andere Länder berufen, einen internationalen Kreuzzug gegen die »Mafia Incorporated« vorzuschlagen. Vor allem aber hat es Gebiete vor ihr zu schützen, einige gar wiederzuerobern. Wer ein ernsthaftes Interesse an der öffentlichen Sicherheit hat, für den ist dieser Kampf bei weitem entscheidender als eine Ausweitung der Personenkontrollen. Für die Zukunft brauchen wir eine internationale Finanzpolizei, die mit allen Mitteln zur Kontrolle der Banken und Kreditinstitute ausgestattet werden muß, mit den nationalen Zentralbanken als Schaltstellen, die selbst mit schärferen Rechtsmitteln gerüstet werden. Die Schaffung einer solchen Einrichtung weiter hinauszuzögern heißt hinzunehmen, daß die internationalen Finanzmärkte immer mehr dem Moloch des illegalen Kapitals anheimfallen. Ländern, die sich gegen diese Einrichtung sperren, sei es aus technokratischem Unvermögen, sei es, weil sie mit den Devisenschiebern und Drogenhändlern gemeinsame Sache machen, sollten alle Kredite gesperrt werden, Handelskredite ebenso wie Kredite für die öffentliche Hand. Daß bis heute keine Großmacht ein solches Verfahren vorgeschlagen hat, ist betrüblich. Die Tatenlosigkeit kommt einer Form von passiver Mittäterschaft gleich angesichts eines Geschwürs, das droht, bis zu dem Tag, an dem die Staaten sich seiner annehmen werden, nicht mehr operierbar zu sein.

Die Initiative könnte natürlich von jedem der großen Akteure auf den internationalen Finanzmärkten ausgehen. Doch es würde der Rolle Frankreichs entsprechen, das es sich zu seiner besonderen Aufgabe gemacht hat, weltweite Organisationen vorzuschlagen. Durch die Stärke des Staats und die Struktur der politischen Entscheidungsprozesse verfügt Frankreich über eine Flexibilität ohnegleichen in dieser Beziehung. Es zeugt nicht von Schwäche, seine Initiativkraft vor den anderen unter Beweis zu stellen. In diesem Fall geht es darum, hinsichtlich der neuen Herausforderungen, die ein polizeiliches

Vorgehen notwendig machen, und auf der einzigen Ebene, auf der eine solchen Sinn macht, also auf der internationalen Ebene, ein Hoheitsrecht der Staatsmacht wiederzuerlangen. Es liegt an uns vorzuschlagen, den internationalen Währungsfond zu einer Finanzpolizei auszuweiten: Vielleicht wären die Angelsachsen, für die jeder Eingriff in den Markt ein Frevel ist, in diesem Fall weniger widerspenstig. Im Grunde genommen kann sich nur ein noch straff strukturierter Nationalstaat mit der Verteidigung seiner Besitztümer beschäftigen, mit der Rückeroberung der Gebiete, die ihm verlorengegangen sind, und mit der Mobilisierung alter Freundschaften zu einer internationalen Willensanstrengung, vor allem wenn diese auch strafrechtliche Absichten verfolgen soll.

Frankreich hatte auf dem Feld der Außenpolitik schon lange zwei Vorteile: seine Stellung als Atommacht, die ihm selbst in ausgehöhlter Form bleibt, und einen Anspruch, politische Ideen zu liefern, den ihm niemand streitig machte. Weder die Engländer, die zu pragmatisch sind, noch die Amerikaner, die lange Zeit durch die ihnen zustehende Ausübung ihrer Allmacht in Versuchung gerieten, noch die Deutschen, denen die geringste Initiative als erstes Anzeichen einer neuen Arroganz ausgelegt würde, noch die gestrige Sowjetunion, die sich mit jedem Vorschlag imperialistischer Absichten verdächtig gemacht hätte, noch das heutige Rußland, das zu unorganisiert ist, um mit kühlen Kopf über die internationalen Herausforderungen nachzudenken. Indem sie diese Lücke ausfüllten, haben die Franzosen die Errichtung der Europäischen Gemeinschaft ersonnen, haben sie den Ablauf bestimmt und den Rhythmus ihrer zahlreichen Erneuerungen vorgegeben. Es grenzte an Wahnsinn, wenn aus der Perspektive der bevorstehenden Unordnung der Schluß gezogen würde, daß man nun nichts mehr tun müßte. Den Kopf in den Sand zu stecken, bedeutet das Schlimmste für ein Land, in diesem Fall, zum

Spielball der Ereignisse zu werden. Für uns wäre das noch absurder: Eigenartigerweise vom neuen Mittelalter begnadet, haben wir nicht nur das Recht, sondern die Pflicht, wenigstens das Wort zu ergreifen. Vor den Schockwellen besser geschützt als die anderen Europäer, ohne völlig vor ihnen sicher zu sein, doch vor allem um uns selbst zentriert und stabiler, auf einen Nationalstaat gestützt, um den man uns mehr und mehr beneidet, müssen wir gegen die Entropie der Geschichte ankämpfen. Wir wissen doch genau, daß die Welt auf der Suche nach einem Minimum an Organisation und neuen Autoritäten ist.

Der Übergang vom Traum eines bundesstaatlichen Europas zu einem Europa des »demokratischen Reichs« erfordert eine Veränderung der geistigen Haltung und eine Umwandlung der Institutionen. Wenn wir nicht diese Mission erfüllen, wird sich keiner unserer Partner darum kümmern. Das Vorhaben, den Westen des Kontinents durch eine Belebung des Bündnisses zwischen Franzosen und Deutschen zu stärken, ist undenkbar, wenn es nicht von uns ausgeht. Durch unsere kartesianische Denkweise sind wir eher berufen, vorwegnehmend über die kommenden Gefahren und die Mittel zur Vorbeugung nachzudenken, als unsere Verbündeten, die eher empirisch ausgerichtet sind, eher überzeugt, Krisen ließen sich erst nach Ausbruch lösen, und dann genüge es, mit etwas Verstand und taktischem Sinn vorzugehen. Unserer selbst sicherer, sollten wir, Gnade verpflichtet, in der Reaktion auf offene Krisen weniger befangen sein als die anderen und versuchen, uns regsam und veränderungsbereit zu zeigen. Die Welt der Zukunft im allgemeinen zu akzeptieren, wird uns leichter fallen, weil sie den einheitlichen und zentralisierten Nationalstaaten einen unverhofften Zins bietet; wären wir erst einmal von unserem Vorteil überzeugt, könnten wir mit mehr Überzeugung und Tatkraft handeln als die anderen. Statt uns, angesichts des Aufkommens ethnischer Kriterien und in deren Folge eines Abstammungsrechts nach Herkunft, mit unserem Abstammungsrecht nach Geburtsort isoliert zu fühlen, sollten wir uns in den immer heftiger werdenden Diskussionen um die Staatsbürgerschaft und die nationale Identität im Gegenteil zu Fürsprechern unseres Systems machen, das unendlich viel friedlicher ist und viel mehr Spannungen abbaut als das der anderen. Da wir entgegen unserer Vorurteile dem Druck der Wanderungsbewegungen weniger ausgesetzt sind, haben wir bessere Voraussetzugen, um die Ausarbeitung einer internationalen Spielregel und eine Aufteilung der Lasten vorzuschlagen. Da unser alter Nationalstaat die besten Mittel zur Verteidigung gegen das Aufkommen irrationaler Strömungen und eines neuen Extremismus bietet, müssen wir noch mehr als die anderen den ideologischen Kampf führen. Weil wir besser geschützt sind, können wir an jeder Front tatkräftiger sein. Die Vorteile, die unser einheitlicher und zentralisierter Nationalstaat in der Tat bietet, können zweifach genutzt werden. Wir können uns unter seinem beschützenden Flügel verkriechen, uns wie die Bewohner des ersten Mittelalters hinter den dicken Mauern eines Bergfrieds zusammenkauern, die Augen so gut es geht verschließen vor dem, was draußen vor sich geht, und unsere alte isolationistische und protektionistische Leier wieder anstimmen. Oder wir können mit der Gefahr wachsen, wir können in ihr die Gelegenheit sehen, wieder gegenwärtiger zu sein in der Welt, wir können uns als Kämpfer und Erneuerer beweisen, versuchen, unseren Einfluß auf den Lauf der Dinge geltend zu machen. Diese beiden Versuchungen sind nicht neu für Frankreich: Die Nation schwankte immer zwischen dem provinziellen Reflex und dem Universalismus, mit einer doppelten Vorstellung von der Rolle des Staats, als Schutzschild im ersten, als Schwert im zweiten Fall. Und in gewisser Weise war die Konfrontation zwischen Vichy und London die letzte dramatische Episode dieses Konflikts. Die 45 Jahre wirtschaftlicher Entwicklung und historischer Eiszeit hatten dem Glauben Vorschub geleistet, die Diskussion sei mit dem Sieg des Internationalismus beendet worden, denn während dieses Zeitraums hatten wir international mit westlich verwechselt und geglaubt, die Sehnsüchte nach nationaler Identität seien endgültig verschwunden.

Durch eine klassische Bewegung des Pendels in die andere Richtung kommen die ersten Schrecken des neuen Mittelalters offensichtlich diesen Sehnsüchten zugute. Was sonst sollten die beinahe 50 Prozent der Stimmen gegen Maastricht bedeuten? Lange Zeit in der Defensive, hat die extremistische Versuchung wieder Aufwind bekommen: Sie meint, sie habe die beste Antwort auf die kommenden Ereignisse. Und in einer ersten Phase konnte sie nur Pluspunkte sammeln: Völlig außer Fassung ob des Verlusts ihres Bezugsmodells wurden Internationalisten und Optimisten, die Anhänger der Weltoffenheit, argwöhnisch. Wenn sie sich an einen Internationalismus vom Nachkriegstyp klammern, werden sie eine Niederlage nach der anderen erleiden. Wieviel Zeit werden sie noch benötigen, um ihr Aggiornamento zu Ende zu bringen? Wann werden sie die alten, vom Glauben an den ewigen Fortschritt geprägten Träume zugunsten einer immer noch weltoffenen, aber realistischen Sichtweise aufgeben? Werden sie es wagen, ihre Ikonen so schnell wie möglich zu verbrennen, um einen anderen Internationalismus zu entwerfen, der dann hoffentlich vom aktiven Pessimismus geprägt sein wird? Werden sie die Wette auf die Klarsicht annehmen? Wenn sie auf ihrer früheren Weltsicht beharren und sich auf den Glauben versteifen, wir erlebten einen kurzen Moment der Anpassung und die traditionelle Ordnung gewinne wieder die Oberhand, sind sie verloren. Die Fröstelnden, die Protektionisten, die Anhänger der reaktionären Version des Nationalstaats, die Verängstigten, die Fremdenfeindlichen würden dann die Partie gewinnen, und Frankreich würde den denkbar schlechtesten Gebrauch von den Chancen machen, die ihm die neue weltweite Unordnung bieten wird. Wenn sich die Anhänger der Weltoffenheit hingegen als fähig erweisen, aus dem Unerwarteten Nutzen zu ziehen, werden sie ihre Ideen noch schneller angleichen, als die Welt sich ändern wird, wenn sie sich mit einer konzeptionellen Werkzeugkiste und einigen zusammengestückelten Grundsätzen rüsten, können sie wieder einen Vorsprung gewinnen und aus dem, was das Schlimmste schien, den besten Nutzen ziehen.

Für uns zeigt sich das neue Mittelalter unter recht positiven Aspekten: Die günstigen Gelegenheiten sind mindestens ebenso bedeutend wie die Gefahren. Für die meisten anderen Länder ist die Bilanz weniger ausgeglichen, sind die Gefahren zahlreicher als die Chancen. Wir werden keine Entschuldigung haben, wenn wir den falschen Weg nehmen. Die Tragweite des Umschwungs wird für einen langen Augenblick Bestürzung hervorrufen. Man geht nicht ungestraft aus mehreren Jahrhunderten hervor, die dem Fortschrittskult und dem Gefühl frönten, eine Ordnung sei möglich. Im ersten Moment ist die Versuchung groß, sich zum Rückschritt und zum Leben in der Angst verdammt zu glauben, mit demselben Gefühl, das unsere Vorläufer im ersten Mittelalter hatten, die in gewisser Weise überzeugt waren, der Himmel werde ihnen auf den Kopf fallen. Von daher rühren die Unruhe stiftenden Momente, die Verführung des Fatalismus, die Ängste schürenden Ereignisse und die allgemeine Verwirrung.

Aber noch mehr als zu Zeiten der Ordnung und des Fortschritts werden diejenigen die Zeichen der Zeit erkennen, die am meisten von ihnen profitieren: Solange alles gut geht oder zumindest jeder glaubt, daß es bald besser gehen werde, erweisen sich die Unterschiede zwischen denjenigen, die eher vorwegnehmen, und denjenigen, die zu spät kommen, als feine Nuancen: Vom Wind getragen, gelingt es auch letzteren, sich nicht an den

Rand drängen zu lassen. In Zeiten der Unordnung ist es unmöglich, sich vorzustellen, daß auch sie aufgefangen werden. Die Klarsicht wird lebensnotwendig. Von nun an gibt es nur noch ein Losungswort: vorwegnehmen, vorausdenken. Mit dem Risiko, etwas falsch zu machen, das der Vorwegnahme eigen ist. »Wer will, täuscht sich oft. Wer nicht will, täuscht sich immer«, sagte Romain Rolland, der sich so oft irrte, dieses Mal jedoch zu Recht. Mit der Gefahr, der herrschenden Situation vorauszueilen und deshalb zur Machtlosigkeit verurteilt zu sein. Auf der anderen Seite mit der Versuchung, in der Einsamkeit pessimistisch und arrogant zu werden. Vor allem mit der intellektuellen Schwierigkeit, sich eine weniger rationale Welt vorstellen zu müssen und sich dabei nur auf die Mittel stützen zu können, die Jahrhunderte der Rationalität uns hinterlassen haben. Und vor allem mit dem nahezu unlösbaren Problem, wie wir mit einem Minimum an Gewißheiten das Ungewisse denken können.

Diese Haltung einzunehmen, und sei es auf eigene Gefahr, bildet die einzige Möglichkeit, vom existentiellen Pessimismus zum aktiven Pessimismus überzugehen, der einzigen Form von Pessimismus, die moralisch gesehen von Wert ist. Es geht darum, im Vergleich zu den guten alten Kategorien Max Webers, sich mit ein und demselben Fuß auf die Ethik der Überzeugung und auf die Ethik der Verantwortung zu stützen. Werden sie langfristig miteinander zu vereinbaren sein? Dies ist eine andere Geschichte ...

Alain Minc

Die Wiedergeburt des Nationalismus in Europa

224 Seiten, gebunden

Einer der führenden Manager und politischen Querdenker Europas bietet eine brillante, oft auch polemische Analyse der gegenwärtigen Weltsituation, der überall ausbrechenden nationalen Konflikte, der neuen Völkerwanderung in Europa und der Asylproblematik.

»Fast jeder Satz bedeutet eine Aufforderung zum Nachdenken – ein wahres Feuerwerk der Ideen!« (»Le Monde«).